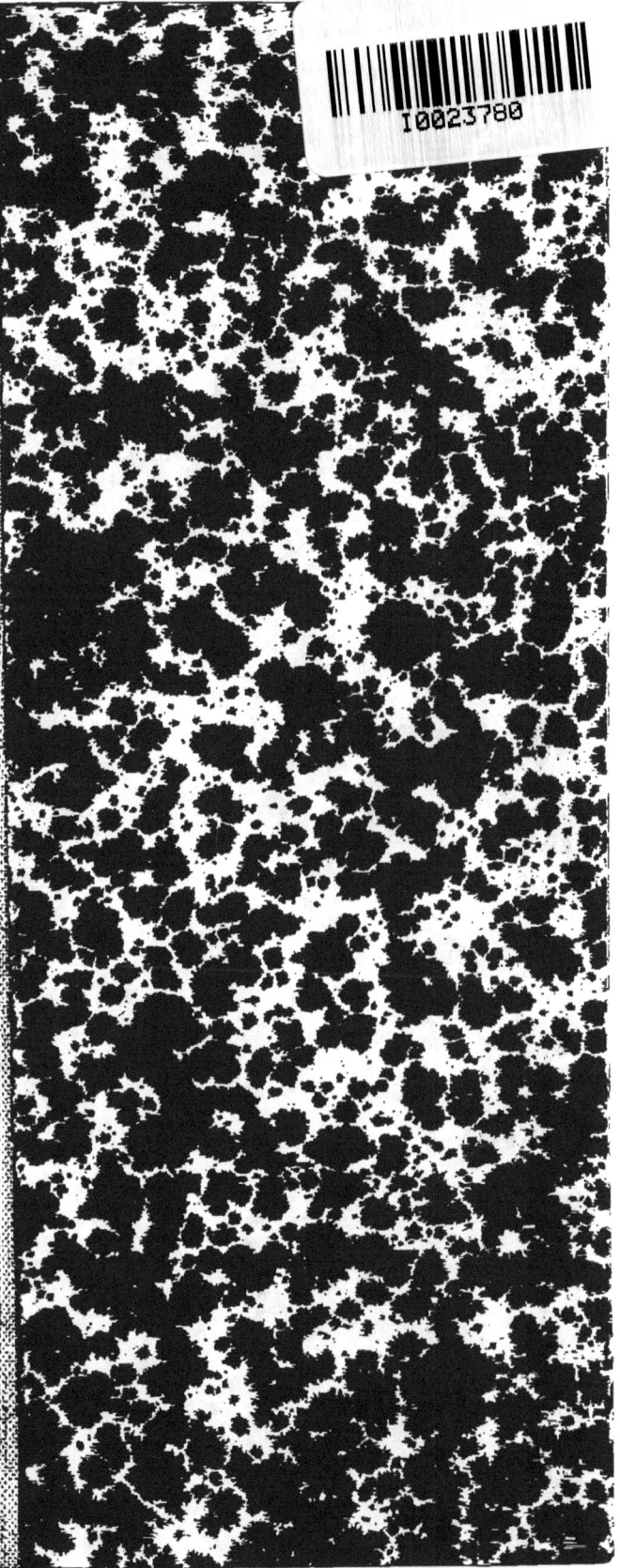

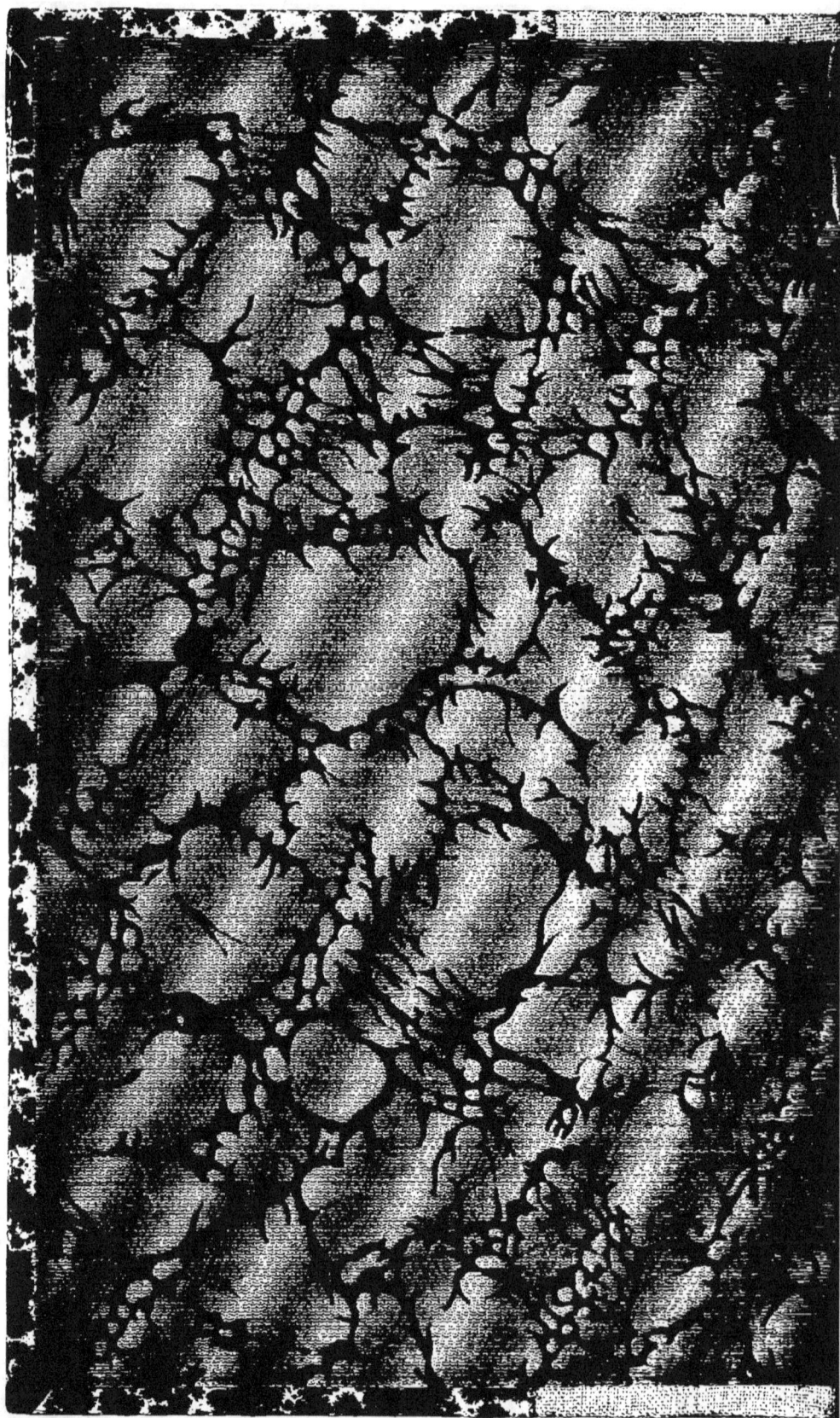

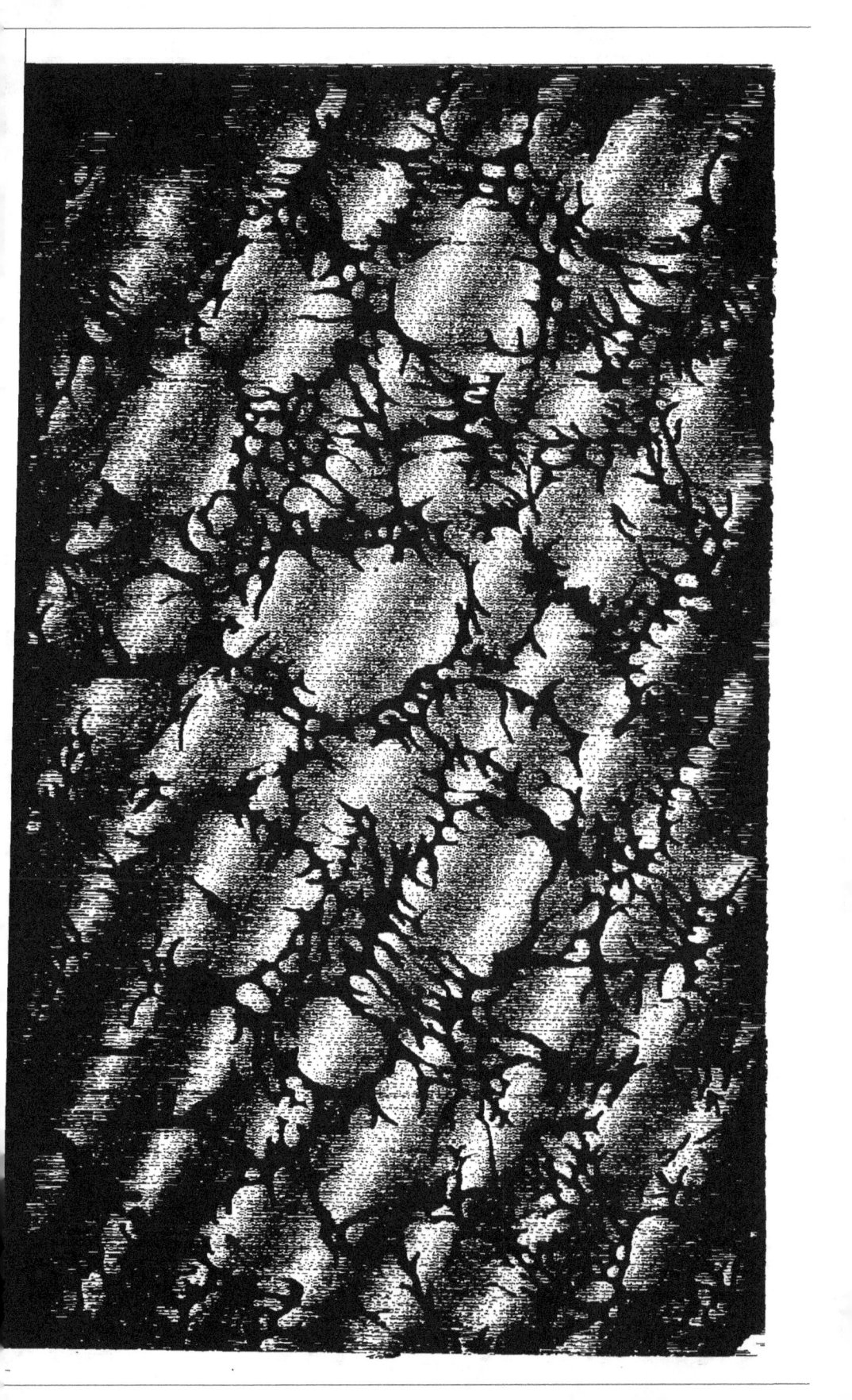

SAINT-GENEST

LETTRES

D'UN

SOLDAT

FRŒSCHVILLER

SEPTEMBRE — CAMPAGNE D'ORLÉANS

CAMPAGNE DE L'EST

PARIS

E. DENTU, LIBRAIRE-ÉDITEUR

PALAIS-ROYAL, 17 ET 19, GALERIE D'ORLÉANS

À ma chère Madame André

LETTRES D'UN SOLDAT

DU MÊME AUTEUR

L A

POLITIQUE D'UN SOLDAT

Un vol. gr. in-18 jésus. Prix : 3 francs.

Paris. — Impr de E. Donnaud, rue Cassette, 9.

SAINT-GENEST

LETTRES

D'UN

SOLDAT

FRŒSCHVILLER

4 SEPTEMBRE — CAMPAGNE D'ORLÉANS

CAMPAGNE DE L'EST

PARIS

E. DENTU, ÉDITEUR

LIBRAIRIE DE LA SOCIÉTÉ DES GENS DE LETTRES

PALAIS-ROYAL, 17 ET 19 GALERIE D'ORLÉANS,

—

1873

INTRODUCTION.

Voici plus d'une année qu'à travers les luttes de la politique et les éternelles récriminations des partis, les souvenirs de cette guerre me poursuivent sans relâche. J'étais comme obsédé des terribles visions et j'avais vraiment besoin d'en délivrer mon esprit. Mais chaque fois que je prenais la plume, je m'arrêtais bientôt, troublé et inquiet, car il y avait pour moi des entraînements trop grands, des dangers trop sérieux : raconter les exploits de ses chefs et le peu qu'on a vu soi-même, est un terrain brûlant que l'on n'évite pas assez aujourd'hui.

J'ai eu le bonheur inappréciable; dans cette lamentable guerre, et à travers le chaos de l'armée de province, de commander des soldats admirables et d'être commandé moi-même par des chefs de la vieille armée dont je serais trop fier de vous dire l'histoire. Comment m'arrêter dans cette voie, et le moyen de retenir ma plume ?

Comment ne pas raconter les campagnes de mon colonel, depuis Frœschviller jusqu'à Héricourt? Comment résister à l'entraînement de Juranville, alors qu'au milieu des bombes et des obus, je voyais le capitaine Porteret ramener paisiblement le canon et les prisonniers enlevés à l'ennemi, tandis que le brave André venait, au péril de sa vie, me chercher sous le cadavre de mon cheval ?

Vingt fois j'ai commencé ces pages; mais, à peine plongé dans mes souvenirs, dès que je me retrouvais au milieu de mon régiment, dès que je revoyais ces héroïques officiers d'éclaireurs et leurs vaillants soldats... le public s'évanouissait, l'écrivain n'existait plus, et bientôt j'ai compris que je les aimais trop pour pouvoir en parler. J'ai compris que, lancé dans cette voie, il n'y aurait plus ni mesure ni limites, et qu'au lieu d'être le récit d'une campagne, ce serait simplement l'histoire de mes chefs, de mes camarades et de mes soldats; histoire que je ferai certainement un jour, mais que je dédierai à l'armée et que je n'ai pas le droit de livrer encore au public.

Alors, j'ai songé à Charles Bernard, le conscrit, dont je vous ai raconté les débuts il y a deux ans. Je me suis dit que Charles étant devenu officier en Italie, il valait mieux lui laisser faire le récit de cette guerre, récit qui sera certainement plus vrai, parce qu'il sera moins personnel.

Aujourd'hui, je veux seulement vous dire dans quelles pensées ces pages ont été écrites : depuis un an, j'ai parcouru les ouvrages qui ont paru sur cette campagne, ouvrages qui ont l'autorité de l'expérience, du talent, du caractère ; mais — chose étrange — aucun ne m'a rappelé ce que j'avais vu, ce que j'avais senti.

A cela, il y a plusieurs raisons. Chacun écrit, non pas pour raconter, mais pour prouver quelque chose : les uns la corruption impériale, les autres la folie révolutionnaire, ceux-ci la supériorité de leur plan... tous, en un mot, brisant les événements pour les faire rentrer dans un cadre préparé à l'avance.

PUIS, AU LIEU DE RACONTER LES FAITS SOUS L'IMPRESSION DU JOUR OU ILS LES ONT VUS, ILS LES RACONTENT SOUS L'IMPRESSION D'ÉVÉNEMENTS QU'ILS NE CONNAISSAIENT PAS ENCORE ET DONT, MALGRÉ EUX, ON TROUVE LE REFLET A CHAQUE PAGE DE LEURS ÉCRITS.

Ce qui fait que ceux qui racontent Fræschviller et Sedan annoncent, dès le 15 juillet, la décadence militaire qu'ils n'avaient certes pas vue encore ; ce qui fait que ceux qui racontent Coulmiers parlent déjà de la démence de M. Gambetta, alors qu'ils applaudissaient à son patriotisme ; ce qui fait que de très-bonne foi personne ne se rappelle, et les cris « à Berlin ! » et « la guerre à outrance » et « les pierres des forteresses » et les « vaincre ou mourir », en un mot que chacun oublie ce qu'il a pensé, ce qu'il a voulu, ce qu'il a dit, ce qu'il a écrit.

J'ai cherché, j'ai parcouru, et j'en demande bien pardon aux honorables écrivains, j'ai peut-être retrouvé les faits, je n'ai point retrouvé les impressions du passé. D'ailleurs, il ne faut pas s'y tromper, les batailles, les mouvements de troupes racontés dans les histoires de guerre n'ont aucun rapport avec ce qu'on en voit. C'est aujourd'hui seulement que je sais les événements heureux ou malheureux, la raison des mouvements, l'enchaînement des faits... En un mot, c'est aujourd'hui seulement que je connais les batailles auxquelles j'ai assisté.

Je me demande même où les militaires qui racontent les campagnes puisent leurs renseignements ; à moins de faire partie d'un grand état-major, on ne rapporte de la guerre que deux impressions : d'abord, c'est qu'on ne sait jamais rien... et ensuite, c'est qu'on attend toujours !...

Cela, je ne le vois pas écrit dans les histoires, et cela, je l'ai senti pendant six mois. On attend le jour, on attend la nuit, on attend sous un soleil brûlant, on attend dans la pluie, dans la boue, dans la neige... on attend les ordres, on attend les vivres, on attend l'ennemi...... Mais enfin, on attend toujours, et on ne sait jamais rien.

Oubliant donc ce que l'histoire m'a appris, j'ai voulu me reporter à ce que je croyais, à ce que je sentais alors. Ce ne sont pas les événements eux-mêmes que je vais vous dire, c'est ce qu'on voit des événements quand on fait partie d'une armée. C'est le reflet des opinions, des erreurs populaires, des passions du moment.

Chaque lettre, au lieu d'être arrangée après les faits accomplis et sous leur influence, est écrite sous l'impression et l'illusion du jour. De là les contradictions, les présomptions, les espérances insensées qui pourront étonner le lecteur. Mais, qu'on ne s'y trompe pas : l'inconséquence est l'essence même des choses humaines, et les mémoires où les faits s'enchaînent avec une admirable logique peuvent plaire aux lecteurs, mais ne disent jamais la vérité.

Maintenant, je ne me fais pas d'illusions sur le public

auquel je m'adresse. Jusqu'ici, pour se faire entendre, les écrivains lui disent invariablement : « Peuple français, tu n'as rien à te reprocher ; tu expies des fautes que tu n'as pas commises. Il est certains hommes que tu dois maudire à jamais, car ils portent seuls le poids de tous tes malheurs. Sans eux, tu n'aurais connu ni la corruption, ni les défaites, ni les folies... Sans eux, tu aurais traîné la victoire après toi, car tu es le premier peuple du monde ! » Au lieu de cela, raconter à ce peuple ce qui s'est véritablement passé ; lui montrer combien il a été complice des crimes des uns, des folies des autres, je le répète, parler ainsi à un public habitué à la flatterie et au mensonge, c'est parler sans espérance. Aussi j'ai trouvé qu'il était plus honnête d'en prévenir mes lecteurs.

Vous tous, démocrates et libéraux, qui cherchez, aujourd'hui, dans l'histoire de nos campagnes, la preuve que tout le mal vient du régime tombé, ne lisez pas ces lettres, elles ne sont pas pour vous. Et vous, bonapartistes et réactionnaires, qui cherchez dans d'autres récits la preuve que tout le mal vient de Jules Favre et de Gambetta, ne les lisez point, elles ne vous plairaient pas davantage.

Je n'apporterai même pas ce qui séduit tant la multitude : les plaintes, les dénonciations contre les généraux, même contre ceux qui, depuis ce temps, ont eu le suprême malheur de prendre un rôle politique. D'abord, si je savais quelque chose contre un chef, je ne le dirais point ; et puis, selon moi, étant donnés des événements trop lourds pour les forces humaines, la plupart des hommes ont rempli leur devoir ; chacun a fait ce qu'il a pu.

Je l'ai déjà dit : loin d'avoir à me plaindre de mes chefs ou de mes soldats, la seule impression fâcheuse que j'aie gardée, c'est contre-moi-même ; car si ces soldats étaient admirables, je n'étais pas digne de les commander. Eux m'apportaient ce que l'armée prussienne n'aura jamais : le courage individuel, le feu, l'entrain, l'initiative ; et moi je ne leur apportais pas ce que je leur devais : le travail de garnison, l'étude patiente, consciencieuse.... ayant attendu le champ de bataille pour apprendre mon métier, et y arrivant avec cette inexpérience et cette légèreté du caractère français.

Tout cela sera donc peu séduisant : respecter une armée vaincue, persister à dire que les soldats de Frœschviller étaient des soldats sublimes, ne rien livrer en pâture aux fureurs politiques, même à celles de mon parti, et par-dessus tout accuser la nation entière tout cela n'a rien qui puisse satisfaire l'esprit français. Ceux qui aiment la vérité, quelque triste qu'elle soit; me liront peut-être ; c'est pour eux seuls que j'écris. (1)

SAINT-GENEST.

(1) Les décrets, discours et articles cités dans ces pages sont d'une rigoureuse exactitude.

LETTRES D'UN SOLDAT

FRŒSCHVILLER.

I

LA DÉCLARATION DE GUERRE.

Près Paris, 15 juillet 1870.

Mon cher ami, tu te plains de mon silence, et, comme tous ceux qui reviennent d'un long voyage, tu t'imagines que j'ai mille aventures à te conter, et de moi et du régiment. Qu'es-tu devenu? que s'est-il passé? m'écris-tu fiévreusement.

Ce qui s'est passé? oh! mon Dieu! rien du tout. Ma vie n'a point changé; et, dans le métier, c'est toujours la même chose: je commande le plus beau peloton du plus beau régiment; seulement, avec les grades et l'expérience, la jeunesse s'en va...

Les bons camarades que tu as connus sont toujours les mêmes, avec cette différence qu'ils sont plus vieux. Crusoles est lieutenant; de Verneuil est adjudant-major; Montcalm est capitaine commandant...

Hirscher est maréchal des logis à l'infirmerie des chevaux; chaque matin, à la même heure, je le vois passer avec ses vieilles moustaches grises, toujours la terreur des brigadiers et conscrits : « A l'ours! à

1

l'ours ! .. » crie-t-il sur sa route ; rouage incessant, caractère admirable, recommençant tous les jours la même
chose, et y apportant la même conscience et le même
intérêt.

Quand je le rencontre, je l'emmène à la cantine prendre
un mazagran, et il marche fièrement à côté de son ancien
june homme, qu'il a fait soldat.... et qu'il a fait lieutenant.

Oui, mon ami, qu'il a fait lieutenant ! car ce n'est ni
le baccalauréat ni toutes les théories du monde qui m'ont
appris le peu que je sais ; ce sont les anciens sous-officiers
en me dressant à la chambrée et en me fourrant à la
salle de police...

A la cantine, nous retrouvons la vieille mère Bachut,
toujours joyeuse et vaillante, mais qui a des démêlés plus
bruyants que jamais avec *mame* Giraud, surtout depuis
qu'Aspasie est mariée à la *petite flûte*. Elle a de furieux
retours sur le passé et des emportements terribles contre
celle qu'elle appelle la cantinière à la mode.

— Vois-tu, vois-tu, dit-elle invariablement à Hirscher
en nous servant le mazagran, à cette heure que le diable
est par les chemins, il ne leur faut plus que des jeunesses,
et nous autres, mon vieux, nous ne sommes plus bons
à rien. Attends un peu la guerre, et on verra qui fera la
meilleure besogne !

Derrière le comptoir va et vient Jarry, plus que jamais
exempté de tout service, et s'étant réengagé sans comprendre davantage ce qu'était la comédie militaire, mais
ne s'imaginant pas qu'on puisse vivre ailleurs que dans

un régiment. Karjean est devenu un excellent sous-officier. Quant à Berton, il est auprès de moi, toujours le
meilleur des êtres et le plus dévoué des ordonnances.

Tu me demandes ce que je fais? Eh! mon Dieu! je ne
fais rien. Je monte le moins de semaines et je demande
le plus de permissions possible : c'est l'existence en temps
de paix. On tourne dans les rouages d'un régiment, ne
sentant pas les heures qui passent, ou plutôt les heures
qui se perdent dans cette vie monotone et stagnante de la
garnison. On attend, on attend toujours... Quand le trompette sonne, on se dit : Est-ce le régiment qui part? Est-
ce la Prusse? Est-ce l'Afrique?... En réalité, on ne lit
les journaux que pour cela. Au café, dès que les nouvelles arrivent, tout le monde se met en groupe à écouter.
Qu'y a-t-il? Partons-nous?... Aussi tu t'imagines bien
notre émotion, en croyant à une déclaration de guerre!
Mais ce que tu ne t'imagineras pas, c'est notre désappoin-
tement quand on nous a dit que tout était pacifié.

Tu me demandes pourquoi nous ne remplissons pas ce
vide de la garnison par de sérieuses études? Tu me parles
de ces travaux militaires que tu as observés dans tes
voyages à travers l'Europe? Ils travaillent sans relâche, me
dis-tu? ce sont des officiers d'une instruction supérieure!
Eh! mon cher ami, laisse-les travailler ; ce n'est pas là
notre affaire, à nous autres; notre affaire, c'est le champ
de bataille. On a bien cherché à entrer dans cette voie;
il y a eu de nouveaux décrets, je ne sais quelles recon-
naissances militaires... que nous avons fait faire par nos

sous-officiers. Oui, laisse les Allemands pâlir sur leurs
bouquins ; quand le jour sera venu, nous chargerons
comme à Sébastopol et à Solférino, et en fait de science,
nous crierons : En avant !

Et cependant, il faut bien l'avouer, nos soldats ne sont
plus les mêmes. Depuis un an, je ne sais ce qui se passe :
des hommes inconnus s'introduisent dans les casernes ou
attendent nos cavaliers dans les faubourgs et les emmènent
au cabaret pour leur distribuer des journaux et des bro-
chures qui leur prêchent la révolte contre nous. Le colonel a donné des ordres sévères, mais, malgré tout, le mal
augmente. Chaque jour ces maudites feuilles pénètrent
dans le quartier et tournent la tête de nos sous-officiers et
brigadiers, que nous ne reconnaissons plus. Tu n'étais pas
à Paris au moment du plébiscite, et tu ne peux savoir tout
ce qui s'est passé : les députés violant la consigne, entraînant nos soldats dans les clubs, et leur disant que, citoyens avant tout, ils avaient droit à la révolte...

Par exemple, là où tu m'as fait rire, c'est quand tu me
demandes quelles sont les opinions politiques du régiment.
Nos opinions !... mais nous n'en avons pas! Nous nous oc-
cupons peu de ces choses, je te jure ; et tu sais que, pour
ma part, ç'a toujours été le moindre de mes soucis. Je vis
paisiblement au milieu des vieux camarades, allant du
quartier à la pension, et de la pension au café, avec quelques échappées sur le boulevard.

Le brave Roger est toujours le même ; comme son père
était à Waterloo, il pleure toutes les fois qu'il me raconte

la charge des cuirassiers, et je crois bien que c'est là toute sa politique. Il y a aussi Maxime de Sainte-Croix, dont le frère est allé défendre le Pape et qu'on a rapporté blessé dans son château de Kerven. C'est un vrai gentilhomme ; le dimanche, il nous parle de son Dieu et de son Roi, ce qui ne l'empêche pas, toute la semaine, de servir fidèlement la France et l'Empereur... et je crois que là aussi est toute sa politique.

Il n'y en a qu'un qui s'occupe de ces choses : c'est Tartas, brave garçon, que tu n'as point connu ; au demeurant, le plus inoffensif et le meilleur enfant du monde ; mais il a eu une mésaventure : il avait demandé à entrer dans la garde ; sa nomination était déjà signée, quand on y a envoyé de Bellève. Alors, tout à coup, ça l'a rendu républicain ; on appelle cela son accident. Le capitaine veut le reporter, parce qu'il assure que si on le nommait demain, ça le guérirait de suite.

Je ne sais ce qui en est, mais, depuis un an que l'accident lui est arrivé, il nous rompt la tête de ses éternelles dissertations politiques. Tu comprends bien que je le laisse dire, et pour un boulet de canon je n'irais pas lui répondre ; car au fond, il faut lui rendre cette justice, qu'il en sait beaucoup plus que nous ; il lit les discours de la Chambre, les articles des journaux, ce qui n'est pas mon fort.

Mais figure-toi que tout à l'heure, ç'a été terrible ! il était venu un officier de dragons, plus ferré que nous, et tout à fait capable de répondre à Tartas. Or — tu dois

savoir ces choses — il paraît que le parti républicain a
décidé qu'il ne fallait plus d'armées permanentes.

— Vous ne lutterez pas contre le courant, messieurs,
s'écriait Tartas ; vous ne voyez que l'intérêt de votre
avancement, au lieu de voir l'intérêt de la France. Mais
Garnier-Pagès et Picard l'ont dit : le vieux monde s'é-
croule, le temps des forteresses et des rivières est à jamais
passé, et c'est pourquoi nos députés de Paris ont refusé
de voter le contingent.

— Enfin, ça va bien, dit Roger avec son bon rire ;
quand on aura démoli les forteresses, il faudra dire aux
fleuves qu'ils peuvent s'en retourner, et qu'on n'a plus
besoin d'eux.

— Oui, riez, messieurs ! riez ! Et quand on pense que
cette armée écrasante vous mène à ceci : être les esclaves
de la Prusse ! Depuis quatre ans que nous subissons cette
honte, les démocrates sont seuls à protester au nom de
l'honneur de la France.

— Mais je croyais que vos amis étaient si enthousias-
més de Sadowa, que pour eux c'était presque une victoire ?

— Ah ! non !... pas ce pauvre Tartas ! il faut être
juste ; à ce moment-là il était porté pour la garde ; c'était
avant son accident, n'est-ce pas, mon ami ?

— Oui, la garde ! la garde ! s'écrie Tartas, hors de lui.
Je l'avais demandée pour aller retrouver ma vieille mère
à Paris ; c'était le plus grand sacrifice à la famille, car
Dieu sait ce que j'ai toujours pensé de l'Empire !

— Allons, messieurs, au prochain gouvernement, ce sera pour son oncle.

— Raillez, messieurs, amusez-vous bien, dit Tartas plus furieux que jamais; nous sommes la risée de l'Europe. Quand on pense qu'hier encore, M. de Bismark envoyait un Hohenzollern sur le trône de Madrid !

A ces mots, l'officier de dragons se lève et disparaît sur le balcon ; Montcalm jette avec humeur le journal qu'il tenait à la main ; le commandant saisit son képi et sort sans répondre, pendant que les autres officiers chuchotent au fond de la salle.

— Ah ! vous ne riez plus, messieurs, dit Tartas; la France est-elle tombée assez bas? Désormais c'est la Prusse qui commande sur le continent, et il ne nous reste qu'à courber la tête.

— Mais, enfin, murmure le capitaine... satisfaction nous a été donnée, puisque le prince a retiré sa candidature.

— Vraiment ! vous appelez cela une satisfaction ? Notre ambassadeur interroge le roi de Prusse, et c'est le père Antoine qui répond à la France ! Vous dévorez de pareilles hontes !... mais vous ne lisez donc rien? dit-il en saisissant les journaux épars sur la table ; la nation entière est révoltée et le dégoût lui monte aux lèvres.

Tenez ! je prends au hasard : écoutez le *National :*
« C'est une paix sinistre que celle dont on nous parle.
» Qui espère-t-on tromper avec ces jeux officielles ?... »

Et le *Siècle :* « ... La perspective d'une issue pacifique
» trouve peu d'enthousiasme dans la presse, et les fan-

» fares du *Constitutionnel* n'ont pas rencontré d'écho. »

Et l'*Opinion* : « M. de Bismark passe toutes les bornes !
» s'il veut la paix qu'il recule ! Quant à nous, nous ne le
» pouvons plus. Que le gouvernement parle ferme, il
» aura toute la France derrière lui. »

— Mais ce sont vos mécontents de républicains qui racontent toutes ces choses !

— Les républicains ?... Eh bien, écoutez les légitimistes,
alors ! Tiens, Sainte-Croix, voilà ton *Union* : « Notre
» pays a senti qu'il existe, de l'autre côté de Berlin, quel-
» que chose qu'il faut abattre. Voilà pourquoi la satis-
» faction que nous donne le père Antoine ne répond ni à
» la grandeur des griefs ni à l'excitation des âmes. »

Et vous, Montcalm, écoutez votre *Univers* : « Ne
» vous trompez pas ; l'opinion serait déçue si l'affaire
» venait à s'arranger. Prétexte ou raison, l'occasion est
» bonne ; la France ne peut laisser la Prusse s'agrandir
» davantage ; mieux vaut aujourd'hui que demain. »

Et le *Monde* : « La France manifeste pour cette guerre
» un enthousiasme extraordinaire ; partout, au Sénat, à
» l'Assemblée, à la Bourse, au Palais, dans les rues, les
» mêmes cris retentissent et forment un irrésistible cou-
» rant ; voilà pourquoi nous sommes en droit de deman-
» der au gouvernement de ne pas se contenter de pro-
» messes et d'exiger des gages. »

» Car il n'y a plus de partis quand il s'agit de flétrir
cette lâcheté et cette honte. C'est un cri universel. Mais,
riez donc, messieurs ! vous aviez tant d'esprit tout à
l'heure !

» Tenez, j'ai le regret de vous le dire, Delescluze est plus patriote que vous : « Un beau matin, s'écrie-t-il, » vous verrez le Hohenzollern installé en Espagne. Ceux » qui aiment la Prusse peuvent se régaler. On en a mis » partout! Les éclats de rire rouleront de Wissembourg » aux Pyrénées, et, si c'est la revanche de Sadowa, elle est » complète... *Soyez tranquille, comme son intérêt personnel* » *pourrait en souffrir, l'empereur n'engagera point la* » *guerre.* Peu importe une humiliation de plus ; il n'hé- » sitera pas, comme après Sadowa et le Luxembourg, à » désarmer de trop courageux ministres. »

... Et, continuant sa lecture, Tartas va et vient dans la salle, apportant fiévreusement ses maudits journaux, et jetant l'anathème sur nous tous. Peu à peu la discussion tombe. Je baisse la tête, le capitaine ne dit mot, le lieutenant de dragons, tordant sa moustache, s'agite sans répondre ; quelques officiers chuchotent encore au fond de la salle ; puis les groupes se divisent, les voix s'éteignent, et bientôt un pénible silence règne sur nous tous.

. . . .

Tout à coup nous entendons une grande rumeur et nous nous jetons au balcon. De tous côtés on court, on se précipite. Là-bas, un homme, grimpé sur une borne, lit quelque chose qui n'arrive pas jusqu'à nous.

— Il y a des nouvelles ! il y a des nouvelles ! crie l'adjudant-major, entrant tout essoufflé dans la salle. On dit que la guerre est déclarée...

1.

— La guerre? Comment, la guerre?

Et, sans armes, sans képi, nous dégringolons les escaliers et nous courons vers la place. Nous ne pouvons approcher, tant la foule est énorme.

— Est-ce vrai, est-ce vrai? crie le commandant, se frayant un passage. On dit que notre ministre a été insulté? que la Prusse provoque la France?...

Puis il se fait un certain tumulte : c'est le colonel qui arrive, et tout le monde l'entoure. — Oui, messieurs, la guerre est déclarée! et nos armées vont franchir le Rhin.

Roger se jette dans mes bras. — Tiens, mon ami, c'est le plus beau jour de ma vie! je vais donc voir ces Prussiens de Waterloo!

— Enfin! s'écrie le commandant, depuis quatre ans que la Prusse nous brave! Vraiment, il était temps!

Nous tâchons de fendre la foule qui se presse sur notre passage et nous acclame avec furie : « Vive l'armée! A Berlin! à Berlin!.. » crie cette multitude en délire. Pour moi, je ne me connais plus; appuyé sur Sainte-Croix et Roger, enivré de ces acclamations, je vois à l'horizon la vision des victoires prochaines, l'entrée à Mayence et à Berlin; je vois les triomphes d'Iéna et de Friedland, et, à mesure que nous marchons vers le quartier, la foule grossit, les acclamations redoublent, et c'est une ivresse qui surpasse toutes les émotions de ce monde!...

Déjà la nouvelle est arrivée au régiment, et sur la route nous apercevons les officiers de semaine, les maréchaux de logis, les maîtres-ouvriers qui accourent avec le prévôt d'armes, suivis d'Hirscher, de la mère Bachut, de mame Giraud.

— C'est-il vrai? c'est-il vrai? nous crie-t-on.

Et les hommes de garde se précipitent hors du poste, et dès la grille une multitude de soldats et de brigadiers nous entourent; le quartier est sans dessus dessous, les uns roulant du haut en bas des escaliers, les autres cavalcadant à l'abreuvoir comme dans un cirque, pendant que la foule, qui grossit de minute en minute, monte sur les talus, remplit les fossés, grimpe le long des grilles en criant à tue-tête :

« Vive l'armée! à Berlin! à Berlin! »

CHARLES.

II

PRÉPARATIFS DE DÉPART.

Près Paris, 17 juillet.

Je t'écris du quartier, ou plutôt je t'écris au milieu d'une fourmilière que l'on vient de frapper du pied. Depuis la grande nouvelle, il y a ici une vie, une fièvre, une agitation indescriptibles. La guerre, la guerre! partir, faire campagne, aller à Berlin!... Je suis rajeuni de quinze ans! cela me reporte aux plus belles années de ma vie. Est-ce que vraiment mes rêves d'autrefois vont se réaliser?

C'est une rude besogne que l'organisation d'une cam-

pagne; et cependant, chose étrange, cela me semble léger.
Je retrouve là ce que j'avais éprouvé au départ pour l'I-
talie. Dès que la guerre est déclarée, tout change d'aspect, tout s'élève : service, pansages, corvées, manœuvres,
prennent un intérêt, une saveur inconnus! Ces soldats
que je vais commander vis-à-vis de l'ennemi, ces hommes
dont la vie va être entre mes mains, m'apparaissent comme
transfigurés. On ne reconnaît plus rien. Le matin, le réveil est sonné en fanfares. Au lieu de ces revues officielles, on voit le capitaine au milieu de ses soldats, tirant
les grognards par la moustache, et quand le colonel arrive, tous viennent l'entourer comme ses enfants. Au lieu
de demeurer en ville ainsi qu'un grand seigneur, pour
nous apparaître aux jours d'inspection, le vieux drapeau
est là, dans sa tenue de campagne, et il faut qu'au boute-
selle il monte à cheval et qu'il manœuvre avec les camarades. Peloton hors rang, cantinières, maîtres-ouvriers,
tout le monde reprend son costume et redevient soldat.....

Ah! joies enivrantes de la guerre! jamais campagne n'a
été si populaire. En partant pour l'Italie, il y avait peut-
être plus de gaieté, parce qu'on allait dans ce beau pays
du soleil, mais il n'y avait pas cette ardeur, ce désir de
vengeance, cette haine sourde éclatant tout à coup après
quatre années d'humiliations et de hontes.

Que me parles-tu de tes craintes? tu es décidément bien
enthousiaste de cette organisation prussienne. Eh! mon
cher ami, la théorie n'est pas tout. Souviens-toi! la veille
de la Crimée et de l'Italie on disait les mêmes choses de
notre ignorance, de notre indiscipline et de notre légè-

reté ; et, en effet, nous n'avons pas vaincu selon les règles. A Magenta, nous devions être pris ; et surpris nous-mêmes à Solferino, nous devions être battus. En fait de tactique, nous avons dit : En avant ! comme Saint-Arnaud l'avait dit à l'Alma... Et toutes ces troupes, immobilisées et engourdies dans leur science et leur discipline, ont été emportées par la sublime folie du soldat français. Et puis, sais-tu ce que nous avons ? Une force supérieure à toutes les théories du monde : la confiance en nous-mêmes. Tandis que les autres peuples partent pour la guerre, nous autres, nous partons pour la victoire.

Aussi, comment te dire cet entrain, ce souffle, cette gaieté lumineuse, ailée, qui vient de reparaître tout à coup, et qui vraiment ne rayonne que dans l'armée française ? Tout le monde veut partir ! Brigadiers, cavaliers, trompettes, maréchaux sont là réclamant leur tour, leur droit d'ancienneté. C'est une procession terrible dans les bureaux, au milieu de laquelle nous nous débattons fiévreusement.

— Mais, mon pauvre Berton, tu es bien vieux pour cette campagne.

— Eh ! eh ! lieutenant, nous étions dans la chambrée ensemble ! Je sais bien que vieux soldat fait jeune officier ; mais je suis solide encore, et je ne vous quitterai pas.

— Quand je te dis qu'ils ne veulent plus que des jeunesses, crie la mère Bachut, qui depuis hier fait un vacarme à assourdir le quartier. Vois-tu, que le capitaine ne voulait seulement pas m'emmener, parce que cette mère

Giraud a été pleurer pour son Aspasie et raconter que j'é-
tais trop vieille pour aller à Berlin... Attends! attends!
Jarry, tire-moi la carriole, qu'on voie celle qui sera le plus
vite à la revue! Amène-moi le *ministre*, et va demander à
Hirscher une petite musette d'avoine.

Mais Hirscher n'a pas l'air de voir ni d'entendre. Maréchal des logis à l'infirmerie des chevaux, il a été demander au colonel de partir avec le régiment. — Vous
allez avoir votre retraite, lui a dit le colonel, demeurez au
dépôt. Cela vaut mieux ainsi.

Et il est resté un instant, mordant ses moustaches, puis
il a dit : — Mon colonel, Hirscher est encore capable de
faire campagne...

— C'est bon, rentrez au quartier... Et Hirscher est parti
sans répondre.

Mais depuis ce temps, on l'entendait parler tout seul :
« Pauvre Hirscher! pauvre Hirscher! il n'a pas mérité
cela. Non! en vérité, Hirscher n'a pas mérité cela! » Pour
la première fois depuis vingt ans il est arrivé en retard à
l'appel. Le capitaine n'a pas eu l'air de regarder. Mais
chacun était aux fenêtres, et quand on a vu cela on a dit :
« Il se passe quelque chose. » Puis, à mesure que les pelotons se formaient et que les maréchaux de logis venaient
prendre le commandement de leurs hommes, il se tenait
immobile devant le front de l'escadron, regardant les
sous-officiers désignés et répétant comme un somnambule : « Pauvre Hirscher! pauvre Hirscher! »

Alors, ce matin, il est venu à moi tordant son képi;

mais, au moment de parler, les mots sont restés dans sa gorge et des larmes ont jailli de ses yeux.

— Lieutenant, m'a-t-il dit, on raconte que Hirscher n'est plus bon à rien... et il a toujours fait son métier. Quand vous étiez à la chambrée, Hirscher vous a mis à *l'ours*, mais c'était pour le bien, mon lieutenant. Vous étiez un *june* homme.

— Mais, mon pauvre ami, tu es le plus brave soldat que je connaisse!

Alors, il m'a regardé, et, s'accrochant à moi : « Lieutenant, demandez au colonel qu'on m'emmène! Si on part sans lui, voyez-vous, Hirscher est déshonoré! »

Et, pour la première fois, j'ai vu des larmes tomber sur ses vieilles moustaches, cela m'a fait mal... je le revoyais dans mon temps de conscrit quand il me dressait à la manœuvre... Et alors, j'ai été trouver le capitaine, nous nous sommes rendus au rapport, et à nous deux nous avons fléchi le colonel. Hirscher part avec l'escadron.

Depuis ce temps, il ne dit plus une parole. Il ne m'a même pas remercié; seulement il m'a regardé d'une certaine façon que je n'oublierai pas. Puis, aussitôt, il s'est mis à la besogne : ses calepins sont faits; ses harnachements ajustés; ses hommes organisés. Sans rien dire, il s'occupe de mes chevaux et de mes bagages. Je le vois là, qui travaille silencieusement dans l'écurie, un peu émerveillé de tout ce qu'on m'apporte, et riant de son rire sans bruit, devant ce qu'il appelle les bricoles de fantaisie.

Car, toi, qui me recommandes de bien m'équiper pour la campagne, si tu voyais mes préparatifs, tu serais singulièrement rassuré. Depuis que j'ai lu que les soldats d'Austerlitz, partis simplement pour le camp de Boulogne, étaient revenus quatre ans après, je m'organise pour supporter les froids de Kœnigsberg et de Friedland.

Aussi, depuis ce matin, je me débats au milieu de flanelles, de caoutchoucs, de toile imperméable, et puis j'ai des bottes... oh ! dame ! des bottes !... un pouce de liége, du fer tout autour, quelque chose de si magnifique que lorsqu'on les a apportées, les passants suivaient dans la rue et que cela a mis en gaieté tous les cavaliers de l'escadron. On prétend qu'on voit mes bottes un quart d'heure avant moi, qu'il y a un tiroir dans la semelle, que la clef est dans le talon, et qu'en l'ouvrant on trouve un couteau, une cafetière, du chocolat, des biscuits...

Puis j'ai acheté une grande tente d'un beau glacis vert émeraude, avec des peaux de mouton à soufflets, des toiles à compartiments, des caoutchoucs qui se tirent, des bâtons qui se disloquent et des lits qui se roulent comme une trousse de voyage. Le capitaine lève les épaules et me dit que c'est insensé, que je ne verrai jamais cette tente-là, qu'elle sera toujours à quinze lieues de moi sur mon cheval de main, et que les jours où je la rattraperai, il faudra vingt-quatre heures pour l'établir et vingt-quatre pour l'emporter. — Prenez donc la tente de soldat, roulée sur votre cheval à vous, la petite niche à chien, croyez-moi ; il n'y a que cela de vrai.

— Ecoute, me dit Roger, essayons la machine ; autrement, en face des Prussiens, nous aurons des désagréments.

Nous fichons les piquets, nous dressons la tente, nous déroulons les lits. La mère Bachut arrive. — Ça me connaît, dit-elle ; j'en avais comme ça en Italie. Passe devant, nous allons nous y fourrer tous les trois.

Hirscher secoue la tête d'un air inquiétant ; nous nous mettons à quatre pattes, je me glisse dans le soufflet, et je m'étends avec mille précautions ; Roger arrive ensuite, s'étend près de moi ; la machine crie un peu, mais elle résiste ; quand la grosse mère Bachut se laissant choir sur le soufflet, j'entends les jointures de fer qui poussent une lamentation terrible. La machine oscille un instant, puis, mon lit se refermant brusquement comme un portefeuille me rejette sur Roger, qui dégringole lui-même sur la mère Bachut et l'entraîne sous la peau de mouton, où je ne tarde pas à aller les rejoindre. Mais comme nous pesons malheureusement sur les cordages, voilà la tente vert émeraude qui se plisse comme une voile en détresse, et les dernières ficelles rompant tout à coup, tout s'écroule à la fois, et Roger reçoit le bâton sur la tête.

— Que Dieu te bénisse avec tes expériences, me dit-il, tâchant de sortir de la peau de mouton ; voilà tout le bazar en brindezingue !

— Quelle sacrée invention ! dit la mère Bachut, qui, les jupes prises dans les cordages, se débat comme une folle pour se dépêtrer des peaux de mouton et des caoutchoucs.

Hirscher arrive. — Mauvaise affaire, dit-il, mauvaise affaire. Enfin, puisqu'on ne croit pas Hirscher !... Puis il envoie chercher le sellier, fait ajouter des cercles, reposer du cuir, et, tout en travaillant, il secoue la tête, répétant invariablement :

— En vérité, en vérité, voilà un lit dans lequel le lieutenant ne couchera pas souvent...

... Mais, tout à coup, nous voyons courir les hommes de garde, et l'adjudant-major vient nous trouver en grande hâte.

— Je ne sais ce qui se passe, nous dit-il ; voilà des colonnes en blouses qui se dirigent sur Paris ! On parle d'une émeute... Ecoutez, écoutez ces rumeurs !...

En effet, dans le lointain, on entend comme un grondement sourd, et près de nous, à travers l'avenue du quartier, on ne voit que des gens qui marchent précipitamment vers la ville.

— Qu'y a-t-il ? dis-je, arrêtant un ouvrier qui s'avance sa pioche sur le dos.

— Ce qu'il y a ?... Il y a des Prussiens à Paris qui parlent comme de vrais Bismarks et à qui on va causer du pays.

En ce moment arrive Tartas. — Vous ne savez pas les nouvelles ? M. Thiers a parlé contre la guerre... Depuis ce matin, il n'est question d'autre chose ; venez, venez, on s'attend à quelque malheur ; le peuple de Paris est exaspéré...

Nous marchons à grands pas pour rejoindre cette foule qui grossit de minute en minute. Il n'y a point de cris, point de tumulte, mais, dans les groupes on s'interroge,

on s'indigne, on se hâte... C'est quelque chose de sourd et
de profond, et nous nous sentons emportés par cette
multitude muette, comme par ces grands souffles qui
précèdent les orages. A mesure que nous avançons dans
la ville, le bruit augmente, puis les menaces, les imprécations ; et, en approchant de la place Saint-Georges, voilà
les cris, les huées, les hurlements qui éclatent avec furie...
les plus frénétiques se précipitent sur cette demeure
maudite, des pierres à la main.

— A mort le Prussien ! à mort ! à mort !

— Mes amis, dit Roger, cet homme est bien coupable,
mais, nous ne pouvons le laisser écharper par la foule.
Courons à son secours !

Tartas, Roger et moi, nous cherchons à nous frayer
un passage, lorsque nous sommes refoulés par toute une
populace qui descend des hauteurs de Montmartre, envahit
la place et les rues avoisinantes. Ces hommes sont animés
d'un si grand patriotisme, leur ivresse est telle que tout
est à craindre.

— Des armes ! crient-ils. Des armes pour le peuple de
Paris ! A bas le traître ! à bas le Prussien !

— Arrêtez ! crie le commandant en se jetant au devant
de la grille ; c'est un député de la France, c'est un représentant de Paris.

— Dites donc un représentant de Berlin ! qu'il aille
retrouver son Bismark et vous avec !

Les menaces deviennent plus terribles, les pierres pleu-
vent sur la maison et je ne sais ce que seraient devenues
les choses, si tout à coup on n'avait entendu une musique

dans le lointain ; tout un orchestre descendant la rue des
Martyrs avec des drapeaux, des oriflammes, des torches....
et jouant la *Marseillaise* aux grands applaudissements de
la foule. Alors, des enfants se détachent pour voir, d'autres suivent, les groupes se divisent ; peu à peu, cette
foule se désagrége ; des ouvriers lancent une dernière
pierre, profèrent une malédiction suprême, et, abandonnant la demeure du traître, suivent la manifestation.

Nous sommes entraînés par cette colonne immense, qui
des hauteurs descend vers les boulevards. Les voitures ne
peuvent plus circuler, les cafés regorgent, les omnibus
sont pris d'assaut ; partout des bandes avec leur musique
et leurs drapeaux, qui se rencontrent, se choquent et
finissent par être emportées dans le grand courant. Tartas
me dit : Sentez-vous passer le souffle sacré de la révolution, ce souffle que tous invoquent à l'heure solennelle !
Je ne puis répondre.., je ne sais ce que c'est, mais je sens
un frisson inconnu, une émotion indicible. Il me semble
que c'est l'âme de la France qui soulève ce peuple!

Et alors, spectacle qui restera à jamais dans ma mé-
moire, au-dessus de cette multitude de têtes et à la lueur
rougeâtre des torches, j'aperçois une femme qui vient de
se dresser comme une prêtresse sur son char et qui, de sa
voix superbe, entonne le chant de Rouget de Lisle. Autour
d'elle on agite des oriflammes et des bannières frangées
d'or ; les fenêtres s'ouvrent, les mains s'agitent, on se
précipite sur les tables des cafés, on grimpe sur les voitures, on s'accroche aux arbres, on monte aux réver-
bères... De Verneuil, Roger et moi, nous pleurons d'atten-

drissement, et suivant cette foule immense qui s'écoule comme un fleuve, nous répétons avec elle : A Berlin ! à Berlin !

III

EMBARQUEMENT.

28 juillet, près Metz.

Mon cher ami, impossible de t'écrire avant de quitter Paris... Ainsi que cela se passe invariablement, prévenus longtemps d'avance, nous sommes partis tout à coup, sans avoir une heure pour nous reconnaître. Après des jours et des jours où nous étions là errants, demandant les nouvelles, espérant le signal du départ, voilà une rumeur qui se répand dans le quartier ;... les ordres avaient été mal donnés, le train nous attend... le colonel arrive, le trompette sonne. — A cheval ! à cheval !

Les paquetages ne sont pas finis, les malles sont encore ouvertes, mulets et voitures de bagages sont à peine attelés, que déjà la fanfare retentit, et l'avant-garde sort du quartier. Vive l'armée ! vive les braves ! crie-t-on à travers les faubourgs. Aux sonneries du trompette, boutiquiers et travailleurs, bourgeois, femmes et enfants accourent des rues voisines, encombrant les trottoirs, débordant sur la chaussée, et bientôt notre marche est ralentie par une multitude qui grouille au milieu de nos chevaux. En tête du trompette, s'avancent des hommes en blouse, bras nus, tête découverte, entonnant la *Marseillaise*, aux applaudissements de la foule. — Entendez-vous? s'écrie Tartas hors de lui ; le gouffre qui séparait l'armée du peuple vient d'être comblé en un jour! Il a suffi d'une guerre profondément nationale pour éteindre toutes les défiances et les colères. Hier encore, il y avait des partis, aujourd'hui il n'y a que des Français !

— Vive l'armée!... vive l'armée! répète la foule ; et nous continuons ainsi, nous frayant un passage jusqu'à la gare, où l'encombrement est tel qu'il nous est impossible d'approcher. Il y a des bataillons qui devaient partir la veille et qui sont là buvant et chantant depuis vingt-quatre heures. Par je ne sais quelle méprise, on n'a rien préparé pour nous. Nos escadrons se placent le long des hangars, les cavaliers mettent pied à terre et nous attendons...

De tous côtés on ne voit que tables dressées dans les cours, cabarets en plein vent, femmes et enfants, qui arrivent avec des paniers de vivres, des bouteilles et des cigares. Grimpé sur les marches, je vois s'avancer les troupes... défilé sublime que je me rappellerai toute ma vie, car ces soldats ont déjà comme le reflet des victoires prochaines.

Les zouaves, la tête fière et superbe, qui ont l'air de dire: nous sommes les braves de Sébastopol et de Palestro, accourant pêle-mêle, comme à l'assaut, les épaules chargées d'un échafaudage fantastique de sacs, de valises surmontés de chats et d'écureuils... Puis, dirigés sur Cherbourg, des détachements de marins, le grand col rabattu, le chapeau ciré, défilant au milieu de ce superbe désordre, avec cet ordre et cette discipline qu'ils semblent apporter de leur navire... Puis, nos petits fantassins, joyeux, bavards et frondeurs, répondant gaiement à leurs chefs, ne se pressant pas trop d'obéir, suivis des bataillons d'artillerie qui passent froids, calmes et silencieux...

Près de nous un mécontent se plaint de certains désordres. Il se demande si ces chants et ces cris présagent vraiment la victoire ! Il cherche l'unité, la discipline, que sais-je ?... Je m'éloigne sans répondre.

— Eh non !... s'écrie Tartas, il n'y a pas d'unité ni de silence ; ce ne sont pas là des machines vivantes ; chaque soldat est une force, car chaque soldat conserve son initiative et son individualité. Regardez-les ! Voyez ces Bretons et ces Alsaciens, ces Marseillais et ces Flamands, aucun n'a la même physionomie, mais tous marchent à l'ennemi avec ce dédain de la mort et cette certitude de la victoire qui est leur force et leur honneur. C'est la France avec ses fières vertus et ses charmants défauts ! C'est la France avec cette indépendance frondeuse que les étrangers imbéciles prennent pour de l'indiscipline, avec cette gaieté souveraine et cette irrésistible ardeur qu'elle a promenées à travers le monde ! C'est la France qui, se dégageant de ses luttes politiques, se retrouve enfin pour venger ses affronts et assouvir une haine de cinquante années...

Et l'exaltation de Tartas enflammant les esprits, les acclamations redoublent ; nous agitons nos képis ; les fusils étincellent au soleil ; les drapeaux s'avancent enveloppés de leur gaîne noire et la foule se découvre en poussant des hurrahs !

Pendant que nous contemplons ce superbe spectacle, il paraît qu'on a commencé à embarquer notre régiment. — Voyons, messieurs, s'écrie le commandant, il faudrait cependant vous occuper de vos pelotons ! il y a une demi-heure que je vous cherche... Il n'y a ni officiers, ni sous-officiers, ni brigadiers...

Nous nous dirigeons vers la gare ; les chevaux de l'escadron sont à moitié embarqués, mais il y a des harnachements et des armes qui traînent le long de la barrière. — Voyez si c'est à vous, messieurs ! crie le commandant ; prenez vos contrôles, faites votre métier...

Nous regardons les numéros des harnachements, mais malheureusement nous n'avons pas de calepins. Nos coquins de maréchaux des logis ont été voir le défilé des troupes et boire avec les bourgeois. Les sous-officiers retrouvés, il faut chercher partout nos soldats qui sont attablés aux buvettes en plein vent... C'est une gaieté, un entrain, une vie, un mouvement, où il est difficile de se reconnaître : des zouaves qui galoppent sur des chevaux sans selle ; des petits chasseurs qui arrivent avec des chapelets de saucisses passés autour du corps ; des turcos cabriolant et bondissant comme des singes autour de la mère Bachut, qui défend contre eux ses bouteilles...

Au milieu de ce mouvement et de ce joyeux désordre, Hirscher organise son peloton, fait placer toutes les selles, tire les chevaux lui-même, les pousse dans les wagons en répétant invariablement : De l'ordre! de l'ordre! Mais il lui manque son trompette, son maréchal et deux cavaliers, et nous voilà errants à travers la foule, faisant inutilement sonner et resonner le ralliement.

Enfin, le train est prêt, et nous nous précipitons dans les wagons. — Faites l'appel, messieurs, faites l'appel! répète le commandant.

Mais tout contrôle est impossible ; les cavaliers accourent pêle-mêle, vestes en sautoir, fleurs aux képis, montant à l'assaut des wagons et cabriolant par les portières... Puis, le sifflet retentit, les soldats agitent feuillages et drapeaux, les trompettes sonnent la marche, et le train s'ébranle aux acclamations de la foule.

Ce qu'a été ce voyage, par où nous avons passé, je ne te le dirai pas bien. Pour les convois militaires, les employés ne crient pas les stations : ce sont des voyages muets. Traversant des villes inconnues, nous trouvions dans les gares toute une foule qui nous attendait. Pendant quelques minutes, cette multitude tourbillonnait autour de nous. Nos soldats s'élançaient demi-nus pour saisir cigares et bouteilles au milieu des vivats et des acclamations, tandis que les chevaux, épouvantés, lançaient force ruades dans leurs box.

Je me rappelle, surtout la nuit, les stations dans les-

2

quelles on ne s'arrêtait pas. C'était comme une vision. Tout à coup, sortant de ces ténèbres, on apercevait à la lueur des torches une multitude de têtes, on entendait des cris, des refrains de la *Marseillaise*... puis, au bout d'une seconde, la vision s'évanouissait, les chants s'éteignaient, et on rentrait dans l'obscurité et le silence.

Parfois, arrivés à une bifurcation, on restait longtemps sans savoir... Un autre train chargé de troupes passait près de nous : soldats pendant en grappes après les wagons, fleurs à toutes les portières, noirs visages de turcos apparaissant à travers le feuillage... Tant que les trains étaient en vue, on se saluait, on agitait les drapeaux, on sonnait des fanfares. Puis la vision s'évanouissait encore, et on se retrouvait dans le silence et les ténèbres.

Par-dessus tout, on était dans l'inconnu.

Après deux jours passés de la sorte, nous nous arrêtons au milieu de la nuit et la locomotive siffle lugubrement comme pour appeler quelqu'un... A droite et à gauche, un talus... Pas de maisons, pas de cabanes, rien! Les heures et les heures se passent. Nous descendons des wagons et nous voilà errants dans des terrains vagues, nous interrogeant les uns les autres. Les chevaux se penchent pour regarder, un fallot rougeâtre éclaire leur tête inquiète, puis, peu à peu, chacun reprend sa place, et dans l'attente, l'engourdissement, on s'endort roulés les uns sur les autres.

Le soleil levant nous trouve encore là..., puis une

lépêche arrive. Il paraît que les ordres avaient été mal compris. On va nous diriger vers un autre endroit. Nous faisons boire et manger les chevaux à la hâte et nous repartons dans la direction nouvelle. Mais, au bout de quelques heures, on nous arrête encore ; je ne sais ce qui se passe, nous revenons sur nos pas, et, la journée finie, nous nous retrouvons à notre bifurcation ; on donne l'avoine aux chevaux, puis le train se remet en route... lentement... la locomotive comme hésitante... La nuit arrive, c'est la troisième que nous passons en voyage...

Enfin, nous voilà à la station désignée pour le débarquement. Le chef de gare explique à notre colonel qu'il y a là des régiments qui attendent depuis le matin. On a télégraphié, mais il y a confusion dans les réponses. C'est un inexprimable tumulte de chevaux et de bagages que l'on ne parvient pas à sortir des wagons. Chaque officier menace les employés de la cour martiale. Les chevaux, qui n'ont pas mangé, bondissent comme des furieux, et, après deux heures de cris et de colère, le chef de gare fait continuer notre train jusqu'à la petite station de Birschen. Là, pas de confusion, mais pas d'employés. Alors, dans ces ténèbres, les cavaliers font le service, et le débarquement commence. Déjà un escadron est sorti, quand voilà un train de cuirassiers qui arrive derrière nous suivi de compagnies de chasseurs et de turcos...

Oh ! alors, rien dans aucune langue humaine ne peut donner idée de ce qui se passe. La nuée de turcos nous enveloppe, et cherche à nous voler. A travers les ténèbres, nous nous évertuons à débrouiller nos pauvres effets, à les

défendre contre tous ces hommes noirs qui tourbillonnent
autour de nous. Le trompette sonne et resonne la marche,
mais je n'ai pas encore mes harnachements. Berton court
après mon cheval de main ; je crois qu'on a volé les
bagages. Hirscher ne peut découvrir ses hommes, et le
soleil levant nous trouve dans ce chaos...

Soleil radieux, qui éclaire une riante campagne. Les
oiseaux chantent, les troupeaux descendent la colline ;
avec la lumière, les mécomptes disparaissent et bientôt
chacun se retrouve.

Près de nous, voici des maisons, un clocher. Les villageois entourent nos cavaliers, sellent et brident leurs
chevaux. — A cheval ! à cheval ! crie le colonel, et nous
partons escortés par tous ces braves gens. Devant chaque
maison, une table est dressée avec des verres et des bouteilles ; on hèle nos soldats qui s'arrêtent, mettent pied à
terre et entrent dans les fermes.

Peu à peu la colonne s'allonge, les rangs s'éclaircissent,
des files entières disparaissent. Hirscher galope comme
un chien de garde sur le flanc de l'escadron, menaçant
toujours de la cour martiale. — A vos places, messieurs !
à vos places, crie le commandant ! Maintenez l'ordre dans
les rangs.

Mais l'enthousiasme est si grand qu'il est difficile de
se faire entendre... En arrivant sur la place de l'église,
nous trouvons toutes les maisons pavoisées et nous défilons sous une pluie de feuillages et de fleurs. La carriole
de la mère Bachut en est couverte. Ah ! les braves gens !

les braves gens ! dit-elle en pleurant d'attendrissement, tandis que Jarry pose sur sa tête une couronne qu'on vient de jeter dans la voiture. La foule est telle, que je ne sais où est mon peloton... mais, ce que je sais bien, mon ami, c'est que ce sont là des émotions qu'on ne peut comparer à rien. La guerre ! la guerre ! joies enivrantes de la guerre ! Depuis les boulevards de Paris jusqu'à ces campagnes de Lorraine... quel voyage ! quelle ivresse ! comme on sent battre le cœur de la patrie !

CHARLES.

P. S. On nous a arrêtés au sortir de la ville et nos escadrons sont depuis ce matin dans le faubourg, attendant les ordres. Il paraît que les dépêches se sont croisées ; l'adjudant vient de me dire qu'on allait sans doute nous rembarquer et qu'il se rendait à l'état-major prendre les ordres du général.

Nous avons attaché nos chevaux aux piquets et nous attendons...

CHARLES.

IV

VEILLE DE LA BATAILLE.

4 août, Riedbach, près Wœrth.

Cher frère, je ne te raconterai pas les marches et les contre-marches que nous avons faites depuis ma dernière lettre. A peine bivouaqués, il a fallu repartir, lever le

2.

camp à la hâte, remonter en chemin de fer pour retourner
sur nos pas ; et bientôt, à notre grande stupeur, nous nous
sommes retrouvés à cette maudite bifurcation, où, déjà,
nous avions passé deux nuits ; là, on nous a fait camper
dans les houblonnières ; et comme nous commencions
à nous organiser, c'est alors que nous avons reçu dans
la nuit l'ordre de monter en chemin de fer et de nous
joindre aux troupes d'Afrique, sous les ordres de Mac-
Mahon.

Peu à peu, dans ce va-et-vient, s'était produit cette
lassitude et cette espèce de découragement que l'on a
toujours quand la bataille se fait trop attendre. On ne
rencontrait partout qu'officiers d'état-major errants à la
recherche de régiments introuvables ; officiers d'artillerie
courant après leurs munitions ; intendants, après leurs
convois de vivres ; chirurgiens après leurs médicaments...
Et tu entends d'ici les propos des mécontents et des prophètes de malheur !...

— Messieurs, disait l'un, vous ne savez pas? J'arrive
de Strasbourg ; rien n'est prêt, les forts ne sont pas armés ; la place manque de tout.

— Et moi, je viens de voir un aide de camp de Mac-
Mahon ; il assure que le maréchal a trouvé un corps d'armée imaginaire. Depuis huit jours il envoie dépêches sur
dépêches pour dire qu'il n'a pas de vivres, pas de munitions et pas de soldats.

— Et l'indiscipline, messieurs?... C'est effroyable ; les
habitants disent que si cela continue ainsi, ils aiment
autant les Prussiens que des soldats pareils. Ce matin, à

Saverne, le train n'était pas encore arrivé que les zouaves, s'élançant par les portières, s'abattaient comme une nuée de sauterelles sur toutes les boutiques de la ville...

Roger et moi, nous ne répondions même pas, car c'est l'éternelle histoire de l'entrée en campagne. Rappelle-toi l'Italie et la disgrâce du maréchal Vaillant ! On disait les mêmes choses alors : rien n'était prêt, nos armées n'étaient pas organisées, les chefs n'avaient pas de plan, les soldats pas de discipline... En fait de stratégie on a dit : Chargez! et nous avons culbuté les Autrichiens jusqu'en Vénétie; et l'indiscipline de nos soldats, c'était d'être toujours au combat en avant de leurs chefs.

Du reste, mon ami, depuis ce matin, découragement, tristesse, tout s'est évanoui. Nous nous sommes réveillés au milieu d'un immense corps d'armée; partout à l'horizon on ne voit que des armes en faisceaux, des casques à peau tigrée, des lances plantées en terre, des canons et des fusils qui étincellent au soleil, tandis que clairons et trompettes sonnent dans le lointain. Le ciel s'est découvert et un beau soleil d'été éclaire ces champs de houblon, où les pluies récentes ont laissé comme de minces filets d'argent. Près de la lisière du bois, un ruisseau se hâte sous les branches, et, à l'ombre des saules, nos soldats lavent leurs pantalons de coutil et font sécher leurs manteaux sur la rive.

Roger et moi nous aidons la mère Bachut qui prépare le frichetis, tout en brandissant le gigot de l'indignation contre sa rivale. — Tiens, me dit Roger, pendant que je plume la bête, tâche de faire le feu et prépare le café.

Je vais chercher du bois; je pose quatre briques, le bidon par dessus, j'allume et je souffle. De tous côtés, ce ne sont que groupes, allumant et soufflant comme les bohémiens sur les grandes routes. — Voyons, dis-je, prends la bête par la patte, et nous allons lui donner un premier tour de feu...

...Mais, tout à coup, Roger s'arrête et me regarde d'une étrange façon. Je veux l'interroger, il me retient le bras et reste immobile, la tête penchée à écouter... Derrière lui, la mère Bachut qui nous apportait le gras-double, semble clouée sur place, sa lèche-frite à la main. Autour de nous, de vieux troupiers qui fourbissaient leurs armes, demeurent comme en suspens, se regardant entre eux et regardant l'horizon. Alors seulement, je commence à distinguer un roulement sourd... C'est la grande voix du canon !... Cette voix, je ne l'avais pas entendue depuis Solferino !...

Peu à peu, tous les soldats qui allaient et venaient s'arrêtent sur place, se taisent, et bientôt un grand silence se répand dans le camp. Hirscher arrive, s'agenouille, colle son oreille à terre, relève la tête, écoute encore, reste longtemps ainsi, et enfin, montrant l'horizon : C'est du côté de Wissembourg, dit-il !

Un colporteur passe sur la route; Roger l'appelle. — Oui, messieurs, on se bat, on se bat là-bas, entre Riedselt et Wissembourg; on vient de me dire, à Lembach, que les Prussiens avaient été surpris, et qu'on allait les chasser jusque dans le Rhin...

Roger me serre la main sans mot dire, puis, l'adjudant-major arrive, puis, le commandant; puis le colonel. Ils s'approchent de nous, regardent et écoutent... Il semble que le bruit est plus distinct, plus prolongé. Hirscher secoue la tête et dit : Le canon se rapproche, cela va mal. Bientôt le roulement est si profond, les coups si répétés, qu'un frémissement court parmi nous. C'est comme un appel désespéré ! Il semble que la voix nous crie : Mais, marchez, marchez donc ! Venez à notre secours !... Chacun de nous songe à ceux qui, un jour, ont entendu cet appel, et qui n'ont pas répondu ! Nous ne pouvons tenir en place... nous allons à travers le camp écoutant ce que disent les soldats, regardant sur la route, cherchant des nouvelles. Puis, bientôt, les coups se ralentissent, s'éloignent, s'éloignent... un grand silence se fait, et, chose étrange, ce silence nous impressionne encore plus que le bruit lui-même.

Au même instant, un officier d'état-major accourt au galop : — Capitaine, dit-il, trois pelotons en reconnaissance !

Roger, Sainte-Croix et moi, nous réunissons nos hommes, nous faisons l'appel, et à cheval !

— Passez par les bois, dit le commandant, tâchez de voir et de n'être pas vus. Voici vos itinéraires. Avez-vous des cartes, messieurs ?

— Pas trop, mon commandant.

— Eh bien ! connaissez-vous le pays ?

— Pas davantage ; mais soyez tranquille : nous trouverons toujours notre chemin pour arriver à l'ennemi.

Et Roger part en tête de ses hommes, pendant que son trompette sonne d'éclatantes fanfares qui semblent un défi aux Prussiens.

Le commandant hausse les épaules en souriant. — Vous verrez qu'il va faire sa reconnaissance en musique ! Damnés Français, ils ne peuvent pas se cacher ! Il faut toujours qu'ils marchent en plein jour, le front haut, jusqu'à la gueule du canon...

A mon tour, je fais l'appel de mon peloton, je prends mes ordres, et me voilà au grand trot, franchissant le ravin de Guindfell, courant à travers bois, les hommes riant et chantant... Puis, on ralentit, et on passe au pas. Nous sommes sortis des lignes françaises, et nous sommes dans le domaine de l'ennemi. Peu à peu, les voix s'éteignent, le silence se fait, on regarde et on écoute...

N'ayant pas de carte pour me diriger, j'interroge les paysans qui disparaissent dans les fourrés. Ils répondent par ces mots vagues et mystérieux qui laissent toujours une certaine inquiétude. Mais, les routes bifurquent, les chemins se perdent dans la forêt, et malgré les instructions du départ, à mesure que j'avance, je suis terriblement embarrassé. Bientôt nous n'obtenons même plus de renseignements ; or, je sais que lorsque le paysan fuit, sans répondre, c'est le signal que l'ennemi est là.

Je continue de marcher avec précaution, quand tout à coup mon avant-garde s'arrête derrière un bosquet et me fait signe d'avancer : là haut; sur la colline, une ombre apparaît, puis une autre; bientôt les silhouettes se détachent sur le ciel, et l'on voit les noirs fantômes qui défi-

lent. Mes hommes, dressés sur leurs étriers, les yeux ar-
dents, contemplent cet ennemi sur lequel ils voudraient
déjà s'élancer. Je leur donne l'ordre de se masser derrière
les sapins. Au même instant, mon brigadier étendant le
bras me montre un autre point de l'horizon. Là, il est difficile de distinguer ; mais il y a comme un fourmillement
noir qui s'agite à travers les arbres. J'observe quelque
temps, puis, bientôt le paysage reprend son immobilité,
les ombres disparaissent, et on ne voit plus rien.

Alors, nous descendons dans le chemin creux, et cachés
par les sapins, nous défilons à travers la forêt. Mes
hommes voudraient sortir de là ; cette manière de se
guetter dans les bois n'est vraiment pas leur affaire et ils
ont hâte du champ de bataille. Mais, j'ai ma consigne :
il faut achever la reconnaissance, et, déjà, je reprends
l'itinéraire du commandant, quand, tout à coup, un
homme m'avertit que, là-bas, dans la clairière, il vient
d'apercevoir des cavaliers. Ce sont des uhlans !...

— Des uhlans ! lieutenant, il n'y en a qu'une poignée,
nous pouvons les enlever, ils sont à nous !

C'est à l'opposé de ma route, mais je ne puis résister ;
je me lance à leur poursuite. Nous sautons les fossés,
nous franchissons les haies ; les hommes, fous éperdus,
criant comme à la chasse...

— Ah ! les brigands ! comme ils se sauvent !... On ne
les distingue plus !

— Si, là-bas !.., on les voit encore !... Ils se jettent vers
la gauche !

... Et nous roulons dans le ravin, et nous nous précipitons à travers les arbres : c'est une course folle !

Mais voilà des murs, des barrières... le chemin est coupé... Mon trompette saute de cheval, brise la clôture. Le maréchal des logis se jette à gauche avec la moitié du peloton, je m'élance à droite, ils sont cernés... — Hurrah ! hurrah ! crie l'avant-garde, nous les tenons !...

. . . .

... Ah ! mon ami, cinq minutes plus tôt nous les avions ! T'imagines-tu cela ? enlever ces cavaliers, les rapporter au camp ! quel honneur pour le régiment ! Mes hommes sont dans un état impossible à décrire ! — Lieutenant, lieutenant, quelle chasse ! Depuis l'Afrique, nous n'en avions pas faite de pareille. Si seulement nous avions pris sur la gauche, les uhlans étaient à nous !

— Et voyez donc, lieutenant, vous aviez la croix, le maréchal des logis passait officier, et qui sait ?... il y aurait peut-être eu une médaille pour l'un de nous ?

— Nous repartirons bientôt en reconnaissance, n'est-ce pas ? Vous savez, c'est à moi d'être d'avant-garde !

Et, pendant une demi-heure, je ne parviens pas à les calmer, ni à me calmer moi-même... Mais je regarde mon itinéraire, je suis complétement perdu !... Après avoir fait souffler les chevaux, je tâche de m'orienter un peu, et partant au grand trot, je retourne au camp porter la nouvelle.

Le repas des officiers est fini. Assis sur un bidon, je mange le frichetis de mes cavaliers, écoutant ces joyeux propos, regardant ces têtes réjouies, et égayant la fin du souper par quelques bouteilles de vin. Puis, le café pris, ils viennent dresser ma superbe tente, et malgré les prédictions d'Hirscher, peau de bique, lit, caoutchouc, tout marche admirablement.

Le corps fourré dans le soufflet, la tête dehors, à plat ventre comme un chien, je fume ma pipe de troupier, tandis que mes hommes rangés autour de moi me redemandent l'histoire de la campagne d'Iéna. Cette campagne, je la recommence invariablement tous les soirs. Comme je n'ai pas là les livres, il doit y avoir quelques erreurs de dates ; mais je leur raconte ces victoires foudroyantes, cette panique des Prussiens, ces bourgmestres accourant remettre les clefs de leurs villes à des sous-officiers égarés...

Peu à peu, des tentes voisines, d'autres soldats sortent pour écouter, et se mettent en rond autour de moi. Aux endroits saisissants, ils me regardent, et puis se regardent entre eux, avec cette admiration muette que le paysan apporte de sa campagne ; les chevaux, attachés à la corde et tournés vers nous, baissent la tête d'un air pensif ; et bientôt, entraîné par mon sujet, je fais un grand discours sur la guerre qui commence.

Ne ris pas, mon ami ; si tu savais les bouffées qui me passent, les souvenirs qui me viennent, les aspirations vagues qui m'agitent ! Je pense à Bonaparte réunissant ses soldats au haut du Saint-Bernard, et leur criant : « Soldats, vous manquez de tout ! regardez à vos pieds, ce pays vous appartient !.... » Et moi, mon ami, si je n'avais

pas peur de faire rire les camarades, je réunirais mes
vingt-quatre hommes, et je leur dirais : Vous avez devant
vous un peuple abhorré, qui nous brave ; c'est moi qui
vous mènerai au combat ! nous partagerons les mêmes
dangers ; nous subirons les mêmes épreuves !...

— As-tu bientôt fini ton cours d'histoire ? me crie
Roger. C'est donc tous les soirs la bataille d'Iéna ?

Je me lève, je vais le trouver, et nous nous promenons
à travers le bivouac : — Figure-toi, me dit-il en riant,
que j'ai pensé enlever quatre uhlans ! Un paysan est
venu m'avertir qu'ils étaient dans la ferme de Grand-
champ ; j'ai pris par le bois d'Hérival, et si cet imbécile
m'avait parlé plus tôt, ils étaient cernés dans la cour ! Je
les ai poursuivis longtemps ; cela m'a un peu égaré ; et,
d'après ce que tu me racontes, je crois vraiment que c'est
toi qui as fait ma reconnaissance... Le colonel d'état-
major m'a dit que ce n'était pas ma consigne ; mais si je
lui avais rapporté les uhlans, il aurait été bien content.
Enfin, il faut espérer qu'ils sortiront de leurs bois et
qu'on les verra un peu en rase campagne.

Et nous continuons en devisant ainsi jusqu'à l'extrémité du camp. Les soldats ne dorment pas encore. On voit
leurs têtes tondues passer par l'ouverture de la tente : —
A-t-on des nouvelles, lieutenant ? Est-ce pour demain
la fête ?

Plus loin, derrière une carriole, on entend un bruit
terrible. C'est la mère Bachut qui *tambourine* Jarry : —

Bonsoir, la mère ! je crois bien qu'il y aura du nouveau demain. Préparez-nous du café au réveil.

Et nous continuons notre route ; le terrain s'élève, la vue s'étend ; partout des feux à l'horizon : les feux de l'armée française, et puis, là-bas, là-bas, derrière les coteaux, l'ennemi que nous venons de voir et avec lequel nous allons nous mesurer demain. Nous parlons de l'Afrique, nous parlons de l'Italie, et, arrêtés près d'un tertre, nous nous asseyons.

Les étoiles brillent au ciel, c'est une splendide nuit d'été. Des brises chaudes et parfumées nous arrivent d'un bosquet voisin ; jamais la nature n'a été plus calme et plus belle que la veille des massacres qui se préparent. Roger et moi nous sommes là, regardant ces étoiles et songeant aux mêmes choses : — Oui, mon ami, me dit-il, vivre toujours avec la mort près de soi, c'est comme une autre existence ! Demain, à pareille heure, où serons-nous tous les deux? Tu sais, s'il m'arrivait quelque chose, il faudrait écrire à l'oncle Edouard pour qu'il prépare la vieille mère. Tu saurais bien comment il faudrait dire la nouvelle...

Dans ces heures-là, tout vous revient !... Votre enfance, tout ce qu'on aime, le passé, tandis que l'inconnu se dresse devant vous ! — Te rappelles-tu ? te rappelles-tu ?... me dit Roger, ta première garde à la Porte-d'Eau ? notre voyage de Lille ? nos premiers galons? et la perfide Hélène ?... et tous nos rêves de jeunesse ?

Et nous parlons de bien des choses, et quand ensuite nous ne disons plus rien, c'est alors que nous songeons le plus.

Les uns après les autres les feux se sont éteints. Je distingue encore mes soldats qui somnolent, la tête penchée, en attendant la bataille. Je regarde ces hommes dont la vie est désormais entre mes mains, et je ne puis te dire ce que j'éprouve. Il me semble qu'autour de moi tout s'est transfiguré. Quels que soient les dangers et les souffrances qui m'attendent, ne me plains pas! Il n'y a pas d'émotions plus hautes, il n'y a pas d'ivresse plus grande! Je ne saurais t'expliquer ce que c'est, et avec Roger, tout à l'heure, nous ne pouvions nous le dire qu'en nous serrant la main.

Tu soutiens que la guerre est une chose barbare? peut-être!... Ce n'est certainement pas la joie de tuer mon semblable qui m'entraîne; mais, quand je songe à cette campagne qui s'ouvre, à cette bataille qui doit se livrer demain, à cette gloire nouvelle que nous allons donner à la France; quand je pense à mon cher pays, et que je me promène là avec Roger, regardant ces étoiles, et à travers la vision des victoires prochaines, songeant aux absents, à tout ce que j'aime, à tout ce que j'ai laissé, je me dis que ce sont là de ces heures qu'on ne peut oublier!

Mon bon Roger, vieux camarade que je trouvais si naturel d'avoir près de moi depuis quinze ans, c'est ce soir que je sens combien je l'aime!... Mes braves soldats dont je ne m'occupais peut-être pas assez, il me semble tout à coup que ce sont mes enfants, parce que je les mènerai demain au feu! Mon colonel, mon drapeau, dont je plaisantais parfois, m'apparaissent comme sacrés... Tout grandit, tout s'élève!... Oui, mon ami, si la guerre a ses preuves et ses souffrances, crois-moi, on en sort toujours meilleur.

Nous rentrons au camp; les hommes se sont endormis; les chevaux attachés à la corde sont là, la tête basse, et semblant réfléchir; les gardes d'écurie vont et viennent, et on entend le pas des rondes dans le lointain; la père Bachut dort dans sa carriole; nous nous glissons sous notre tente; je me fourre dans le soufflet, je tire la peau de mouton, je rattache les courroies, et je m'endors!

CHARLES.

V

FROESCHVILLER.

7 juillet.

Cher frère,

Je suis blessé; blessé là au bras gauche; mais le chirurgien a dit, en rejetant la couverture : Pas de gravité. On répète toujours que j'ai la fièvre... Je suis calme, très-calme. Je peux te dire ce qui s'est passé; je veux que tu saches les choses.

C'était le matin, la pluie avait cessé; j'étais près de Ro-ier, assis sous la tonnelle, les oiseaux chantaient... je vois encore le verger avec ses fruits, je vois les cléma-tes et les chèvrefeuilles... près de moi, le drapeau planté en terre dans sa gaîne noire... mes soldats allaient et ve-

naient, astiquant leurs armes et faisant sécher leurs effets
humides de pluie. Roger me dit : Ce n'est pas pour aujourd'hui la fête...

Tout à coup, voilà un roulement sourd; je me penche,
j'écoute, c'est le canon! et puis, des sonneries dans le
lointain... le bruit se rapproche, les fanfares éclatent : A
cheval! à cheval!... Et nous galopons, au milieu des mitrailleuses et des caissons. Le général accourt sur la route,
arrête le régiment, réunit les officiers, dicte ses ordres, le
colonel nous appelle. Et alors...

... Alors... je suis près d'un bois avec mon peloton. Qui
m'a envoyé là ?... Je ne sais plus... Je vois bien les choses,
mais je ne peux pas les mettre ensemble; il y a comme
des vides, et cependant tu vois, je suis calme et j'ai toute
ma raison.

C'est un champ de houblon. Devant moi, des grands
sapins noirs et des bouleaux. Dans les houblons, des fantassins à plat ventre, d'autres cachés derrière le mur de la
ferme. Au loin on entend des rumeurs, mais on ne voit
rien. Je cause avec un sergent; il croit apercevoir quelque
chose sur la route du moulin... mais il est impossible de
distinguer. Au même instant, un sifflement, puis un autre;
deux obus viennent de tomber là, à cent pas!... Les fantassins qui marchaient sur la route se rejettent à plat
ventre, puis, il se fait un silence, et on n'entend plus
rien.

Le temps se passe; nous écoutons, nous attendons... et
le sergent me dit : C'est toujours la même chose! Vous

allez voir que nous allons rester comme ça toute la journée à attendre ! Mais voilà que les sifflements recommencent, les décharges se suivent, et tout à coup une pluie d'obus nous enveloppe, s'enfonçant dans les houblons, éclatant sur les talus de la route, sur les murs de la ferme... Brusquement nos chevaux sont rejetés dans le fossé : — Rangez-vous, rangez-vous ! crie une voix ; et deux batteries arrivent au galop et prennent place sur le talus. Les clairons sonnent à travers champs. Le sergent qui vient de former son peloton me fait un signe d'adieu ; au même instant, un obus éclate, je regarde... tout ce peloton n'est plus qu'un immense cercle sanglant !...

Alors, les bombes et la mitraille tombent avec furie, c'est une tempête de feu, les houblonnières se remplissent de cadavres... Enfin, quand je peux distinguer, je me dresse, je regarde... pas un ennemi à l'horizon ! Toujours les grands sapins noirs et les bouleaux immobiles !

Là-bas, au bout du champ, le commandant rallie ses hommes : En colonne ! crie-t-il, élevant son épée ! Et, à peine le bataillon formé, il se met à sa tête et se précipite à l'attaque de la forêt. Quand il passe près de nous, artilleurs et cavaliers se découvrent : — Vivent les braves ! Vivent les braves !

Mais, au bout de quelques pas, la colonne s'arrête, le commandant vient de tomber, les deux bras en avant. L'obus qui l'a renversé a abattu les premiers rangs. Un capitaine s'élance, prend le commandement, et la colonne se remet en marche. Elle descend par la route du moulin; mais bientôt le capitaine est tué, le lieutenant est tué, la colonne est coupée en tronçons... Autour de nous, les décharges, la mitraille, les bombes, les obus... C'est un effroyable tonnerre! nous disparaissons dans un nuage de fumée... Quand elle se dissipe, je cherche à l'horizon... pas un ennemi!... toujours la forêt, toujours les grands sapins noirs et les bouleaux immobiles!...

Alors, mes cavaliers se regardent sans comprendre... — Mais ce ne sont pas des hommes que nous combattons là!... Et moi, toujours les yeux fixés sur cette forêt, j'ai comme une vision : il me semble qu'elle va s'avancer et marcher sur nous, comme la forêt de Macbeth...

C'est alors que j'aperçois le bataillon des zouaves. Les zouaves! nous sommes sauvés! Je reconnais le colonel Bocher, tu vois bien que j'ai toute ma raison! — A la baïonnette! crie-t-il. Et, d'un bond, sautant à travers le fossé, les zouaves passent près de moi comme une trombe, franchissent les houblonnières, la route, le ravin, et disparaissent dans la forêt... Nos batteries ne tirent plus ; les artilleurs restent immobiles près des pièces. Nous montons sur le talus, nous écoutons et nous attendons...

Il s'est fait un silence effrayant. J'interroge le capitaine d'artillerie... il ne me répond pas, et me saisissant le bras me montre cette forêt qui enveloppe Français et Prussiens et sur laquelle il ne peut plus tirer... Bientôt, on entend quelque chose d'indistinct, un bruit sourd, des cris confus, des rumeurs, puis cela se rapproche, cela grandit, cela éclate... Il y a des clameurs terribles... enfin on voit

paraître les zouaves, puis les Prussiens pêle-mêle...
Nous sommes refoulés!...

Une compagnie de réserve s'élance à notre secours...
Mais voilà des casques qui arrivent par la route du moulin,
d'autres qui descendent des hauteurs du coteau, d'autres
qui accourent par le sentier de la ferme; il en sort des
profondeurs de la forêt, à droite, à gauche... partout
les noirs fantômes... Le commandant Pariset tombe...
le colonel Deshorties...

— Hurrah! hurrah! crient les Prussiens avec des
clameurs sauvages.

— Courage, enfants, tout va bien! Là-bas, Mac-Mahon
culbute l'ennemi. Tenez jusqu'au bout, et vous nous
donnerez la victoire!

— La victoire!... crient les zouaves; nous nous ferons
tuer jusqu'au dernier, mais vous l'aurez!...

Et cette poignée charge sur la multitude. Je les vois
et les verrai toujours!... Je vois le capitaine Saint-
Sauveur qui se promène à cheval défiant les obus : il
a cinq balles dans le corps, et il ne veut pas tomber!...
Je vois le lieutenant Uperie, toujours le képi au bout
de son épée, appelant ses soldats! Il ne comprend pas
qu'il n'y en a plus! Tous ses hommes sont à ses pieds, il
veut que les blessés marchent, il veut que les cadavres se
relèvent... Il disparaît! une nuée de casques l'enveloppe,
et quand la fumée s'éclaircit je vois toujours cette épée et
ce képi!... Et alors...

...Alors... je suis sur la colline... On a dû m'envoyer

porter un ordre. Je t'ai dit que j'avais des vides, mais je suis calme et j'ai toute ma raison. Le général vient de dire : La victoire est à nous! Et pardieu! nous le savions bien que la victoire était à nous !

Il y a là un groupe d'officiers; le maréchal Mac-Mahon prononce des paroles qui n'arrivent pas jusqu'à moi. Tout en dictant ses ordres, il saisit sa lunette et regarde vers la droite... Puis des aides de camp arrivent, le maréchal les interroge, appelle le colonel d'état-major et lui parle vivement, en étendant encore le bras vers la droite... Alors les généraux regardent, puis les officiers, puis les soldats, et Hirscher et moi nous regardons aussi...

Là-bas, il y a comme une tache à l'horizon. Cela grandit, cela se répand; on ne peut pas distinguer, mais peu à peu le paysage change. Lès collines, les houblonnières, tout devient noir... c'est comme un nuage collé à terre, qui avance, avance toujours. C'est alors que quelqu'un a dit : Il est quatre heures... et j'ai pensé à Waterloo...

Des officiers d'état-major partent au galop porter les ordres. Peu à peu, l'horizon s'est éclairci, le nuage est descendu, et bientôt il a disparu dans le ravin... Les troupes se massent, muettes, immobiles ; elles regardent et attendent en silence. On ne voit toujours rien ; mais bientôt voici une rumeur, comme le bruit de la marée qui monte; la rumeur grandit, les casques apparaissent, les sabres, les baïonnettes... et le maréchal, debout, au milieu de la tempête, crie : En avant !

Les troupes se précipitent, et nous partons avec elles.

Nos cavaliers, fous, éperdus : « Chargez ! chargez ! » crient-ils avec furie. Les Prussiens reculent ; nous les sabrons ; nous les jetons dans les houblonnières ; c'est une rage, une ivresse ! Les chevaux se dressent, pilent les morts, et roulent pêle-mêle avec leurs cavaliers, broyant tout... Renversé sous son cheval, mon trompette se soulève pour sonner encore !... Le capitaine est tué, le commandant est tué... mais c'est la victoire !... A travers les bombes et les obus, dans cette pluie de feu, je vois le maréchal sortir d'un nuage de fumée, sa tunique et ses épaulettes criblées de coups de feu, sa longue vue broyée, blessé à la main... Devant lui, je me découvre, je crie : « Vive la France! vive la France!... » Et alors...

... Alors... je suis étendu contre le mur de la ferme ; j'ouvre les yeux, je souffre à l'épaule... Près de moi, il y a un blessé, renversé sur le cadavre de son cheval ; le chien de la ferme lèche sa plaie. Il soulève sa tête, me regarde et retombe. Pourquoi court-on ainsi ? Ah ! je souffre beaucoup !

Voilà un grand bruit : ce sont les cuirassiers qui se massent sur la route : — Chargez, colonel !

C'est la mort, monsieur le maréchal !

— Oui, mon ami, c'est la mort, chargez !...

Et il l'embrasse, et les cuirassiers partent. Les quatre escadrons passent près de moi, puis, les quatre autres... Ils partent au pas : — Soyez tranquille, dit une voix, nous savons comment nos pères ont chargé à Waterloo!...

Puis ils descendent la colline et s'élancent vers Morsbronn.

Près de moi, le blessé fait un effort, se soulève; je m'accroche à lui, et appuyés l'un sur l'autre, adossés à la muraille, nous nous dressons tous deux pour regarder...

Les cuirassiers traversent les houblonnières, puis la route de Wœrth, puis ils disparaissent dans le village de Morsbronn, et on ne voit plus rien... Au delà du village il y a comme un fourmillement noir : ce sont les casques qui attendent. Tout à coup, quelque chose brille au soleil. —Les voilà! les voilà!... L'ennemi recule!... il fuit!...

— Victoire! crie le blessé, dressant ses deux bras vers le ciel.

Mais là-bas, à droite, on entend un roulement sourd. Des batteries sortent du bois, couvrent les cuirassiers d'obus et de mitraille. Ils disparaissent sous une pluie de feu! Ils sont perdus!... Non, les voilà!... ils chargent encore!...

Des milliers de casques sortent de terre, ils sortent des maisons du village, ils sortent des fossés de la route, ils sortent de la forêt... Les cuirassiers sont cernés, anéantis!... il n'y en a plus!... ils chargent toujours!...

... Et, pendant que le blessé roule près de moi frappé d'un obus, j'ai comme une vision de l'armée qui fuit... et j'entends comme une cohue de chars terrible qui gronde dans le lointain.

... Et puis... je ne peux plus te dire... tous les bruits sont éteints; je suis dans l'obscurité, je veux me soulever,

mais je ne peux pas... c'est l'épaule qui me fait mal... je
distingue de faibles rumeurs. Là-bas un cordon de feu, et
tout autour de moi un murmure de plaintes et des gémis-
sements... Dans cette nuit, il y a des ombres qui vont et
viennent... il y en a une près de moi qui se relève, qui
se baisse et qui fouille.... j'ai peur... je fais un effort...
je me soulève et je me traîne...

Il y a des yeux qui sont ouverts, des bras qui se dressent, des voix qui m'appellent... Je trébuche, parce qu'on
ne peut pas avancer, il y a trop de cadavres !... J'entends
des bruits de pas, je vois une lumière qui marche... c'est
une patrouille. Alors je me remets à terre, puis je passe à
travers les houblons, les vergers... Je vois un peu mieux,
parce qu'il y a comme des lueurs d'incendie... J'arrive
dans un bois et je m'adosse contre un arbre... je ne puis
plus me soutenir...

A travers l'obscurité, une ombre s'avance et vient à
moi. Je sens qu'on me prend par le bras, et je me laisse
conduire... Nous allons par la route du moulin, nous
marchons, nous marchons toujours... Partout des caissons renversés, des sacs et des fusils à terre, des charrettes abandonnées. Là-bas, sur la route, on entend des
cavaliers qui passent. — Vaterland ! Vaterland !

— Venez, venez, me dit la voix, passons par le fourré.

— Je veux bien. Mais, qu'est-ce que c'est que tous ces
casques ? où sommes-nous ? où est l'armée ?... où est la
victoire ?... Je lui demande de m'expliquer... il ne veut
pas me dire... et il m'entraîne toujours...

Et c'est alors qu'on m'a jeté dans une voiture et qu'on

m'a amené ici. On dit que j'ai la fièvre, mais, tu le vois,
je suis calme, et j'ai toute ma raison... Le chirurgien ne
veut pas que je t'écrive, moi je veux que tu saches...
C'est nous qui à Frœschviller, nous sommes fait tuer
pour la victoire!... On me répète toujours : Tenez-vous en
repos ! je ne demande qu'une chose : Où est Mac-Mahon ?
où est mon régiment ? où est l'armée ?... enfin où est la
victoire ?...

CHARLES.

VI.

LE CAMP DE CHALONS.

18 août.

Cher frère,

Roger a dû t'écrire et te raconter ce qui s'est passé.
Pour moi, je ne sais si c'est la fièvre, mais je ne comprends
pas. Comment sommes-nous ici ? Qu'y a-t-il de vrai
dans tout ce que j'ai vu, dans tout ce que j'entends ? Je
n'ose rien demander...

Le chirurgien m'a dit de me tenir tranquille. Depuis
cette terrible journée, je vis comme dans un rêve. Je suis
là, assis sur un petit banc, où on me conduit le matin ;
Berton me verse de l'eau sur l'épaule, j'écoute et je regarde... On voulait d'abord m'envoyer à l'ambulance.
Roger a parlé ; et si le jour du départ on peut me hisser

sur un cheval, je suivrai le régiment. Quand je dis le régiment, je le cherche toujours... J'appelle des amis qui ne
me répondent plus... Je demande mes soldats...

Et puis, à travers la fièvre, de terribles visions m'apparaissent : tout à coup je me dresse et je parle comme un
fou. Je vois les zouaves étendus dans les houblonnières,
et la forêt qui s'avance... Je vois les cuirassiers disparaître
dans le village de Morsbronn... je crie : « Chargez!
chargez! » Alors, Berton me prend doucement par le bras
et me ramène sur le banc; je m'assieds et je lui demande
de m'expliquer... Est-ce un cauchemar ?... L'armée de la
France... Mon pays... L'entrée à Berlin... Tous ces rêves
de gloire !... Enfin, que s'est-il passé?

— Calme-toi, me dit Roger.

— Mais où est mon peloton ? où sont mes soldats? Je ne
vois plus d'escadron ! je n'entends plus d'appels...

... Si !... Il y en a un qui continue toujours... c'est
Hirscher. Dès le réveil, je le vois là qui reprend le contrôle
de ses hommes. Personne ne répond... et chaque matin
il recommence à appeler tous ces noms dans le vide!
Puis, quand il a fini, il vient me dire : « Lieutenant,
rien de nouveau. » Nous nous regardons, mais nous
ne nous sommes encore rien dit....

Là-bas, je vois la mère Bachut assise sur le brancard
de sa carriole. On ne l'entend plus. A un signe de Berton,
elle apporte de l'eau pour mon épaule, et elle reste à me
regarder, comme si j'allais lui expliquer les choses...
Puis Sainte-Croix arrive, puis Montcalm, puis le commandant. Ils viennent s'asseoir silencieusement près de

moi. On lit les journaux : Par la brèche de Frœschviller le flot prussien se précipite; la Lorraine est envahie; l'armée de Metz a été battue... Moi, je ne réponds rien... J'étais parti pour la victoire, tout était préparé pour cela, j'étais parti comme la veille de Magenta et de Solférino, et on me dit que voilà la déroute, l'invasion !

L'invasion ! horreur !... Penser qu'à l'heure où je parle, les provinces de notre France sont foulées aux pieds par ces barbares ! L'invasion !... Comment ! en ce moment même ils arrivent dans nos campagnes d'Alsace ! Songes-tu cela ?... Des fenêtres de Brümann, Frédéric voit les noirs fantômes se répandre dans la vallée ! Ils viennent en maîtres, ils pillent, ils assassinent !.. Parfois, le commandant me dit : « Et voilà ce que nous voulions faire jusqu'à Berlin !... »

Alors, je réfléchis... Et pourtant il me semble que ce n'est pas la même chose ! La première fois que j'ai entendu cela, je ne comprenais même pas ! Ainsi donc, nos conquêtes seraient des invasions pour les autres ? Eh bien ! je n'y avais jamais pensé !... Du reste, je ne dis rien, parce que je sens que mes idées ne sont pas claires. Tout ce qui vient de crouler sur la France est au-dessus de mes forces... et je t'avouerai même qu'il y a des instants où j'ai peur d'être fou !

Je vois et j'entends des choses qui ne sont pas possibles... Ne répète donc rien de ce que je t'écrirai, car il doit y avoir dans tout cela des visions de la fièvre ! Le chirurgien m'a ordonné de prendre l'air, et quand je

traverse le camp au bras de Berton, j'entends vaguement
de terribles nouvelles : La déroute est affreuse, l'ennemi
s'approche... et, pendant que j'écoute, il me semble
qu'il y a partout des soldats ivres, des bandes de
mobiles attablés, buvant et riant... Une fois j'ai vu un
maréchal de France insulté!... Une centaine de mobiles
le couvraient d'outrages... C'était Canrobert... J'ai voulu
marcher à son secours, mais Berton m'a retenu. Alors
j'ai fermé les yeux, et depuis ce temps je n'en ai pas
parlé...

Comme le camp des mobiles touche au nôtre, je suis
un peu assourdi... C'est un bruit de va-et-vient comme
dans une ruche en colère. Il y a là des orages qui grondent
sourdement, des chants avinés, des menaces d'émeutes
et surtout des huées, et des clameurs quand un ordre
est lu à l'appel : — A Paris! à Paris! crie-t-on; nous
ne sommes pas des soldats, nous autres, nous ne nous
battrons pas ici!...

Le soir, ils donnent des représentations qui sont la
grande joie du camp. Tout le monde y court. Berton
m'y conduit, et je me divertis beaucoup... Seulement,
à cause de ma fièvre, cela ne me paraît pas vrai. Dans
les entr'actes, les officiers d'état-major apportent des
nouvelles: L'armée de Bazaine est bloquée, les Prussiens
ont brûlé le village de Maswiler, le prince royal marche
sur nous... Puis le trompette donne le signal et la re-
présentation recommence. Il y a un moblot qui est
très-divertissant... mais quand j'entends mon rire, je

me retourne... il me semble entendre le rire d'un autre et parfois cela me fait peur...

Comme il fait beau, nous revenons doucement par le camp des mobiles. Ils sont d'une gaieté et d'un entrain que je ne saurais te dire. A mesure que nous passons devant leurs baraques, nous les voyons cabrioler avec leurs costumes bariolés : képis sans pompons, ornés de plumes gigantesques et de papiers peints. Les bataillons et les rues du camp ont des noms étranges qui font la joie du soldat ; *le 7ᵉ Balladeurs, le 9ᵉ de la charge, la rue du Poux qui renifle, la Langouste atmosphérique, Réparations de pipes et d'honneur...* Et le lendemain je me retrouve sur mon banc, attendant les nouvelles et ne comprenant toujours pas...

Seulement, à mesure que l'ennemi approche, il me semble que le vacarme augmente, et les chansons à boire sont interrompues par de furieuses clameurs : A bas les traîtres ! à Paris ! à Paris !... Puis les esprits s'échauffant, nos conscrits vont se joindre aux moblots, si bien que pendant des heures et des heures, on entend hurler la *Marseillaise* d'un bout à l'autre du camp.

Parfois, les chants s'arrêtent, les hommes se lèvent, et brusquement il se fait un grand silence : c'est le maréchal Mac-Mahon qui passe... Personne n'acclame, tout le monde se découvre... je me soulève, appuyé sur Berton. Il passe silencieux, comme regardant dans le vide, s'arrête près du camp des mobiles, semble contempler un instant cet épouvantable désordre, puis continue sans mot dire... A travers mon cauchemar, il me semble que c'est le seul homme qui soit encore respecté de cette armée.

Je voudrais avoir ma présence d'esprit pour te raconter ce que je vois et ce que j'entends. Tout à l'heure encore, les officiers discutaient près de moi : — Pas d'illusions, messieurs, disait Sainte-Croix ; nous sommes tombés dans le piége que la Prusse nous tendait. Cette guerre était fatale : mais, on ne devait la déclarer que le jour où on était prêt, et, jusqu'à ce jour, le gouvernement devait résister à la nation.

— Mais la nation n'a jamais songé à cette guerre! crie Tartas ; elle n'avait pas de haine contre la Prusse ! C'est l'empire qui a profité de l'incident Hohenzollern dans un intérêt dynastique...

Je regarde... C'est bien Tartas qui prononce ces paroles... Il continue longtemps ainsi. Je regarde Roger... et je me dis : — Ne répondons rien ;.. c'est la fièvre!...

Le colonel arrive : — J'entends trop de paroles, messieurs ; ce n'est pas l'heure des discours. Occupons-nous moins des fautes de nos chefs, et tâchons de faire notre devoir. Que chacun prenne sa part du désastre; la leçon est rude, sachons en profiter ! De l'ordre, messieurs, de l'ordre, de la discipline et du travail! C'est après une défaite que la tâche des officiers grandit. Elle doit s'élever à la hauteur de nos malheurs. Si nous ne faisons pas plus que le devoir, le peu qui reste va crouler!... Bonjour, Bernard. Je vous donne quatre jours pour guérir votre bras; autrement, à l'ambulance, mon ami! Messieurs, j'attends l'officier du dépôt qui doit rapporter des caisses de Paris; vous me ferez prévenir quand il sera arrivé.

Et il continue sa route, inspectant les chevaux et les

hommes, interrogeant officiers et maréchaux de logis, et cherchant tous les débris du régiment pour faire sortir quelque chose de ce chaos.

A peine a-t-il quitté l'escadron que le capitaine d'habillement paraît. — Bonjour, Edouard, dit vivement l'adjudant major; je vais prévenir le colonel, qui vous attend comme le Messie.

— Ah! ne vous hâtez pas; je n'ai rien de bon à lui apprendre... Cela va mal, messieurs, cela va mal! dit-il, en se laissant tomber sur le banc.

— Eh! oui, nous le savons, les nouvelles sont mauvaises; mais avez-vous été à l'intendance, au ministère? Rapportez-vous nos caisses? Vous savez que nous manquons de tout : équipements, harnachements!... Ce matin, le général a envoyé dépêches sur dépêches !

— Equipements, harnachements! il s'agit bien de cela, à Paris! Il s'agit bien de cette guerre en vérité; et Paris se soucie peu des Prussiens, je vous le jure. Le peuple ne songe qu'à une chose : faire crouler le gouvernement; et le gouvernement ne songe qu'à une chose : se défendre contre le peuple. N'attendez rien, n'espérez rien!... La défense est paralysée par la terreur de l'émeute, Belleville et Montmartre sont prêts à se soulever, et le pouvoir oublie l'ennemi du dehors dans l'épouvante de l'ennemi du dedans.

— Mais c'est impossible! s'écrie Tartas.

— J'arrive du ministère; le général n'a pu rien obtenir. Le spectre de la Révolution est là. Chaque jour, les députés de la gauche excitent la populace à la révolte, et l'on apprend nos défaites par l'audace de leurs discours. La Prusse le sait; elle considère le peuple de Paris comme une armée d'alliés, et elle s'en vante à la face de l'Europe.

— Je ne croirai jamais de telles infamies ! s'écrie Tartas hors de lui.

— Mais lisez, capitaine, lisez donc : voilà la *Gazette de Leipsik* qui annonce aux soldats prussiens que le peuple de la capitale les attend pour faire une révolution; et, hélas! elle a raison de parler ainsi, car je vous jure que lorsque le drapeau allemand apparaîtra à l'horizon, ce sera pour les républicains le signal de se précipiter au pouvoir!

— C'est trop fort! vous insultez le peuple de Paris!

— Mais puisque je vous répète que j'ai tout vu, tout entendu ! J'étais là quand, à la nouvelle de Frœschviller, M. Picard a appelé Belleville et Montmartre à se saisir des armes; j'étais là, quand les fausses victoires de Metz les ont remplis de consternation; et j'étais là, quand les terribles nouvelles leur ont fait redresser la tête! J'étais là, quand le ministre de la guerre a déclaré qu'à tout prix il fallait éloigner l'armée pour empêcher l'Empereur de rentrer dans Paris... Car vous allez partir, messieurs; vous ne savez pas cela! Vous allez partir vers l'Est contrairement à toute raison, à toute sagesse !... Partir, parce qu'il ne s'agit plus ni de l'armée ni de la guerre, parce que l'émeute est partout, la trahison partout, et que la France est perdue !...

Au même instant, nous entendons une grande rumeur : des cris, des chants, des acclamations; et bientôt une colonne immense apparaît sur le front de bandière, hurlant la *Marseillaise*. Roger se lève et demande ce qui se passe : Ce sont les mobiles de la Seine qui retournent à Paris, lui dit-on.

— A Paris ! s'écrie le capitaine, mais c'est impossible ! c'est pour faire éclater la révolution !

— Regardez ! dit le commandant.

En ce moment, les colonnes débouchent près de nous : — A Chaillot ! à Chaillot ! crient les soldats.

Montcalm s'avance : — Est-il vrai, dit-il, que vous retourniez à Paris ?

— Tiens ! pourquoi donc est-ce que nous resterions dans les camps ? Nous sommes les moblots de la Seine, nous ne nous battrons que chez nous ! Le général Trochu nous a dit que c'était notre droit. Il était temps ! parce que nous aurions tout cambusé !...

— A Chaillot ! à Chaillot ! crie la colonne, pendant que le commandant répète : « Pauvre France ! pauvre France !... »

CHARLES.

21 août.

P. S. — Lettre interrompue... ordre immédiat de départ. On m'a hissé sur un cheval; mais au bout de quelques pas, j'ai roulé dans le fossé et me voilà à l'ambulance. Je ne puis t'écrire... Tout le camp est en feu... baraques, approvisionnements, magasins de vivres... je ne vois partout que des flammes !... Les ambulances se sont arrê-

tées un instant au croisé des routes, et, tremblant de
fièvre, j'ai jeté un dernier regard autour de moi : d'un
côté, notre armée, mon régiment qui s'en vont là-bas
sauver Bazaine, de l'autre, toute cette contrée qui n'est
qu'un vaste incendie!... Voici les derniers soldats de
l'arrière-garde... les blessés se soulèvent pour les saluer...
Adieu, mes amis! adieu, Roger! adieu, Montcalm! Ven-
gez-nous! vengez Frœschviller!...

Et, étendu sur une litière, toute la nuit, je ne vois partout que des flammes!...

CH.

VII

RÉPUBLIQUE ET SEDAN.

10 septembre.

Ne me demande rien, le cauchemar continue... Depuis
Frœschviller, c'est comme une suite de visions qui passent devant moi. Elles se succèdent sans repos ni relâche!
Quand je crois avoir tout épuisé, quand je crois être descendu au fond de l'abîme, de plus effroyables horreurs
se dressent tout à coup. Et maintenant devant ce que
je vois, Reischoffen... oui, mon ami, la déroute de Reischoffen m'apparaît comme de la gloire...

Évidemment, c'est la fièvre. Mais toi, comprends-tu ce

qui se passe ? Depuis des jours et des jours je cherche
quelqu'un pour m'expliquer, et personne ne veut me
dire... Qui nous a précipités dans cet abîme ?... Hier,
la première nation du monde !... Aujourd'hui, où est la
France ? Suis-je fou ? qu'on me le dise alors !

Tu m'avais fait promettre le récit de cette guerre...
Mais, que veux-tu ? est-ce que je sais moi-même ? Je t'ai
écrit en quittant l'ambulance de Châlons. J'allais rejoindre l'armée ; deux étapes me séparaient de mon régiment.
La confiance était revenue ; les rumeurs d'une grande
victoire circulaient déjà : Mac-Mahon avait tendu la main
à Bazaine. Nous marchions... nous marchions avec une
indicible espérance... Ma blessure s'était rouverte, je souf-
frais terriblement, mais je n'y songeais même pas. Appuyé sur Berton, je suivais cette caravane de blessés qui,
sortant comme moi de l'ambulance, rejoignait l'armée à
la hâte. Des voyageurs nous disaient qu'on avait entendu
le canon du côté de Sedan. Nous espérions arriver pour
la bataille et déjà nous étions au village de Malville, quand,
au sortir du bois, nous trouvons un homme qui nous arrête
d'une geste désespéré. Nous l'interrogeons... Il garde
quelque temps le silence : — Ouï, il y a des nouvelles,
dit-il, pauvres enfants ! pauvres enfants !...

Au même instant, accourent des paysans, suivis de quelques soldats qui fuient en nous jetant des paroles insensées... Nous les appelons... mais ils continuent sans
répondre... puis, de nouvelles bandes débraillées se précipitent vers le village : Fuyez ! fuyez ! tout est perdu !
L'Empereur est prisonnier ! il n'y a plus d'armée... on

nous a vendus, nous sommes trahis !... Je les arrête, je crie... je les appelle menteurs, lâches, traîtres ! Je prends ma tête à deux mains, et c'est alors que j'ai commencé à me demander si j'étais devenu fou !...

Mais de nouveaux flots se précipitent ; des milliers de fuyards courant à travers champs, éperdus, farouches, répandant partout l'épouvante... Je jette un cri... j'ai aperçu le costume du régiment! C'est Karjean!... Karjean blessé, la jambe ensanglantée, qui se traîne sur la route.

— Karjean, dis-je, mes camarades, mes soldats, mon régiment !..

— Vos soldats ? il n'y en a plus ! Vos camarades ? ils partent pour l'Allemagne ! il n'y a plus d'officiers, plus de régiment, plus rien !...

— Et Roger ?

— Tué !...

— Et Montcalm, et Tartas ?

— Tués ! tués ! J'ai vu leurs cadavres sous les chevaux... Les traîtres ont fait charger dans un chemin creux... Le colonel a dit : « Enfants, on nous envoie à la mort... En avant pour la France !... Chargez !... » le colonel a dit...

Et, pendu à mon bras, l'œil étincelant, la voix vibrante, Karjean répète toujours, toujours les mêmes paroles... Je hèle les soldats qui fuient, je les supplie de me dire... et je n'entends que des réponses insensées : Mac-Mahon est tué, l'empereur a capitulé avec cent mille hommes... Les officiers qui passent me semblent aussi fous que les soldats... Pour toute réponse, l'un d'eux entr'ouvre sa vareuse et me

4

montrant le drapeau enroulé autour de sa poitrine : « Ce-lui-là, au moins, n'ira pas à Berlin ! »

Mais bientôt des cavaliers courent bride abattue à travers la rue du village : Alerte ! alerte ! les Prussiens sont dans le bois... Berton me saisit, me jette dans une carriole, Karjean près de moi, et nous fuyons jusqu'à la ville prochaine.

Arrivés sur la place, j'aperçois une grande affiche avec la République de Paris... La République ? les Prussiens ?... non, cela n'est pas vrai !... Je ferme les yeux ; je me rappelle la prédiction de Bismarck ; et c'est alors que je dis à Berton : Ne me quitte pas, je vois des choses qui ne sont pas possibles !...

Le tambour bat... on appelle aux armes... la garde nationale commence l'exercice. Mais bientôt les échappés de Sedan envahissent la place, apportent le désordre de la déroute et remplissent la ville des récits de leur imagination éperdue : — Déposez les armes ! il n'y a pas de résistance possible. C'est un ennemi invisible qui t es caché dans les bois ! On n'aperçoit rien et on tombe frappé ! Ne défendez pas votre ville, vous seriez brûlés comme Bazeilles !...

Plus loin, un officier d'état-major se démène furieusement : — Que voulez-vous que je fasse ? Où est votre sous-préfet ? où sont vos magistrats ? Les fonctionnaires de l'Empire ne sont plus là, ceux de la République ne sont pas arrivés... l'ennemi y sera avant eux !..

Je l'appelle : — La République ! capitaine ! la Répu-

blique devant l'ennemi ? une émeute avec les Prussiens ?...
Est-ce que les Français sont capables d'une telle trahison ?...

— Oui, ils n'ont pas voulu que Bismarck ait menti. Ils
ont profité de Sedan pour se précipiter au pouvoir. La
Prusse a cent mille alliés à Paris. Il n'y a plus d'administration ! Tout croule, tout s'effondre, la France est
perdue !..

Un homme monté sur le clocher aperçoit quelque chose
à l'horizon : On commence à distinguer les casques. C'est
le sombre flot qui se répand dans la vallée. A cette nouvelle, la manœuvre s'arrête : — Il faut rendre nos armes,
crient les gardes nationaux ; allons les porter à la gare !..

Et les bataillons se dirigent vers le sommet de la ville,
jetant sacs et fusils dans les rues, et courant se dépouiller
de leur costume. Une locomotive blindée va partir, emmenant le dernier train. Les wagons sont envahis, tout le
monde se précipite : meubles, matelas, vaisselle, s'en-
tassent sur les routes.

— Les uhlans ! les uhlans !... Et tout le monde s'enfuit... Berton me rejette dans la carriole, Karjean près de
moi, et nous repartons....

Quelles sont les villes et les campagnes que je traverse
ainsi ?... Nous roulons à travers une colonne de traînards,
de déserteurs, d'espions, de soldats ivres, criant à la
trahison et hurlant la *Marseillaise*... Dans ces foules qui
s'agitent comme les vagues de la mer, passent et repas-
sent des files interminables de chevaux, de charrettes, de

camions chargés de matelas, de meubles, d'enfants jetés
pêle-mêle... Au loin, les meules en feu éclairent l'horizon !.. Je n'ai plus le sentiment de la réalité. Mes camarades tués, mon régiment prisonnier !... Sedan !... la République !... Bismarck !... tout roule, tout se confond... Je
vois partout cette affiche, j'entends ces paroles !... pendant
que près de moi, ce blessé répète invariablement : — Le
colonel a dit : « Enfants, c'est pour le France! » Il a le
délire, ou du moins, cela me semble ainsi... car, je ne
sais plus celui qui est fou !...

Dans les villages, nous trouvons les paysans réunis sur
la place de l'église. On entoure notre carriole, on ques-
tionne et chacun donne ses nouvelles.

— En a-t-on beaucoup à loger ? Combien paye-t-on par
soldat ?...

— Bah ! ils ne sont pas si mauvais qu'on disait ; il
paraît que là-bas ils ne s'en plaignent pas trop...

— Seulement il faut être bien soigneux pour eux et
leur garder votre avoine et vos bêtes...

— Surtout, vous savez, pas de francs-tireurs !...

— Des francs-tireurs, il y en a dans le bois ; allons
leur faire la chasse !

— Fuyez, les uhlans ! les uhlans !...

Combien de jours cette fuite a-t-elle duré ?... Depuis
longtemps, Berton m'avait dit : les Prussiens sont loin, ils
ne peuvent nous atteindre. Mais la panique marchait en
avant de l'ennemi. Je vois encore comme des apparitions
ces clochers et ces hameaux passer devant moi... La nuit,

l'horizon était éclairé par les lueurs des incendies
J'avais fermé les yeux et j'étais là comme un somnambule, écoutant les chants avinés des soldats, les cris d'é-
pouvante des femmes et des enfants ; et près de moi, ce
blessé, qui achevait de troubler ma raison...

Bientôt l'encombrement augmente, notre carriole ne
peut plus avancer... Puis, cela devient une terrible cohue,
et je sens que nous approchons de Paris. Là-bas, il y a
comme des montagnes qui se dressent sur la route : sacs
de farine, meules de fromage, tonneaux de viande fumée
qui sont amoncelés, pendant que des flots et des flots de
charrettes et de camions s'engouffrent dans la grande
ville. Je cherche les joyeux villages de la banlieue... je
n'aperçois que ponts détruits, bois coupés, bâtiments
éventrés, où grouille pêle-mêle tout un peuple de démo-
lisseurs... Paris! oh! mon Paris... France adorée!... Le
cœur navré de ces désastres, je me rejette en sanglotant
au fond la carriole... et longtemps, longtemps je reste
plongé dans une douleur amère...

Quand, tout à coup, j'entends les échos d'une éclatante
musique! j'ouvre les yeux : c'est la place de la Bastille!..
Une foule immense passe en chantant!... il y a une animation, une gaieté, un entrain sans pareils... Il me semble
que j'ai fait un rêve, que je retrouve Paris comme je l'ai
laissé! Ce sont les mêmes chants, les mêmes cris qui nous
enivraient au départ!... Seulement des ouvriers, perchés
sur leurs échelles, grattent les N aux acclamations de la
foule ; les quolibets se croisent, les plaisanteries partent

4.

comme des fusées. Partout des caricatures, des chansons avec les refrains du père et de la mère Badingue... La carriole est rejetée sur le trottoir, c'est une colonne qui débouche triomphalement de la rue de Rivoli, drapeaux au vent, chantant la *Marseillaise* et sonnant des fanfares... les fenêtres s'ouvrent, les chapeaux s'agitent, la foule bat des mains... J'appelle : — Mes amis! oh! mes amis! est-ce qu'il y a des nouvelles? Est-ce une victoire de Bazaine que vous fêtez là ?...

— C'est la République, capitulard, c'est la République que nous fêtons là!... c'est la République qui va chasser les Prussiens que tu nous as amenés!

Je referme les yeux et je dis à Berton : — Reste près de moi!... ne quitte plus un insensé... Pendant que le fou répète toujours... — Chargez! Le colonel a dit : Enfants, c'est pour la France!...

CHARLES.

LA RÉPUBLIQUE.

VIII

LES RÉGIMENTS DE MARCHE.

Près Lyon, 19 septembre.

Cher frère, il y a trois jours, nous avons quitté Paris, par ordre du ministre de la guerre, pour venir ici rejoindre un régiment de marche. Sortis les derniers, nous nous sommes arrêtés près des hauteurs de Saint-Germain, et de là nous avons vu le flot des casques apparaître, se répandre peu à peu dans la vallée, monter sur les coteaux... et puis, à un certain moment on a dit : Le cercle est fermé, c'est fini!... Alors on s'est regardé, on a regardé cette ville muette et comme murée désormais, que l'ennemi enveloppait de toutes parts. Puis chacun s'est remis en route, et, en songeant que Paris n'existait plus pour la France, il nous a semblé qu'une sorte de nuit et de silence se faisait devant nous...

Je suis débarqué ici un matin sans connaître une âme, et sans savoir ce que pouvaient être ces régiments de marche dans lesquels on m'envoyait. J'ai questionné les passants, on n'a pas su me répondre, et alors, comme le

jour n'était pas levé, je me suis assis près de la gare et
j'ai attendu...

J'ai attendu sur une borne, mon petit sac à mes pieds,
tous mes bagages perdus. Je distinguais à peine, j'avais
froid. Des soldats commençaient à aller et venir, des ouvriers se rendaient au travail, et je songeais à mon arrivée
à Lille, à mes premières journées de conscrit, à ces récep-
tions joyeuses entre Berton et la mère Bachut... Je revoyais cette armée fière, superbe, admirée du monde entier, et je me disais : Quoi! aujourd'hui, plus de drapeau,
plus de régiment, plus de camarades, plus rien !...

Combien de temps suis-je resté ainsi ?... Peu à peu, le
jour s'est levé, jour triste et blafard. Près de moi, sur
une muraille en ruines, il y avait une affiche. Je regardais... Les passants s'arrêtaient devant l'affiche. Un
homme lisait tout haut une proclamation qui venait d'être
posée pendant que les ouvriers du bâtiment voisin com-
mentaient les nouvelles. Bientôt ils se dirigent vers une
manière de café chantant qui, depuis la République, est
changé en club; machinalement je prends mon petit sac
et je suis ces hommes.

Un individu de haute taille pérore à la tribune : il parle
de la question sociale résolue au moyen de la solidarité
des intérêts basée sur le droit au capital. On l'applaudit
bruyamment, et j'entends crier : Vive le chaussetier
Rabb! Quand je relève la tête, c'est un soldat qui est sur
l'estrade. Ses paroles n'arrivent pas jusqu'à moi, mais je
crois comprendre qu'il est question de dégrader tous les
officiers de décembre, et de rappeler le lieutenant réformé

par une criante injustice. Un groupe de soldats réunis sous la tribune acclame l'orateur qui propose ensuite un nouveau système, où tous les chefs seront nommés à l'élection, avec les salles de police et prisons remplacées par des peines morales, seules dignes de l'âme d'un républicain. Peu à peu les esprits s'excitent. J'entends des menaces contre les espions et les traîtres... on commence à m'examiner avec défiance... et, reculant sans mot dire, je sors du club et me voilà errant dans les rues.

Un planton débraillé me conduit à ce qu'il appelle le cercle des *grosses légumes*, et j'entre dans une salle où j'aperçois des officiers de tous les costumes, de toutes les armes, à peine arrivés comme moi. Quand je me trouve au milieu de ces visages inconnus, mon cœur se serre et je reste immobile contre l'appui de la porte. Au lieu de cet accueil d'autrefois, je suis reçu avec une tristesse, un silence et une froideur de glace. Tous ces hommes étrangers l'un à l'autre m'observent et s'observent, entre eux : ceux-ci arrivés du matin, ceux-là de la veille ; tous s'ignorant, et tous si profondément malheureux et si injustement accablés, qu'ils sont devenus injustes et cruels les uns pour les autres. Chacun a son histoire qu'on écoute avec défiance ; chacun dénonce la trahison ou l'incapacité d'un chef. Puis, il y a ceux qui se sont enfuis du champ de bataille de Beaumont, ceux qui ont passé par la Belgique, ceux qui ont quitté Sedan avant la fin du combat, ceux qui ont signé la capitulation, ceux qui ont violé leur parole...

Au fond de la salle, des discussions s'élèvent, amères, vibrantes. Un maréchal des logis, auquel on vient d'attacher des galons de sous-lieutenant, discute avec un vieux capitaine. — C'est la corruption de l'Empire qui nous a perdus ! Les anciens sous-officiers ne pouvaient plus parvenir ; il n'y avait de grades que pour les favoris...

— Et maintenant, dit une voix sourde, il n'y a plus de grades que pour les aventuriers...

— Pour les aventuriers et pour les traîtres qui ont fait une révolution devant l'ennemi !...

— Ce n'est pas une révolution, ça ! Comme dit le journal, la France n'a pas renversé l'Empire ; elle l'a vomi. Voilà tout !...

— S'il ne s'agit que de vomir, moi, je sens que je suis tout prêt, et je peux déjà vous vomir la République !...

— Ah ! ah ! voilà de mauvaises paroles, s'écrie le sous-lieutenant, s'avançant avec fureur.

Mais, près de moi une autre discussion s'élève plus cruelle encore.

— C'est étrange, dit l'un, j'étais à Sedan, je n'ai rien vu de cette charge-là !

— Et moi, je n'ai même pas entendu parler de cette magnifique trouée !

— Aujourd'hui qu'il n'y a plus de contrôle, chacun peut raconter ce qu'il veut !

— Il est facile de n'être pas prisonnier quand on quitte le champ de bataille avant de s'être battu !

— Il est plus facile encore de donner sa parole de ne pas servir contre l'ennemi...

— Le plus honorable, c'est de donner sa parole et de la violer après...

— Le moins dangereux, c'est de garder cette parole-là toute sa vie !...

— Ceux qui ont signé la capitulation n'ont plus le droit de porter l'épée ; s'ils me donnent un ordre, je refuse d'obéir !

Et pendant une heure cela continue ainsi... tout le monde se défie, tout le monde se plaint, tout le monde accuse!... Ce spectacle est si lamentable et si navrant, que parfois j'étouffe, et qu'il me semble que je vais crier dans la salle : Mon régiment ! mon régiment !...

Mais qu'y a-t-il donc dans la défaite? Comment, ce sont là les officiers de Sébastopol et de Solferino ?... Ces officiers confiants, superbes, unis par cette radieuse camaraderie, voilà ce que le malheur en a fait ? ...

Pendant que j'écoute, comme dans un rêve, un capitaine à l'air grincheux s'approche de moi. On l'appelle le vieux Goulard. C'est lui qui semble chargé de l'administration du régiment. A travers sa brusquerie, il y a quelque chose de franc qui me gagne le cœur. — Venez-vous? me dit-il en me regardant d'un certain air; il faut bien que vous le connaissiez, votre régiment!

Tandis que nous traversons la ville, dans toutes les rues nous rencontrons des trompettes qui font un furieux vacarme de sonneries et de fanfares.

— Entendez-vous? dit le capitaine. C'est pour appeler nos soldats. Toute la journée se passe ainsi. Les cavaliers

logent chez l'habitant qui les cache à l'heure du travail,
et les envoie pérorer au club. Depuis le matin, on les
voit traîner dans les cabarets, dans les réunions, se joindre
aux émeutes, et ils ne nous arrivent que pour la soupe
qui est devenue le seul appel du régiment.

Nous entrons dans la cour du quartier. A droite, sur
un terrain vague, je vois tourner quelque chose que
Goulard appelle la manœuvre : des conscrits, en pantalon
rouge avec des blouses bleues et des redingotes noires,
sur des chevaux sans selles, commandés par des sous-
officiers de tous les costumes, surveillés eux-mêmes par
des chefs qu'ils ignorent et qui s'ignorent entre eux.
Puis, devant moi, des hordes, des troupeaux, courant,
grouillant et s'agitant avec furie, tandis que les commandements des chefs se perdent dans les menaces et
les clameurs.

— Tenez, le voilà, votre régiment ! On m'a écrit de Tours
que nous avions douze cents hommes ; pour ces douze
cents hommes nous avons deux cents chevaux, sur
lesquels ils montent les uns après les autres ; la nuit
on illumine le manége. Ces chevaux commencent à avoir
des selles, mais ces selles n'ont pas de sangles ; on
m'envoie des brides, mais ces brides n'ont pas de mors ; il
vient de m'arriver des sabres, mais ces sabres n'ont pas de
ceinturon...

Pendant qu'il me parle ainsi, autour de nous vont et
viennent des sous-officiers et brigadiers dans toutes les
tenues, faisant la chasse aux conscrits. Quand on a
besoin de soldats pour une corvée, on les relance dans

les cantines, on les chasse à travers les escaliers et les
écuries, on les pousse dans la cour du manége comme
des troupeaux qu'on accule, pendant qu'ils répètent les
huées et les phrases apprises dans les clubs.

— Que voulez-vous? me dit Goulard, tous nos anciens
soldats sont prisonniers en Allemagne ou cernés à Metz!
Les conscrits sans cadres, sans discipline, abandonnés
au milieu de ces hordes flottantes, traînés dans tous
les clubs où on leur prêche la révolte, deviennent
chaque jour plus insubordonnés; et, ce qui m'étonne,
c'est qu'ils ne nous aient pas encore jetés dans le Rhône.

Tout à coup, j'entends un bruit comme un flot qui
monte.

— Rangez-vous, rangez-vous! me crie Goulard, c'est
l'heure de la soupe.

Et, au même instant, je me sens enlevé, jeté contre la
muraille : ce sont les échappés de Sedan, les rappelés
de la réserve qui se précipitent par toutes les issues,
inondant le quartier, grimpant après les grilles... Derrière
eux, on voit accourir la multitude des conscrits, pauvres
êtres affolés de peur, réfugiés chez l'habitant, qui sortent comme des loups pour venir dévorer la gamelle et
s'enfuir aussitôt dans leur trou. Des hauteurs du coteau
et des rues de la ville, on les voit dégringoler avec
leurs costumes bariolés ; ils s'engouffrent sous la voûte...
un instant le flot vient battre le mur du manége,
submerge tout, et, emportés nous-mêmes par le courant,
nous sommes forcés de traverser le quartier pour nous
réfugier à la salle du rapport.

En ce moment, le commandant sort avec l'adjoint au trésorier. — Eh bien! Goulard, dit-il vivement, allons-nous avoir nos effets d'équipement?

— Mon commandant, lundi j'ai été passer la journée à Lyon; tous nos bons étaient prêts; mais, j'avais besoin de la signature de l'intendant qui devait parler au préfet. Or, vous le savez, depuis que le préfet est prisonnier de la garde civique, les choses sont plus difficiles. Ordinairement, on le relâchait de six heures à huit heures, et on pouvait lui parler quand il se rendait à la promenade; mais, ce jour-là, je ne sais ce qui s'est passé, ils l'ont gardé plus longtemps...

— C'est bon, c'est bon, dit le commandant en mordant sa moustache; il fallait y retourner.

— J'y suis retourné le lendemain; mais c'était le jour où on avait voté l'impôt forcé de quatre millions sur les riches, et comme malheureusement le préfet n'avait pas voulu signer de suite, on l'a enfermé toute la journée...

— Eh bien! avez-vous, au moins, fait un rapport que je puisse envoyer à la division?

— Mon commandant, je n'ai plus de secrétaires; ils ont tous déserté le bureau pour rédiger les séances du club des *Vengeurs*, et j'ai même le regret de vous annoncer que vous avez été cassé hier soir en séance publique, et remplacé par le brigadier Bermont, qui, sur l'ordre du peuple, doit prendre demain le commandement du régiment.

— Sortons, dit le commandant, fendant l'air de sa cravache; il est impossible de se faire entendre ici... Et

vous, capitaine, allez à la gare demander si nos caisses.
sont enfin arrivées.

Comme mes bagages sont égarés, j'accompagne le capitaine. La gare est absolument déserte ; un homme en
blouse se promène à travers un chaos de caisses et de
bâches empilées le long de la voie. Personne à qui s'a-
dresser : une partie des employés est dans les régiments,
l'autre ne peut suffire et n'apparaît qu'aux heures des
trains.

Nous cherchons à l'aventure... Voilà bien des fourgons
d'effets militaires, mais c'est un train arrivé de Chagny
depuis quinze jours et attendu à Tarascon. Puis, voilà
les armes destinées à l'armée de l'Ouest. Le capitaine a
envie d'enlever ce qu'il lui faut pour ses hommes sans se
soucier de la destination. Quant à moi, évidemment, mes
bagages sont perdus, mais, que faire ? A qui m'adresser?..
Il n'y a pas de chef de gare, alors un commissaire de
police, un magistrat, un juge de paix, enfin quelqu'un !

— C'est inutile, me dit une voix, les commissaires de
police, traqués dans les faubourgs, se cachent pour n'être
las jetés dans le Rhône ; nos magistrats sont destitués depuis huit jours ; le juge de paix a été cassé hier... il n'y
plus d'administration, il n'y a plus de gouvernement, il
y a plus de France, il n'y a plus rien !...

CHARLES.

IX

L'ARMÉE SE REFORME.

26 septembre, près Lyon.

Cher frère, ne répète pas ce que je t'ai raconté dans ma dernière lettre, car cela n'est plus vrai. Que s'est-il passé ? Mon Dieu, rien ! Nous n'avons point remporté de victoire, et les officiers sont toujours les mêmes. Mais enfin, que te dirai-je ? quand nous avons été encadrés dans des escadrons, que nous avons revêtu le même costume, que nous nous sommes senti un drapeau, peu à peu mécontentement, amertume, défiance, tout s'est évanoui. E' quand je dis un drapeau, il n'y en a plus ; de cos tume pas davantage : on a simplement attaché un lam beau tricolore à une lance ; puis on a cousu un numér sur nos vareuses ; mais cela a suffi, car c'était l'uniforme c'était le régiment. Quelques repas pris en commun, quel ques mazagrans à la cantine, quelques corvées du matin et bientôt tout a été éclairé par cette camaraderie qu existe dans toutes les nations du monde, mais qui, e France, se forme en un jour, illumine la vie des camp et survit à tout... même à ce qui vient de se passer !

Et puis, nous avions pleuré bien des morts qui no reviennent chaque jour ! Montcalm, qui a reparu le pr mier, quoiqu'on ait vu son cadavre au fond d'un foss puis, Roger, oui, mon vieux Roger, qui s'est jeté au m lieu des Prussiens, et a traversé la France avec ses cav liers... enfin, Tartas, Hirscher, Sainte-Croix... et jusqu'à nos vieilles cantinières qui, égarées depuis Beaumont, sans ordres, sans argent, nous sont arrivées ici avec cet instinct du soldat qui ne trompe jamais. Comment te dire notre joie !... nous répétions tous en pleurant le mot du caporal : « Ce sont donc toujours les mêmes qui se font tuer, puisque ce sont toujours les mêmes qui reviennent. »

Et ne nous accuse pas d'avoir exagéré les choses. Au fond, chacun croit dire la vérité, c'est le mirage du champ de bataille ; tout ce qui est étendu vous semble mort. On ne distingue pas le sang du cheval du sang de l'homme ; mais, en réalité, on meurt bien moins qu'on ne croit ; on meurt dans les hôpitaux et sur les routes, on meurt de froid, de faim et de maladie, mais bien peu ont l'honneur de rester sur le champ de bataille... Et cependant il y a les morts qui ne reviennent pas et que nous attendons toujours !...

Tu me demandes quelle est ma vie? Je demeure chez les Briffaut, braves gens qui logent les officiers et les traitent comme leurs enfants. Il y a un moment terrible : c'est le réveil. Le soir, on s'est couché avec cette hâte de jeter sur l'oreiller tout ce qui vous écrase ; on s'est dit : je vais donc enfin oublier !... Aussi le lendemain, quand tout vous revient, longtemps on reste là, à songer... On se dit : C'est donc vrai? Fræschviller, Sedan, Strasbourg, l'invasion !... Il semble que chaque chose retombe sur vos épaules, et quand on se lève, on se sent comme fatigué de la journée avant de l'avoir commencée.

Comme je suis de semaine, dès l'aube je vais au quartier. Je cherche mon escadron, je trouve les recrues, les échappés de Sedan, les hommes de la réserve : tout ce monde qui demeure en ville, pour lequel il n'y a pas d'appel possible, et à qui il faut faire la chasse toute la journée. Après la soupe, on saisit au passage les conscrits non habillés, on les jette sur des chevaux sans selles, et tout cela tient et tourne comme cela peut, jusqu'à ce qu'une manifestation passant sur la place, nos classes se débandent et nos conscrits s'échappent vers les clubs à l'appel du peuple souverain.

Parfois, à travers tout ce désordre, j'aperçois quelque chose qui me rappelle la vieille armée. C'est Hirscher qui s'est organisé une manière de peloton ; Hirscher qui monte ses semaines et qui fait son service d'écurie comme s'il y avait encore des chevaux, son service de chambrée comme s'il y avait encore des soldats. — A l'ours ! à l'ours ! crie-t-il invariablement, sans avoir pu encore découvrir ni salle de police, ni prison. A la manœuvre, il reste immobile, le sabre à la main, répétant toujours ses commandements, et attendant que les conscrits lui reviennent, quand une manifestation les a emportés. Rouage admirable, qui continue à tourner sans relâche au milieu d'une machine brisée !

A travers les fenêtres d'une sorte de cantine, j'aperçois la mère Bachut et sa rivale, assises l'une près de l'autre au comptoir. Depuis Frœschviller, on ne les entend plus. Parfois, elles me disent. — Toi, Bernard, toi qui as de l'esprit, tu dois savoir les choses ; qui donc nous a trahis ?

Et la journée se passe ainsi, du quartier au café, et du café chez les Briffaut. Tous nous sommes-là, errants sur la place... quand le tambour bat, accourant pour savoir... et, à travers tout, agités de cette espérance qui est le fond du caractère français. Qu'espérons-nous ? qu'attendons-nous ? Je ne saurais te le dire. Une de nos armées est en Allemagne, l'autre est cernée ; le flot des Allemands se précipite toujours... et, cependant, je te jure que nous attendons éternellement la nouvelle d'une victoire !

Puis, la journée finie, je rentre chez la mère Briffaut. Je m'assieds là, entre la bonne femme et les petits enfants, car, loin de vous tous, dans cet immense isolement et cet abandon de tout, on a comme un besoin de foyer. La pauvre femme a de grands chagrins. Son mari avait une petite place qu'il a perdue, les religieuses qui élevaient ses enfants viennent d'être chassées ! Je m'assieds sans rien dire, je déploie ma grande carte, je prends mes épingles et mes petits drapeaux, et, comme tous les soirs, je recommence à piquer mes corps d'armée et à les diriger sur Orléans.

Tout en tricotant, la bonne femme regarde par dessus ses lunettes. Parfois un des enfants s'approche : Laisse faire ! laisse faire ! dit-elle à voix basse... Et je continue à franchir les rivières, à tourner l'ennemi, à couper les communications, et quand j'approche de Paris, je pique

avec une telle ardeur que la bonne femme, laissant tomber
son tricot sur ses genoux, lève les yeux au ciel, en murmurant quelques paroles d'actions de grâce. Elle ne m'interroge pas, mais, pour elle, il y a entre ce travail qu'elle
me voit faire chaque soir et les événements de la guerre,
un lien mystérieux qu'elle ne cherche point à approfondir.

La porte s'ouvre : — Bonjour femme, bonjour monsieur
Bernard, dit le père Briffaut. Eh bien! j'arrive de Lyon. Je
n'ai vraiment pas de chance, mes amis; on m'avait
promis de l'ouvrage, il y a encore eu du bruit, les ateliers
sont restés fermés, et c'est toujours la même chose.

— Mais enfin, que se passe-t-il, père Briffaut?

— Ah! bien des affaires, monsieur Bernard. Vous
savez, il y a cet impôt de quatre millions sur les riches que
le préfet ne veut pas signer. Enfin, monsieur, il a tort,
puisque nos magistrats l'ont voté dans le conseil. Alors,
on a dit qu'il fallait faire comme dans la grande Révolution, et qu'on allait peser sur le gouvernement. Les délégués de la Croix-Rousse se sont mis en route à midi, ceux
de la Guillotière sont arrivés après, et vers quatre heures,
il y avait plus de dix mille personnes qui pesaient sur la
préfecture. C'est M. Saigne qui a pris la parole il a dit :
aux bourgeois de ne pas le forcer aux dernières extré-
mités; que c'était le jour de faire la nuit du 4 août pour le
capital. Il a demandé à chacun d'y aller de bonne volonté : — Voyons, bourgeois, criait-il, sacrifiez vos for-
tunes, sacrifiez-les à la patrie, et tous vos noms seront
écrits sur le livre d'or.

» Ah! monsieur, je n'ai jamais vu un entrain pareil!

tout le monde voulait s'inscrire. Sacrifions tout! criait-on
dans la salle. Seulement, voyez ce que c'est que la dureté
des cœurs! Il paraît que ceux qui criaient comme ça
étaient justement ceux qui n'avaient rien ; si bien qu'à
la fin, quand on a fait le compte, il y avait bien les noms
de tous les braves ouvriers, mais il n'y avait point d'argent sur le livre d'or.

» C'est alors, monsieur, qu'on a décidé que la justice
du peuple allait commencer et que la machine gouvernementale était définitivement abolie. Pour le coup, ç'a été
fini! Vous savez combien les bourgeois de Lyon tiennent
à cette machine-là ; dès que la nouvelle s'en est répandue,
cela a recommencé comme il y a huit jours, les boutiques
se sont fermées, tout le monde s'est sauvé. J'ai bien été à
ces ateliers d'armes et de fourniments dont m'avait parlé
le capitaine Goulard ; mais tous les ouvriers étaient à la
manifestation... Enfin c'est bien triste, monsieur, de
chercher partout de l'ouvrage et de ne pas pouvoir gagner
sa pauvre vie ! »

Et il continue à deviser avec moi pendant que je fais
marcher mes drapeaux sur la carte.

Puis, voilà du bruit dans la rue, les voisins sortent sur
le pas des portes ; le bonhomme ouvre la fenêtre, interroge les passants :

— Qu'est-ce que c'est donc, père Briffaut ?...

— Monsieur Bernard, ce sont des proclamations
qu'on lit sur la place. Je n'entends pas tout, mais il y a
des décrets du gouvernement de Tours. En voilà un par
lequel les timbres-poste et les monnaies sont changés,

pour ne plus montrer au peuple la figure de l'homme de
Décembre. Entendez-vous monsieur ? « Vive la République ! vive la République ! »

    » Puis, voilà un décret du gouvernement de Lyon :
Les octrois sont abolis et remplacés par un impôt progressif sur les riches... Oh! oh! écoutez donc! voilà des
décrets du gouvernement de Paris ; il paraît que des
nouvelles sont arrivées !... tout le monde court. »

Je saisis mon képi, je dégringole les escaliers, et je
suis la foule. Debout, sur une borne, une torche à la
main, un homme lit des proclamations.

    — Citoyens, nous avons des nouvelles de la capitale,
il y règne une confiance, une ardeur !... on travaille
sans relâche, des souscriptions sont ouvertes pour fournir
des canons, fabriquer des fusils ; les quartiers les plus
pauvres, ceux de Belleville et de Montmartre, se distin-
guent particulièrement par leur ardeur d'avoir des armes.

    — Vive la République! vive la République!

    — Paris est décidé à tout pour chasser l'étranger. On
prépare des piéges dans les bois de Boulogne et de
Vincennes ; au dernier moment, on versera du pétrole
dans les fossés des fortifications, on empoisonnera la
Seine, on lancera des bombes asphyxiantes... Mais Paris
ne se rendra pas!

    — Vive la République!...

    — Jusque-là, confiante dans sa force, la Révolution
agit comme l'antique Rome en face d'Annibal. Elle

vient d'ordonner par son ministre Jules Simon qu'une
commission partirait en ballon pour aller observer
l'éclipse de soleil qui ne sera visible qu'en Algérie. Quant
aux opérations de l'armée, nous ne pouvons vous révéler
ce que la dépêche chiffrée vient de nous apprendre.

Une émotion indescriptible se répand dans la foule.
A ce moment, le secrétaire du sous-préfet passe vivement à travers les groupes. Tartas l'aborde et le ques-
tionne à la hâte. Le secrétaire répond à voix basse
quelques mots qui n'arrivent pas jusqu'à nous : on se
presse autour de lui. Brusquement, la physionomie de
Tartas s'est illuminée, il m'entraîne avec Goulard et
Roger. — Mes amis, mes amis, il y a de grandes nouvelles! Consolons-nous; le général Trochu s'entend avec
les armées de province, il a tout prévu; tout rentre
dans un plan général que nous saurons un jour.

Ces choses se répètent de l'un à l'autre. Roger arrive,
puis Montcalm. Nous écoutons encore une fois la proclamation, et, après avoir longtemps causé et erré à travers
les groupes, nous revenons sur la place, nous relisons
les dépêches et nous partons le cœur plein d'espérance.

— Allons, allons, dit Tartas, je vous avais bien dit
que la République sauverait la France!

— Ah! mon ami, s'écrie Roger, si elle chasse le
Prussien, me voilà républicain pour la vie!

Je trouve la mère Briffaut sur sa porte. — Est-ce vrai,
monsieur, tout ce qu'on entend? Dieu nous prend donc
en pitié! dit l'excellente femme qui remonte l'escalier

pendant que sa fille et le petit garçon se pendent à ses
jupes.

— Oui, mère Briffaut, tout cela est vrai ; c'est une
dépêche de la préfecture ; et même il y a des choses
que je ne peux pas vous dire.

Le père Briffaut s'approche de moi, — Monsieur Bernard,
c'est donc pas des histoires, ce qu'on racontait tout à
l'heure à la mairie sur le général Trochu ?

— Non, père Briffaut, mais silence !

— Suffit, me dit-il en me montrant les femmes...
Et le pauvre homme essuyant une larme, me serre la
main, et rentre sans mot dire dans sa chambre.

Quand je me retourne, le vieux Goulard est derrière
moi. — Mais enfin qu'est-ce qu'il se passe donc ? de
quelles nouvelles est-il question ? quelles victoires avons-
nous remportées ?

Je reste un instant interdit, cherchant à me rappeler... — Comment ce qu'il y a, Goulard ? mais il y
a tout ce qu'on a lu tout à l'heure. C'est quelque chose,
allez, Goulard, qu'un peuple qui se lève ! On sent comme
un souffle qui passe !... Il n'est pas bon de toujours douter et de tout critiquer, mon ami ! Vous
savez que nous allons bientôt partir, et que le colonel
m'envoie demain à Lyon prendre les ordres du général ?...

— Vous allez demain à Lyon, Bernard ? Eh bien !
dites-leur donc que nos hommes n'ont pas de manteaux,
que nos sabres n'ont pas de ceinturons, que nos selles
n'ont pas de sangles, que nos brides n'ont pas de mors...

et voyez-vous, Bernard, quel que soit le souffle qui
passe, je vous défie de tenir à cheval tant que vous
n'aurez pas ces choses-là !...

— C'est bon, c'est bon !

Et, laissant ce vieux grincheux radoter à son aise,
je vais me coucher et je m'endors au bruit du tambour
qui bat dans le lointain et de la *Marseillaise* qui continue à retentir dans nos rues.

CHARLES.

X.

EMEUTES DE LYON.

29 septembre, près Lyon.

Mon cher ami,

Le colonel a terminé l'organisation de ses escadrons.
Ce qu'a été cette besogne, nul ne pourrait le dire : plus
de cadres, plus de contrôle, de comptabilité !... Passer ses
jours au quartier, ses soirées dans son bureau, la nuit
faire illuminer le manége... Enfin, aujourd'hui, il a pu
écrire au ministre : j'ai un régiment.

Après le pansage, il nous a tous réunis dans la salle du
rapport, et il a prononcé un discours que je ne pourrais te
redire ; mais il nous a semblé qu'en sortant, nous étions
tous meilleurs. Sainte-Croix avait eu une discussion avec
Tartás à propos de cet infâme article de la *Gazette de*

Leipzig. Tu as dû lire ces pages abominables où les Prussiens se plaignent que Bismarck ne se sert pas assez du parti républicain : « Dans chaque ville de France » nous avons des alliés, dit la *Gazette.* Qu'on donne aux » révolutionnaires tout l'argent qu'il faudra ; mais, pour » Dieu, qu'on en finisse et qu'on emploie ces hommes » pour paralyser la défense... »

La discussion avait été vive, le colonel a imposé silence : « Messieurs, j'entends bien des choses que je voudrais ne pas entendre. Laissons là la politique. Ce qu'il faut, c'est le travail ; croyez-moi, messieurs : l'ordre, la discipline et le travail. Voici notre régiment qui se reforme peu à peu. Espérons que ce qui se passe ici se passe ailleurs. Après des désastres comme les nôtres, le grand danger, c'est le mécontentement et le découragement. Reprenons espoir et reprenons courage. Que chacun fasse plus que son devoir. Quand la machine est organisée, on se contente de la surveiller ; quand elle a été brisée, il faut prendre chaque rouage en main et le faire marcher soi-même.

» Oui, messieurs, je le répète, j'entends bien des choses que je ne voudrais point entendre. Ne vous occupez pas de ce qui se passe à Lyon. Ne regardez pas ce drapeau, qui, hélas ! n'est plus celui de la France ! Ne voyez qu'une chose : l'ennemi ! Et, pour combattre l'ennemi, obéissons ! Obéissons toujours, même aux hommes qui nous insultent, même aux hommes que nous méprisons ! Travaillons le jour, travaillons la nuit. Sacrifions nos idées, nos passions, nos répugnances... sacrifions notre

sang, et le jour où la guerre sera finie, croyez-moi, messieurs, chacun sera jugé selon ses œuvres. »

Il a parlé longtemps ainsi. Tu sais ce que c'est qu'une
grande parole. En sortant de là, je me demande vraiment
quels sacrifices nous n'aurions pas acceptés !.. Notre vieux
commandant ne se connaissait plus. Il nous a réunis de
suite, et lui qui n'a jamais su mettre deux phrases l'une
au bout de l'autre, il nous a fait son petit discours, que le
capitaine a répété à l'escadron, et bientôt nous en faisions
un autre à nos sous-officiers sur le terrain.

Chacun s'est mis à la besogne. J'ai organisé mes classes,
désigné les instructeurs, et, quand le colonel est arrivé,
mes pauvres conscrits, sans uniformes et sans éperons,
tournaient comme ils pouvaient sur des chevaux sans
selles ; les brigadiers nommés le matin lisaient dans la
théorie le commandement qu'ils allaient faire, surveillés
par des sous-officiers chargés d'apprendre aux autres ce
qu'ils ne savaient pas encore eux-mêmes, tandis que les
chevaux qu'on venait d'enlever à la voiture se défen-
daient avec forces ruades contre ces nouveaux exer-
cices...

Nous allions de l'un à l'autre à travers les carrés,
aidant les maréchaux de logis, réparant les erreurs.

— Allons, enfants, disait le colonel, du courage ! cela
va bien ! Voyez-vous, il vaut mieux travailler ici que
d'aller à vos clubs. Ce n'est pas avec des phrases qu'on
chassera les Prussiens !

Je commande au trot. La petite colonne serpente sur la
piste ; Hirscher, galopant comme un chien de garde sur

le flanc du peloton, fait à la fois le sous-instructeur, le serre-file, le guide et le trompette.

— Mais voyez-les donc, Bernard, me dit en souriant le colonel; les voilà qui trottent comme des anciens!... Quand je vous dis que si tout le monde s'y met...

Tout à coup on entend des rumeurs dans le lointain; le bruit se rapproche, et des hommes en blouse accourent sur le terrain. — Venez, amis! laissez là votre manœuvre, le peuple vous appelle pour nommer d'autres officiers!

— A vos places! à vos places! crie le colonel. Messieurs, le sabre à la main, prenez le commandement!...

Mais, bientôt, une immense colonne, débouchant avec un drapeau rouge, envahit le champ de manœuvre et jette les classes dans un effroyable désordre. C'est un tumulte, des cris, des clameurs!... — Venez, frères, venez!...

Et, après quelques résistances, les soldats, pressés, entourés, sont emportés par la manifestation, tandis que les chevaux abandonnés galopent follement à travers cette cohue.

— Messieurs, crie l'adjudant major, il y a une révolution: le gouvernement est renversé! Un nommé Cluseret, général américain ou prussien, est nommé commandant de toutes les armées de terre et de mer; on dit qu'il faut réunir nos hommes et marcher sur Lyon.

— Des hommes!... et où voulez-vous que j'en prenne?

— Prenez les sous-officiers, les postes, les plantons, la garde, tout ce qui se trouve; et, à Lyon!...

La route est encombrée de voitures, de charrettes, de

camions ; partout, des familles qui fuient, emmenant leurs enfants, emportant leurs valeurs et leurs bijoux. A l'entrée des faubourgs, nous trouvons un bataillon de mobiles dans un état d'effervescence impossible à décrire. Envoyé pour rétablir l'ordre, il s'est révolté lui-même, et chaque compagnie forme une espèce de club. Les mobiles viennent de voter qu'ils voulaient coucher dans des lits, toucher double solde et obéir dans la mesure de leurs droits de citoyens.

— Obéissez ! je suis votre capitaine, crie une voix.

— Notre capitaine ?... c'est nous qui vous avons fait, nous pouvons bien vous défaire !

Là-bas, s'avance un homme en béret rouge portant au bout d'une perche une immense pancarte couleur de sang qu'il fait lire à la foule. — Citoyens, la révolution triomphe et le général Cluseret est établi à l'hôtel de ville ; voici les décrets :

Art. 1ᵉʳ. — L'État est aboli, et le peuple rentre en pleine possession de lui-même.

Art. 2. — Les tribunaux criminels et civils sont suspendus et remplacés par la justice du peuple.

Art. 3. — On lèvera un impôt progressif de deux cents millions ; les richards qui ont abandonné la ville sont tenus d'y rentrer sous peine de mort.

Art. 4. — Tous les officiers de l'armée sont destitués et on publiera le nom des fonctionnaires qui ont servi l'empire.

Nota. — *On en tuera autant qu'on pourra.*

Au même instant, un magistrat se précipite au devant de la compagnie de chasseurs. — Messieurs, notre préfet est prisonnier d'une bande de factieux. Il n'y a pas un instant à perdre ; marchez à son secours !

Le capitaine hésite, regarde... — Mais je vous reconnais ; c'est vous qui nous avez fait lever la crosse en l'air le 4 septembre ? Alors, vous me disiez que le peuple était sacré ; pourquoi voulez-vous me faire tirer sur lui aujourd'hui ?

— Ce n'est pas la même chose...

— Mon capitaine, ne bougeons pas, dit le sergent-major. J'arrive de la place des Terreaux, le nouveau gouvernement est installé à l'hôtel de ville. Vous savez la théorie que nous a faite M. le préfet : Quand c'est à l'hôtel de ville, il faut obéir.

— Mais, ce sont des factieux...

— De quoi ?... des factieux ? s'écrie un ouvrier. Quand, à la nouvelle de Sedan, vous êtes venus nous chercher pour enlever le gouvernement, vous étiez bien contents d'avoir des factieux avec vous ! La révolution n'était pas seulement commencée à Paris ; c'est nous, le peuple de Lyon, c'est nous, les premiers, qui avons eu l'honneur de proclamer la République ! Et nous avons risqué notre tête pour vous suivre ; et même que c'est moi qui ai mis la main sur le procureur impérial. Te rappelles-tu, Ugène ?

— Mais, mes amis, il s'agissait alors de ces misérables de Décembre !...

— Eh bien ! maintenant, puisque le gouvernement que

nous avons mis là nous trahit, il faut bien le changer encore!

— Eh, malheureux! Vous oubliez donc l'étranger qui
s'avance?...

— Ah oui! c'est toujours la même rengaîne! Quand la
réaction veut qu'on la laisse faire, elle vous présente l'é-
tranger. Eh bien! est-ce qu'il n'était pas là le 4 septembre,
l'étranger, quand vous êtes venus nous chercher? Seulement vous vouliez faire l'affaire pour vous seuls! Et maintenant que le peuple voit qu'on le trahit, vous voulez
l'endormir encore!

Le magistrat va de l'un à l'autre, cherchant à les con-
vaincre; l'officier semble ébranlé... la sueur perle sur son
front — Sang Dieu! pour un brave soldat, c'est un vilain
pays!... Je vais demander à retourner en Afrique; car, là,
au moins, il n'y a que les Arabes; on ne peut pas se
tromper, et on sait où est le devoir!

En ce moment la nouvelle se répand que, par un décret
du général Cluseret, la machine gouvernementale est définitivement abolie. Le général accepte le commandement
et ne demande que cinquante millions pour chasser l'é-
tranger.

— Vive le général! vive le général! crie la foule.

Mais la suppression de la machine gouvernémentale
jette un trouble impossible à décrire. La nouvelle vole de
bouche en bouche; bourgeois et boutiquiers fuient avec
épouvante. Un soldat qui semble ne pas comprendre, interroge autour de lui :

— Eh bien! c'est pas difficile! Il n'y a plus rien, quoi! il n'y a plus ni prison, ni ours, ni cachot; c'est le soldat qui est maître!

Roger fait un mouvement...

— Ne bougez pas, messieurs, nous dit un officier d'état-major, l'ordre est que vous restiez ici; la moindre menace pourrait causer les plus grands malheurs.

Mais bientôt de nouvelles hordes envahissent les faubourgs et la place n'est plus qu'une mer houleuse de blouses, de fusils et de drapeaux. Un homme, debout sur une charrette, la poitrine nue, les cheveux en désordre, commence une proclamation à la foule. — Citoyens, dit-il, en agitant un lambeau pourpre, le vieux monde est anéanti, et voilà désormais le drapeau de l'humanité : le rouge!... le rouge, qui est la couleur naturelle de la République! la couleur du soleil, du feu, de la nature, de la civilisation! la couleur divine! Apollon l'adorait!

— Vive la République! vive la République!

— ... La peine de mort est abolie, au nom du grand principe républicain; *mais on doit faire une exception en faveur des traîtres.* La Convention n'attendait pas que le crime eût été commis : elle faisait guillotiner les réactionnaires avant que la pensée de la trahison eût germé dans leur esprit.

— Vive la République, vive la République!

— ... Quant aux Prussiens, ne les redoutez pas!

le jour où ils se verront en face de la révolu tion, ils s'arrêteront!...

Mais on ne s'entend plus. Il s'est fait un mouvement dans la foule, et voilà de terribles clameurs! Ce sont des religieux que l'on vient d'arracher d'un couvent voisin, et qu'on traîne à travers les rues. — A la Saône! Jetons-les dans la Saône!... crient des hommes demi-nus, agitant des crucifix, des chandeliers, des ciboires; d'autres jonglent avec des ossements, tandis qu'un ouvrier brandit un squelette, et semble en jouer comme on joue d'un instrument.

Cependant des cris désespérés percent à travers cette tempête... C'est un homme qui se traîne en pleurant après un cercueil que la foule veut arracher des mains des prêtres.

— Pitié! pitié! c'est le corps de mon pauvre frère!...

Il est reçu par les rires et les huées...

— Fouillez-le! il doit y avoir là-dedans des armes et de l'argent cachés!...

L'infortuné se traîne en sanglotant à leurs pieds... *La foule se précipite, la bière est ouverte, on déchire le linceul, on décroise les mains, on arrache le crucifix.*

— *Secouez-le! secouez-le!... Qui sait s'il ne fait pas le mort!...*

... Et le cadavre, à moitié sorti de la bière, est entraîné au milieu des cris et des chants de la *Marseillaise.*

Les heures se passent, la foule s'écoule confusément du côté de l'hôtel de ville... la nuit est venue, et nous restons là, n'ayant pas de soldats, attendant les nouvelles et ne sachant toujours rien. De temps en temps des voitures roulent emportant des familles qui s'enfuient de cette ville en feu. — Partez, partez... tout est perdu ! Le préfet est prisonnier ! le général est dans un cachot ! Il n'y a plus que la Commune avec un chef prussien ; les massacres vont commencer !...

Au loin, nous voyons passer des torches, nous entendons le tocsin, le roulement des tambours, des clameurs, des bruits confus... puis, peu à peu... peu à peu... tout s'apaise comme la voix de l'Océan le soir de la tempête.

Combien de temps sommes-nous restés ainsi, je ne saurais le dire. Nous y serions encore si Tartas n'était arrivé, le visage radieux : Bonne nouvelle, mes amis ! la sagesse du peuple vient de sauver la République ! Ce sont les bataillons de la garde nationale, oui, les bataillons de la Croix-Rousse qui ont délivré le préfet et rétabli l'ordre. Il n'y a pas eu de sang répandu !... Un peuple qui se conduit de la sorte saura bien chasser l'ennemi !... Nous allons bientôt partir, le régiment est désigné.

Et, réunissant nos quelques cavaliers, nous nous remettons en route, — Mon ami, dit Goulard, cela est en effet admirable ; mais vous annoncez que nous allons partir, et il y a une chose que vous oubliez : c'est que nos harnachements n'ont pas de sangles, nos sabres n'ont pas...

— En vérité, Goulard, vous répétez éternellement la même chose, et c'est une fatigue qui n'est pas supportable. Que font donc vos ouvriers pour que vous n'ayez encore rien ?

— Ce qu'ils font ?... Mais, depuis que la République est là, mon ami, ils font ce que vous leur avez vu faire aujourd'hui !

CHARLES.

XI.

ARRIVÉE DE GAMBETTA.

20 octobre, près Lyon.

Mon cher ami,

Si je ne t'écrivais plus depuis quelque temps, c'est que le courage me manquait un peu. Malgré l'énergie de notre colonel, tous nos efforts étaient paralysés ; nous n'arrivions à rien. Les officiers envoyés au ministère racontaient, au retour, qu'ils avaient trouvé là deux vieillards, MM. Crémieux et Glais-Bizoin, dont l'un nommait les généraux et l'autre les évêques ; que c'était lamentable, et qu'il ne restait plus d'espérance. De tous côtés, les nouvelles étaient mauvaises : c'était le désordre, l'anarchie, le chaos, et on sentait un pays frappé d'impuissance qui restait étendu sous les pieds de l'ennemi.

Quand, tout à coup, la nouvelle s'est répandue que Gambetta était tombé du haut des airs après avoir fait un pacte avec la victoire ou avec la mort ! — Debout ! debout !...

et à sa voix la France engourdie se réveille. Elle se dresse
et se lève pour chasser l'oppresseur.

— Debout et à l'œuvre ! crie-t-il ; des hommes ! des
hommes !

— Mais nous n'en avons plus.

— Faites-en ! il me faut des soldats !...

Et on enlève le paysan à la charrue, l'ouvrier à l'atelier ;
on prend tout, jeunes et vieux, réformés et malades,
échappés de Sedan et conscrits.

— Mais, que ferons-nous de cette multitude ? nous n'a-
vons plus de cadres, plus d'officiers !...

— Nommez-en !...

Et on nomme tout ce qui se trouve : sergents et caporaux
admissibles à Saint-Cyr, et refusés à l'Ecole polytechnique ;
personne ne sait jamais le grade qui l'attend le soir. Lieutenant en second depuis hier, je suis lieutenant en
premier ce matin. Pour les états-majors, on appelle ingénieurs, sous-préfets, avocats, journalistes, Italiens, Vala-
ques et Polonais...

— Mais, s'écrient les vieux généraux, ce sont des
soldats qui ne savent rien, conduits par des officiers qui
n'en savent pas davantage, et dirigés par des chefs qui en
sauront encore moins...

— Eh ! ils apprendront le métier devant l'ennemi !
Comment faisaient nos pères en 92, alors qu'ils partaient
en sabots pour aller défendre le sol de la patrie ? Ayons
l'audace, jurons de vaincre, et nous serons sauvés !

Et quand les conseils municipaux viennent le féliciter :

— Trop de paroles, répond-il, trop de paroles ! Ce n'est pas l'heure de discourir ; il faut agir...

On va faire la guerre de partisans, couper les convois, harceler l'ennemi, l'inquiéter sans trève ni relâche. Voici des décrets par lesquels, sous peine de mort, il est défendu à un chef d'armée de se laisser surprendre ; et désormais les généraux ne devront rentrer que morts ou victorieux !

— C'est étrange, me dit Sainte-Croix ; je n'aimais pas cet homme, mais je viens de revoir ces contrées qui naguères étaient engourdies dans leur stupeur et leur effroi... tout se réveille ! la France se lève ! Là où cet homme a passé, il communique le feu qui dévore son âme ! On sent flotter dans ses paroles je ne sais quoi de puissant et d'inconnu. Il a une manière vague et violente de parler qui embrase tout sur sa route ! A sa voix, les obstacles tombent, les légions sortent de terre...

Et toi, cher frère, ne me dis rien... Ne me dis pas que cet homme est un révolutionnaire, que tu l'as vu jadis dans les clubs. En ce moment, c'est un apôtre, c'est Pierre l'Ermite prêchant la croisade contre les Prussiens. Tout le monde se rallie à lui : zouaves du pape, Vendéens, généraux de l'empire... car, pour nous tous, cet homme, c'est la France ! Et puis, vois-tu, nous attendions quelqu'un ! Depuis Frœschviller et Sedan, depuis toutes ces horreurs, nous avions ce vague instinct que ce n'était pas possible, que cela ne pouvait durer ainsi, que la France ne pouvait rester sous la honte de cette capitulation, et que Dieu nous enverrait un homme.

Eh bien ! mon ami, cet homme, c'est lui ! Aussi, tous,

6

nous accourons à sa voix. Nous lui sacrifions nos opinions,
nos répugnances ! nous lui obéirons aveuglément, nous le
suivrons au bout du monde! Pour moi, je ne me reconnais
plus ; je sens que je dis des choses que j'ignorais hier ; je
fais des discours à mes soldats qui les électrisent, et qui
m'étonnent moi-même ! — Viens, viens! me dit Tartas...
Et je vais et je marche, et un souffle inconnu m'emporte!...
Et chaque jour je vois de nouvelles légions apparaître :
les Cavaliers de la République, avec leur costume pourpre et or ; les Enfants de la Révolution, noir et argent ;
les Vengeurs de la Mort, drapés dans leur sombre et
superbe manteau ; puis les Ours des Pyrénées, les Éclaireurs de la Liberté, les Guérillas du Rhône, les Dragons
du Désespoir !... Je vois passer ces têtes énergiques et
fières, ces turbans, ces casques, ces bérets... il règne
dans ces troupes un feu, une ardeur inconnue !

Un ballon vient d'apporter des nouvelles de Paris.
L'héroïque ville est résolue à tout ! Après les forts, l'enceinte ; après l'enceinte, les barricades ! Ce sera le siége
de Saragosse ; on empoisonnera la Seine, on lancera des
bombes asphyxiantes, on incendiera par le pétrole, et, s'il
le faut, on fera sauter Paris, on s'ensevelira sous ses
ruines comme Herculanum...

— Vive Paris! vive la République !

Un homme apparaît sur le balcon de l'hôtel de ville :
— Citoyens, vous connaissez l'insolente proposition de
Bismarck? Jurons de résister jusqu'à la mort! Si les
armes nous sont contraires, nous reculerons vers le
Midi ! si on nous poursuit, la France montera sur un na-

vire et traitera de la paix sur l'Océan... mais jamais elle ne cédera l'Alsace !

— Nous le jurons! crient tous les assistants.

Et, Vengeurs de la mort, Cavaliers de la République, Dragons du Désespoir, commencent à défiler... les armes étincellent au soleil !..

— Voyons, s'écrie une voix, est-ce que les soldats prussiens, ces machines vivantes, engourdies dans leur discipline, pourront jamais tenir devant de tels hommes ?

— Jamais, jamais!

— Il y a quelque chose de plus fort que la discipline, c'est le feu sacré du patriotisme! Il y a quelque chose de plus terrible que les canons Krupp, c'est un peuple qui se lève pour défendre sa liberté! Si les Prussiens continuent leur marche impie, le sol de la patrie s'entr'ouvrira pour les engloutir !

— Vive la République !

Au même instant, apparaît un canon couvert de fleurs et de couronnes de chêne. Une foule immense le suit en agitant des drapeaux pourpres. — Jurons, crie l'orateur, que, sans trêve ni relâche, chacun, dans la mesure de ses forces, les riches en donnant leur or, le pauvre en donnant son salaire, nous n'aurons qu'une pensée : forger les fusils, fondre des canons, armer des soldats... Et que jamais la France n'abandonnera l'Alsace !...

Les tambours battent aux champs, les drapeaux s'agitent, les soldats entonnent la *Marseillaise*... et nous suivons la foule... Près de moi, j'aperçois une tête blanche coiffée d'un képi. — Comment! c'est vous, père Briffaut ?

— Eh! oui, lieutenant, je vais partir! je ne puis plus résister! mon gendre, mes enfants, mes neveux, nous partons tous !

— Tu sais ? me crie Sainte-Croix, l'oncle de Ploërmel arrive avec une légion de Bretons! Ils ont demandé à s'enrôler sous la bannière de la Vierge, et Gambetta leur a dit : « Allez!... » la Vendée, la Bretagne, toutes nos provinces se lèvent !...

Tiens, cher frère, je ne connais pas cet homme, mais, après ce qu'il vient de faire, je le suivrai au bout du monde; et s'il sauve la France, je suis républicain pour la vie!...

XII.

LA CAPITULATION DE METZ.

Près Lyon, 30 octobre.

Mon cher ami, ce matin le trompette a sonné le réveil en fanfares. Nous devions monter à cheval avec les quelques hommes que l'on a équipés dans le régiment. Il faisait une matinée adorable ; il y avait de la transparence dans l'air ; un souffle tiède nous caressait le visage ; les coteaux du Rhône avaient ces lueurs dorées, avec ce je ne sais quoi de mélancolique des derniers beaux jours d'automne. Devant cette nature si calme, si paisible, si radieuse, il semblait que les ruines et les dévastations de la guerre n'étaient vraiment plus possibles.

Puis que te dirai-je ? Après tant de douleurs, je sentais en moi comme un instinct de vie, comme un besoin impérieux d'être heureux quand même... une lassitude de tristesse et de souffrance... je ne sais quel désir nerveux de secouer ce qui nous écrase depuis des mois, et de me donner tout entier à cette espérance que Gambetta a fait renaître !...

On part au trot ; le soleil brille sur les sabres ; la colonne serpente le long du coteau. Toutes ces figures joyeuses voltigent autour de moi ; puis, les fanfares de la marche, les chansons des hommes, et tout à coup un refrain : *La Mouker razia bono...* La *Mouker !* que nous chantions jadis à travers l'Italie, et que je n'avais pas entendue depuis dix ans !... Non ! je ne saurais te dire !... quand j'ai entendu cela, je tremblais d'émotion, j'avais vingt ans, je galopais près de mes soldats, je sentais un souffle de jeunesse qui m'emportait... je revoyais les rives du Mincio, le lac de Garde, les rochers de Sarzane !...

Peut-être, lorsque la colonne s'arrêtait et que nous restions quelque temps immobiles, peut-être me semblait-il que l'horizon s'obscurcissait un peu, et que le fardeau de la réalité retombait sur mes épaules... mais bientôt, on repartait au trot, je hélais mes hommes et nous courrions le long du Rhône en répétant le refrain de la *Mouker razia bono...*

Nous avons campé dans un champ ; nos soldats ont mis les armes en faisceaux, dressé les tentes, allumé des feux ; et Hirscher, ravi de retrouver enfin un peu d'ordre et de travail, a fait la théorie aux conscrits. Montcalm

6.

entouré de ses hommes, dressait lui-même sa tente. — Allons, messieurs, disait-il, faites comme moi : nous n'avons plus de sous-officiers, mettons la main à la pâte.

Et chacun y allait gaiement. A genoux nous tendions les cordes, les conscrits tiraient comme des enragés, et quand la corde cassait, on les voyait tomber à la renverse, aux grands éclats de rire de la mère Bachut qui préparait dans le fossé un immense frichetis. Montcalm semblait radieux. — Ca va bien! ça va bien! disait-il; quand je vous dis que ces enfants-là ne demandent qu'à marcher. Nous en ferons de braves soldats ! Allons la mère ! j'offre le café et le schnick à tout l'escadron.

Que te dirai-je ? la matinée s'est passée ainsi. Nous sommes rentrés au trot; les conscrits accrochés à la crinière comme des singes ; autour d'eux, piquets, bidons et marmites, mal ajustés, faisaient un bruit terrible ; mais, on sentait la bonne volonté, on sentait un peu de discipline... et en arrivant dans le faubourg, nous chantions tous en chœur : la *Mouker razia bono !...*

A peine rentré dans ma chambre, je saisis ma carte et me voilà piquant mes drapeaux avec plus d'ardeur que jamais.

... Tout à coup, la porte s'ouvre ; j'aperçois Montcalm... Son visage a quelque chose de si lamentable, ses traits sont si bouleversés, que je me lève comme un ressort, pendant qu'il reste immobile sans prononcer une parole. Derrière lui, entre Roger, qui se tient debout, la tête dans ses mains. Je les regarde tous les deux... j'aurais voulu m'enfuir pour ne pas savoir!... En ce moment, les cloches de l'église sonnent dans le lointain. — Oui, c'est cela, dit Montcalm, dimanche! toujours un dimanche!...

— Mon ami, me dit-il après un silence, il y a trois mois, la France apprenait la déroute de Frœschviller et l'invasion. C'était un dimanche, n'est-ce pas?... Un mois après, un autre dimanche aussi, la France apprenait le désastre de Sedan... Eh bien! savez-vous ce qui se passe? Entendez-vous ces rumeurs?... C'est la capitulation de Bazaine! Cent quatre-vingt mille hommes qui se sont rendus à l'ennemi avec la forteresse de Metz, nos canons, nos drapeaux, notre honneur!... La France n'a plus d'armée! La France n'a plus de soldats! Tout est fini!...

Je restais en face de lui, le regardant comme dans un rêve!... Il y avait autour de moi des personnages que je n'avais pas vus entrer. L'aumônier parlait, je l'écoutais sans répondre et je ne m'étonnais pas de le voir sans comprendre comment il était là!

— Du calme, disait-il, du calme, la vie est une lutte; il y a des épreuves qu'il faut accepter.

— Une lutte, criait Montcalm! Ah! ce n'est pas la lutte qui nous effraye! Nous avons chargé sept fois à Frœschviller nous avons combattu trois jours à Sedan, nous sommes venus nous mettre sous les ordres d'un gouvernement exécré!... Et maintenant il n'y a plus d'armée! plus d'espoir! tout est perdu! même l'honneur!...

Il allait et venait dans la chambre, jetant ses paroles sans ordre et sans suite. « Non! c'en est trop; il semble que

rien ne peut plus nous arrêter et qu'on ira jusqu'au fond
de l'abîme! Toujours on espère, on s'accroche à une
branche; elle se brise, et l'on roule plus bas!... Plus
bas, toujours plus bas! c'est une vision d'Edgard Poë!...
Parfois on se dit : Mais, je vais me réveiller à la fin,
c'est impossible : Frœschwiller!... Sedan!... La France est
toujours la grande nation! l'armée française, la première
du monde! Et puis, alors... c'est la capitulation de Metz!...

» Mon Dieu! qu'avons-nous pu faire pour mériter un
tel châtiment? Nous étions légers, amollis, corrompus
peut-être?... mais, enfin, depuis les destructions des empires d'Orient, jamais si effroyable cataclysme n'a croulé
sur un peuple! Et puis, Dieu ne nous y avait pas préparés
comme il a préparé nos pères à la Bérésina et à Waterloo!
Non! c'est en pleine paix, en pleine prospérité!... La France
s'était endormie au milieu des fêtes et des plaisirs...
Tout à coup, elle se réveille... elle est au fond de l'abîme!...

» Et puis, tenez, monsieur l'abbé, je vais vous dire
une chose : je crois que j'aimais trop mon pays; j'en
étais trop fier. Quand, jadis, je traversais l'Europe, j'étais
trop heureux de dire que j'étais Français. Mon pays était ma
gloire, je lui aurais tout sacrifié. J'envie ceux qui ont
placé plus haut leur amour et leur orgueil ! Vous êtes
heureux, monsieur l'abbé, car cette terre est décidément
une triste chose!...»

Et il a continué longtemps ainsi... La chambre s'était
peu à peu remplie. Je ne distinguais personne. A travers
la porte entre-bâillée il y avait des têtes qui apparais-

saient... Au loin des rumeurs indistinctes, un bruit confus.

De temps en temps, je regardais machinalement dans la rue; je voyais les passants, les curieux, et tous ces êtres que l'on retrouve toujours à la nouvelle d'un malheur, qui se tenaient entassés autour de la maison.

Puis, la rumeur grandit, et bientôt voilà des bandes qui se mettent à hurler sous les fenêtres. Ces cris semblent réveiller Montcalm : —Messieurs, dit-il passant la main sur son front, il ne faut pas se laisser abattre, et nous devons lutter jusqu'au bout. Voilà cent quatre-vingt mille hommes que nous perdons encore, raison de plus pour travailler nuit et jour à refaire des soldats...

Mais déjà la foule se précipite ; on entend des cris.

— A bas les officiers! A bas les traîtres ! A mort! à mort!

Sainte-Croix arrive pâle comme un spectre, les cheveux en désordre. — Vous ne savez pas les nouvelles ? dit-il ; le ministre de la guerre a ordonné de lire à tous les appels le récit de la trahison du maréchal Bazaine. Les soldats se révoltent, le peuple s'ameute, on redoute les plus grands malheurs ; la populace m'a poursuivi jusqu'ici en vociférant contre moi. Écoutez ! écoutez !...

— A bas les traîtres ! à bas les capitulards!

Peu à peu, les cris augmentent ; des bandes de soldats et d'ouvriers passent bras dessus bras dessous, hurlant la *Marsaillaise*, et vociférant des cris de mort !

— Vive la république ! A bas les officiers de décembre!

— Messieurs ! crie Tartas, on sonne le rappel ; l'escadron va se rendre à Lyon, où le gouvernement est sérieusement menacé !

— Et qui voulez-vous faire monter à cheval ? répond Goulard. Nos hommes voudront-ils nous suivre, maintenant que le ministre de la guerre vient de leur apprendre que leurs chefs sont des traîtres et des lâches ?... Ils m'ont menacé tout à l'heure ! Allez-y donc vous-même !

— Messieurs, dit Montcalm, suivez-moi au quartier.

Nous parcourons les cours, les écuries, les chambrées, hélant les soldats, les haranguant.

— Vive la République ! à bas Badingue ! à bas les traîtres ! crient tous ces hommes qui, jetant brides, couvertes et harnachements, dégringolent les escaliers et se précipitent à travers les rues pour rejoindre la manifestation.

Au bout d'une heure, nous avons réuni quelques cavaliers, des anciens soldats, des rappelés de la garde, et nous passons au galop à travers cette foule, poursuivis par les quolibets, les huées et les outrages. Arrivés dans les faubourgs de Lyon, un officier d'état-major accourt au devant de nous. — N'avancez pas, s'écrie-t-il, vous seriez mis en pièces ! L'ordre formel est de ne pas bouger ; la moindre imprudence peut amener des massacres.

Alors, on nous range en bataille derrière les murs d'une usine, et nous nous retrouvons à cette même place où déjà nous avons subi tant d'opprobres ! Au loin on voit s'agiter des torches, on entend des clameurs, le son des cloches, le roulement des tambours, et il nous semble que rien n'est changé depuis les émeutes de Cluseret.

Un mobile, grimpé sur une charrette, lit une proclamation à la foule : « Le comité de Lyon vient de décréter

» une nouvelle organisation hiérarchique et autoritaire
» de l'armée. Tous les officiers ayant servi l'empire ne
» pouvant être de sincères défenseurs de la République,
» les soldats ont le droit de les déclarer déchus de leur
» grade. »

Peu à peu, la nouvelle se répand : mobiles et soldats
quittent les rangs, jettent leurs sacs à terre. — Vive la
nouvelle hiérarchie! à bas les traîtres! à bas les lâches!.

Au même instant, une voiture s'avance; escortée par
une populace en furie. Un général en cheveux blancs,
renversé dans cette voiture, cherche à se dérober aux
outrages de la multitude. De temps en temps, on arrête
les chevaux, et des hommes, une torche à la main, éclairent ce vieillard que la foule accable d'invectives : — A la
Saône! à la Saône!

Roger veut s'élancer au secours du général.

— Que faites-vous? dit une voix ; c'est par ordre du
gouvernement. On vient de recevoir des nouvelles de
Grenoble, de Valence : partout les généraux sont arrêtés
et jetés en prison !

— Croyez-moi, messieurs, dit Tartas, cette dépêche
n'est point de Gambetta! Il y a là quelque manœuvre
prussienne que nous saurons un jour.

Ces paroles sont entendues; des ouvriers se rapprochent
et nous entourent. — Officiers de décembre ! lâches ! capitulards! traîtres! assassins!

Roger devient livide, et met la main sur la garde de
son épée. Montcalm l'arrête : — Roger, dit-il à voix
basse, ne bougez pas, mon ami !

— Mais enfin, que nous veut-on? Nous nous sommes battus à Frœschviller, à Sedan; nous revenons ici nous battre sous les ordres de qui on voudra. Pourquoi le ministre de la guerre nous désigne-t-il au mépris de nos soldats et à la rage de la populace ?

— Roger, dit Montcalm, supportons tout pour éviter la guerre civile; et soyez sûr qu'en nous laissant traiter ainsi par ces misérables, nous aurons mieux mérité de la patrie qu'en chargeant sur le champ de bataille.

Les heures et les heures se passent; nous restons là, attendant sur la place, Puis, peu à peu, les rumeurs s'éteignent; et, venus sans ordre, nous repartons de même à travers cette ville en feu. En route, un officier nous affirme que les Prussiens marchent sur Lyon et que le danger est imminent.

— Ah! ils peuvent bien venir! s'écrie Sainte-Croix avec fureur; les trente mille ouvriers chargés des fortifications n'ont pas encore remué une pelletée de terre! Quand l'ennemi apparaîtra, ils grimperont sur la Croix-Rousse, et, pour l'arrêter, ils feront, comme les Chinois, un grand bruit de tamtam avec chant de la *Marseillaise* et agitation de drapeau rouge!... Quant à moi, ajoute-il, je ne sais ce que vous en pensez, mais tout ce que je puis vous dire, c'est que je commence à être passablement dégoûté!

— Sainte-Croix, dit Montcalm, quand l'étranger est là, on n'a pas le droit d'être dégoûté. Messieurs, voici encore une journée perdue; raison de plus pour tra

vailler! Je vous attends demain à sept heures au manége.
Quoi qu'il se passe, continuons à faire notre devoir, et
je vous l'ai déjà dit, messieurs, un jour viendra où chacun
sera jugé selon ses œuvres.

CHARLES.

<hr/>

XIII.

DÉPART DE LYON.

15 novembre.

Mon cher ami,

Depuis ma dernière lettre ç'a toujours été la même
chose : une suite de découragements et d'espérances ;
cette espérance qui renaît sans cesse, malgré les désastres, malgré les émeutes, malgré tout !... Peut-être,
aurions-nous fini par nous laisser abattre, si notre colonel
n'avait montré une indomptable énergie. Cet homme est
véritablement extraordinaire ! rien ne le rebute, rien ne
le décourage. Dès que les émeutes nous le permettent, de
suite il fait travailler ses hommes; et jusqu'ici les occasions
ont été rares, car le peuple de Lyon nous a laissé bien
peu de loisirs !

Depuis la dépêche de Gambetta, surtout, ç'a été terrible... Nous n'osions plus traverser les rues ; partout
nous étions insultés, et quand nous voulions répondre :
Mais c'est votre ministre de la guerre qui nous apprend

7

que vous êtes des traîtres et des lâches !... Tartas persiste
à dire que cette dépêche n'est pas de Gambetta ; qu'il y
a là quelque manœuvre prussienne, et qu'il ne faut pas
exaspérer l'héroïque population lyonnaise. C'est de l'égarement patriotique, dit-il... Et, en effet, cher frère, il doit
y avoir là de l'égarement : car les Prussiens ont beau s'a-
vancer, marcher sur Dijon, le peuple ne s'en soucie point
et ne songe qu'à fêter sa République. Et même, à mesure
que les Prussiens approchent, les représentations deviennent plus joyeuses et plus bruyantes ; et parfois, c'est un
contraste si étrange entre cet ennemi qui s'avance et les
chants qui retentissent, qu'il y a des instants où je me
demande si depuis Frœschviller j'ai retrouvé ma raison,
ou si Dieu ne nous a pas pour jamais abandonnés !...

Les choses en étaient là, quand tout à coup la nouvelle
se répand que Gambetta vient d'apparaître dans la ville !
Nos troupes sont victorieuses à Coulmiers ! Orléans est
repris.. Nous avons enlevé des canons, deux mille prisonniers ! c'est un enthousiasme indescriptible !...

— En avant ! crie Gambetta. En avant pour délivrer
Paris !

— Mais nous ne sommes pas prêts, répondent les chefs
de corps.

— Eh ! vous achèverez de vous préparer sur la grande
route ! Que voulez-vous ! Des hommes ? En voilà ! Des
mitrailleuses, des fusils ? Je vais vous en donner !

— Mais c'est impossible ! Nous n'avons pas de cadres,
pas d'organisation, rien.

— Eh ! vous vous encadrerez sur le champ de bataille.

C'est sous le feu de l'ennemi que l'on forme le mieux son régiment. Mais partez, partez de suite !... Qu'est-ce que c'est que toutes ces manifestations ? Je ne veux plus d'un pareil désordre ! la place des soldats n'est pas aux clubs. Il est insensé de leur faire nommer leurs officiers. Tout cela c'est de l'indiscipline !

Et alors, il a créé des cours martiales qui jugeront en vingt-quatre heures. Il a fait délivrer le préfet et les généraux prisonniers. La populace l'a menacé ; sa tête est mise à prix dans le Midi ; mais nous sommes là pour le défendre !... Ah ! cher frère, comme en un instant nous reprenons à l'espérance ! Emeutes, outrages, tout est pardonné, tout est oublié ! Nous ne pensons qu'à notre cher pays, à notre pauvre Alsace !...

On vient de créer un régiment avec des anciens de la garde, des échappés de nos désastres, des cavaliers superbes ! Dès que les escadrons de guerre ont été formés, le colonel nous a réunis et a prononcé quelques-unes de ces paroles dont lui seul a le secret. Sainte-Croix, qui décidément est un peu jeune et imprudent, s'était laissé aller à des récriminations singulièrement regrettables :

— C'est dur, avait-il dit, d'obéir à ce M. Gambetta ; et je vous trouve bien enthousiastes, messieurs! Il va rétablir la discipline, dites-vous ? Et qui donc l'a détruite ? Il va fermer les clubs ? Et qui donc y a traîné l'armée ? Il va créer les cours martiales ? Et qui donc a fait révolter nos soldats contre nous?... Il a tout désorganisé pour monter au pouvoir, et maintenant qu'il y est arrivé, il nous dit : Je veux de l'ordre !... Après tant d'insultes et d'outrages, il est bien heureux de nous avoir pour le protéger contre ses propres amis, et pour le suivre dans ses armées où, jusqu'ici, je cherche toujours des républicains !

— Silence, Sainte-Croix, a dit le colonel ; je vous défends de parler de la sorte. Vous savez que j'ai interdit dans mon régiment un seul mot de politique. Les Prussiens seuls peuvent se réjouir de semblables paroles.... Nous avons un ministre de la guerre ; je ne veux même pas savoir son nom, je ne connais qu'une chose : l'ennemi à combattre, l'Alsace à sauver ! Tous les ordres que mon ministre me donne dans l'intérêt du service, je les exécute. Nous sommes soldats : notre devoir est d'obéir !

Et il a parlé longtemps ainsi. Ah ! cher frère, tu ne saurais t'imaginer ce que peut un colonel, et quelle ardeur il communique autour de lui ! Et puis, nous ne demandons qu'à oublier, nous autres !...

. . . .

Mais depuis Coulmiers, les événements se précipitent ; les dépêches nous arrivent, les ordres se succèdent, ou plutôt ils croulent sur nous !... Le colonel avait demandé quarante-huit heures... le ministre a ordonné de nous embarquer de suite.

Déjà le boute-selle est sonné : Berton et moi nous sommes là, affolés, serrant les courroies, attachant les porte-manteaux... Il n'y a plus qu'un instant ; je m'agite au milieu d'un groupe d'ouvriers et de curieux... la mère Briffaut et ses enfants qui m'apportent des conserves, des biscuits, des tablettes de chocolat.... je remplis mes poches, mes fontes, mes bissacs...

— A cheval ! à cheval ! crie le commandant.

Je boucle à la hâte ma peau de bique, je mets mon astrakan, je chausse mes bottes fourrées ; je suis comme un ours, un peu plus large que haut. On me hisse sur l'*Odyssée*, et en route ! Ah ! mon Dieu ! et ma cantine que j'oubliais ! et mes revolvers !... attachez la corde, donnez-moi les entraves !...

Le trompette sonne !... — Adieu, mes amis, adieu, mère Briffaut ! nous allons délivrer Paris !... Femme et enfants se pendent après nous ; la foule nous escorte, partout des drapeaux; et des chants de victoire ! — Eh bien ! dit Tartas, les grands jours sont donc enfin venus ! Voyez-vous, Bernard, ce qu'il fallait à la France, c'est une victoire !

Et Tartas a raison : depuis cette victoire de Coulmiers, c'est comme une magie !... plus de divisions, plus de haines politiques ; la France se retrouve !

Nous traversons les faubourgs au grand trot ; ces faubourgs où nous avons tant souffert ! où nous avons été tant insultés !... En passant le long des chantiers, nous sommes acclamés comme nous l'étions à Paris au début de la guerre. Sur ces terrains vagues, où les travaux de défense ne sont pas encore commencés, des centaines d'ouvriers sont là : les uns réunis dans des espèces de clubs, les autres couchés sur le talus, d'autres attablés à des buvettes en plein vent. Ils se soulèvent. — Vivent les braves ! vivent les braves ! s'écrient-ils, agitant des drapeaux ; puis, ils nous font un dernier signe, et se remettent à boire et à chanter.

Arrivés sur la place, il y a un certain encombrement, et la colonne est forcée de s'arrêter : des hommes sortent d'une maison, traînant après eux des séminaristes enchaînés. C'est une descente dans un couvent. — Allez ! mes amis ; faites votre affaire ! Nous autres, nous nous chargeons des calotins ! nous n'en laisserons pas un seul de ces gredins-là ! Allez ! allez ! soyez tranquilles ! nous resterons jusqu'au bout pour les dénicher et combattre la réaction !

— Oh ! nous sommes tranquilles ! répond Sainte-Croix...

Et nous repartons au trot au milieu des acclamations. Du haut de leurs échelles, les ouvriers qui grattent les insignes de Décembre se retournent pour crier : Vive la République ! vivent les soldats !

— Citoyens, crie un orateur grimpé sur les marches d'une espèce de club, citoyens, voyez ce qui se passe : la République n'a eu qu'à frapper du pied, et une armée est sortie de terre ! Nous autres, nous allons déchaîner sur l'étranger la révolution que nos pères ont déjà lancée sur l'Europe ; et si les barbares ne s'arrêtent pas, nous dirons au sol de la patrie de s'entr'ouvrir et de se refermer sur eux !

— Oui ! oui !... Vive la République !... En avant les braves ! crie la foule.

Et les drapeaux s'agitent et les chants de la *Marseillaise* remplissent la ville entière et vont retentir dans les cellules des prêtres et des gendarmes, qui, ayant déjà entendu ces acclamations au lendemain de Sedan, se demandent si c'est une nouvelle défaite ou une première victoire qui enivre ce peuple !

... Puis, on nous a embarqués... C'est le mystère, l'inconnu !... De tous côtés j'entends des clairons, des tambours, je distingue des fusils, des canons !. C'est une armée ! une immense armée ! Adieu, adieu !...

CHARLES.

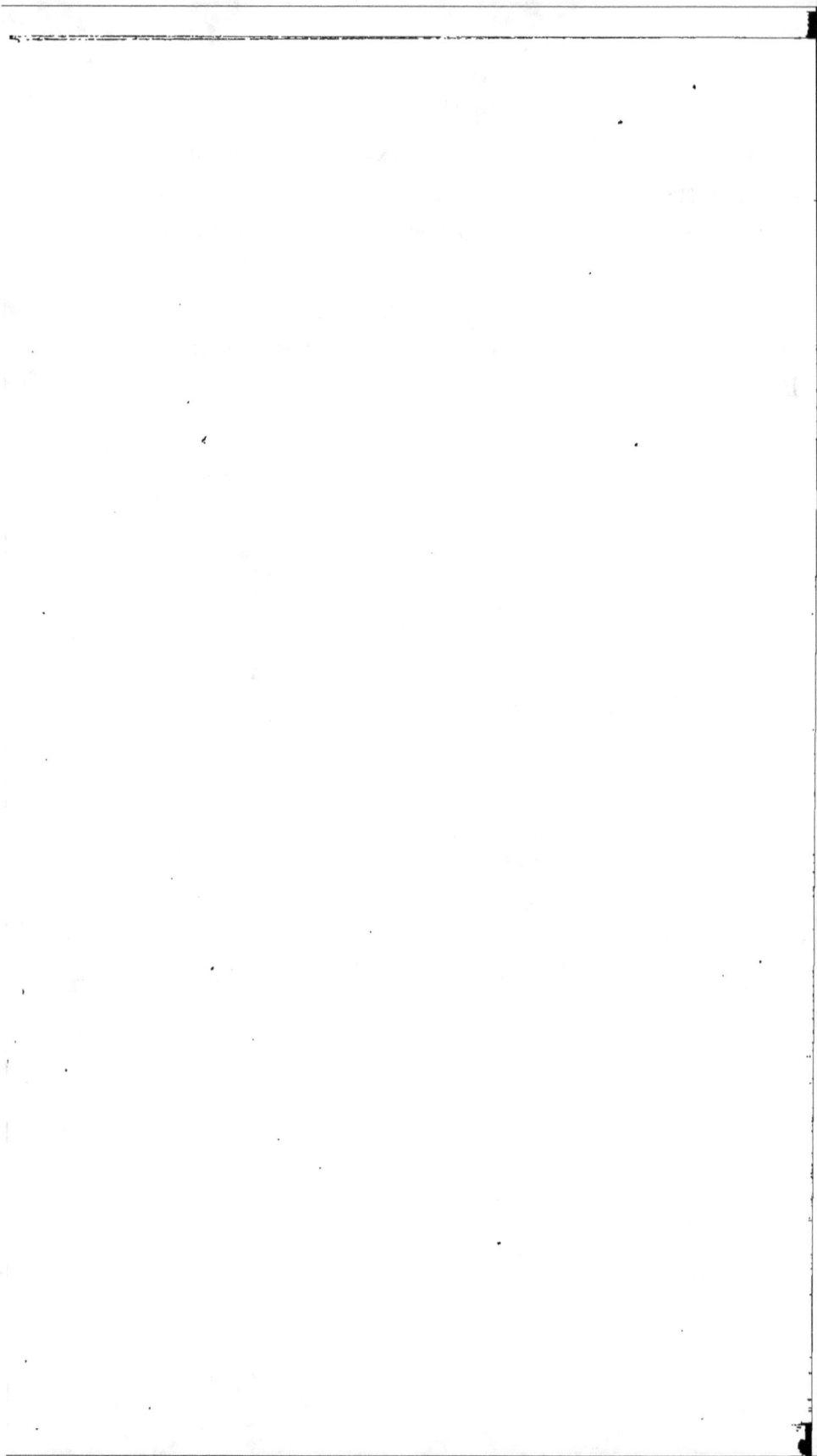

CAMPAGNE D'ORLÉANS.

XIV

PREMIER JOUR DE MARCHE.

Près Gien, 18 novembre.

Ah ! cher frère, si tu savais notre joie de recommencer la campagne et d'être enfin sortis des émeutes de Lyon ! Deux mois d'émeutes, de drapeau rouge et d'outrages... Non, il faut un génie politique que je n'ai point pour s'y reconnaître comme Tartas, dans ce qu'il appelle le bouillonnement patriotique. Décidément, je ne suis que soldat, et malgré les misères des camps, c'est mon suprême bonheur de me retrouver au milieu de mes vieux troupiers.

Je t'avouerai même, cher frère, que je suis heureux que tous les républicains soient restés à Lyon, pour faire partir les prêtres et combattre la réaction, d'autant plus qu'ayant fait de même dans les autres villes de France, on n'en

7.

entend pas un seul dans tout notre corps d'armée. J'en
suis content, vois-tu, parce que, avec eux, il y a trop de
vacarme et on ne peut vraiment pas s'y retrouver. Ils
vous portent en triomphe, ils vous outragent, ils vous
reportent le lendemain... on ne sait où on en est ! Montcalm assure que ce n'était pas comme ça en 92 et qu'ils
se battaient eux-mêmes; je ne sais ce qui se passait alors,
mais, aujourd'hui, c'est terrible !...

Enfin, nous allons à marches forcées pour surprendre
l'ennemi! Partis au milieu de l'obscurité, nous avons
déjà franchi la rivière, et voilà que le soleil se lève et
éclaire toutes ces troupes en marche; un beau soleil
d'hiver, une matinée radieuse. A droite et à gauche, dans
les champs, l'infanterie par petites colonnes serrées; les
marins avec leur col rabattu et leur chapeau ciré; les
chasseurs de Vincennes en arrière des mobiles; et ces
mobiles dont on souriait toujours, les voilà marchant en
ordre derrière leurs officiers avec des vêtements neufs et
brillants, leurs fines chaussures attachées au-dessus du
sac; le milieu de la route occupé par l'artillerie; une file
interminable de caissons et de canons. Au plus loin
qu'on regarde à l'horizon on ne voit que des haies de
baïonnettes et des armes qui brillent au soleil.

— Est-ce une armée, cela? crie Tartas... et l'homme
qui l'a fait sortir de terre est-il patriote ?... Regardez ces
soldats qui marchent avec plus d'ordre et de discipline
que tous ceux de l'Empire ! Regardez là-bas ces cavaliers
sur les coteaux, ces baïonnettes qui apparaissent dans les

bois!... Vengeurs de la mort, Dragons du Désespoir, francs-tireurs du Midi... qui nous éclairent et nous gardent !

Je ne réponds pas; j'ai le cœur rempli d'émotions que tu dois comprendre. Le soleil monte à l'horizon, et une immense espérance nous anime. Souvent je vous ai entendus attaquer Gambetta, mais je te jure que s'il paraissait en ce moment, trente mille hommes crieraient : Vive notre ministre de la guerre!

Après quelques heures de marche, on s'est arrêté à la grande halte pour faire manger les troupes. Chaque régiment a sa place désignée : les états-majors dans les villages, les soldats sur la route. Les paysans ont l'ordre de nous apporter l'eau, le bois et la paille ; nous avons tout, excepté les voitures de vivres qui, étant à quelques kilomètres en arrière, ne peuvent avancer à cause de l'encombrement. Pendant que nous attendons, arrive la dépêche de Gambetta que nous ignorions encore, et qui éclate comme une bombe dans la colonne :

« Français! vous connaissez les victoires d'Orléans !
« Déjà, vous avez pu mesurer la distance qui sépare les
« armées prétoriennes des soldats citoyens combattant
« pour le droit et pour la liberté ! Vous savez quels sont
« les chefs qui vous avaient trahis !.... »

Pendant que cette dépêche est lue et relue aux soldats, Roger courbe la tête comme un coupable. Il souffre toujours de sa blessure et tient ses rênes le bras en écharpe !

— Enfin, dit-il à voix basse, on croyait pourtant avoir fait son devoir, et notre ministre de la guerre est dur pour nous! Les soldats de Frœschviller n'ont pas reculé devant l'ennemi!... mais que ceux de M. Gambetta fassent mieux, et j'applaudirai de grand cœur.

En ce moment, des officiers d'état-major traversent la route. Ils connaissent le plan des opérations qui ont été décidées à la délégation de Tours. Anciens ingénieurs ils ont vu M. Freycinet lui-même, mais ils ne peuvent nous confier les secrets de la guerre. Heureusement l'un d'eux, jeune polytechnicien, veut bien déplier sa carte et nous faire entrevoir une partie de la vérité. Je ne puis rien t'écrire ici, mais j'espère qu'à l'heure où tu recevras cette lettre, le succès de la campagne t'aura tout révélé.

— Mon Dieu, messieurs, dit le polytechnicien, on se fait de grandes illusions sur ce qu'on appelle le génie des batailles. La guerre est une science exacte, aussi exacte que toutes les sciences de ce monde. Il y a des certitudes mathématiques de succès ; aussi, sommes-nous confondus de la démence de vos généraux, depuis Frœschviller jusqu'à Sedan. La règle invariable est celle-ci : arriver sur un point donné plus nombreux que l'ennemi. Aujourd'hui nous savons que les Prussiens n'ont qu'une brigade à Larengère. Eh bien ! au lieu de nous avancer par divers chemins et en colonnes interminables, comme on a toujours fait jusqu'ici, nous allons marcher sur eux, unis, compactes, et les enlever avant le coucher du soleil.

— Que Dieu vous entende ! dit Sainte-Croix.

— Mais il n'y a pas de doute possible ; voyez vous-mêmes, messieurs !

Et, en effet, cher frère, j'examine la carte, et je ne trouve rien à répondre.

Déjà le trompette sonne ; on n'a rien confié aux soldats; mais, comme on a désigné les escadrons pour ramener les prisonniers, certains bruits se répandent d'un bout à l'autre de la colonne. Je regarde défiler cette armée qui, sous les rayons du soleil, déroule ses immenses anneaux d'airain comme une phalange macédonienne : artillerie et cavalerie sur la route, infanterie dans la plaine, mobiles en rangs serrés; et pendant une heure, c'est un magnifique spectacle.

Mais au carrefour des Aulnes, les fantassins ne pouvant plus marcher dans les champs coupés de murs et de haies, sont forcés de se rabattre sur nous, et un certain encombrement commence à se produire. Les deux chemins se réunissant ensuite, les voitures du train viennent se jeter à travers les caissons et les canons qui obstruent déjà la route, et la confusion augmente... Puis, des charrettes dételées et abandonnées amènent en tête de courtes haltes, qui nous arrivent à la queue de la colonne par immenses ondulations. Les artilleurs sont forcés de disputer le passage aux hommes du train, et la marche se ralentit de plus en plus. Alors, nos cavaliers mettent pied à terre et défilent à droite et à gauche en tenant leurs chevaux par la bride. Par une erreur de l'intendance, les voitures de vivres, qui devaient être disposées le long de la route, ne sont pas encore arrivées et le soleil tombe à l'horizon avant que nous ayons atteint la forêt qui devait être franchie à midi. Nos hommes, qui n'ont pas mangé depuis la veille, marchent soutenus par cette pensée qu'il faut surprendre l'ennemi ; mais bientôt l'encombrement devient tel que nous restons cloués sur place, entendant de regrettables discussions entre les mobiles et les chefs qu'ils ont nommés.

La nuit est venue. Ce ciel si pur s'est peu à peu couvert de nuages ; le temps s'est refroidi et une pluie fine, pénétrante, commence pour ne plus cesser. A travers cette obscurité, nous continuons à traîner nos chevaux, puis, nous nous arrêtons pour les traîner encore; et bientôt on arrive à ce point de mélange et de confusion, où il devient assez difficile de distinguer le régiment dans lequel on se trouve.

Harassés, n'ayant ni bu ni mangé, transpercés jusqu'aux os, les marins, les vieux cavaliers et les rappelés de la garde se meuvent à travers ce chaos, restant en ordre derrière leurs chefs. Mais les pauvres mobiles ne peuvent plus supporter une fatigue qui semble au-dessus de leurs forces. Succombant sous leur fardeau, la tête basse, traînant la jambe, on les voit par centaines et ensuite par milliers, qui s'écartent de la route et s'en vont par tous les chemins demander du pain et un refuge dans les villages du coteau... Les voitures restent embourbées, les chevaux sont dételés, la colonne s'allonge, et, à travers cette pluie et cette obscurité, on a le sentiment d'une armée qui fond, qui fond toujours... et on se demande avec épouvante ce qu'il en restera en arrivant devant l'ennemi.

Du reste, on n'arrive pas, et il semble qu'on n'arrivera jamais. Après avoir marché une partie de la nuit, il y a simplement une halte un peu plus longue que les autres ; et sans ordres, sans rien savoir, le bruit se répand qu'on peut camper. On ne voit pas, mais on sent qu'on est sorti de la boue pour entrer dans le sable. C'est comme le lit d'une rivière; quelque chose coule là, à gauche, à grand bruit. J'appelle Berton, j'appelle Hirscher, Roger... Personne ne répond. Des ombres s'agitent autour de moi... L'*Odyssée*, qui cherche aussi ses camarades, finit par s'arrêter devant une file de chevaux ; je l'attache à une entrave et je continue à appeler et à errer dans ces ténèbres.

Bientôt je sens quelque chose : c'est une tente dressée dans le sable. Je m'accroupis, et, tâtant avec précaution, je défais les courroies, je soulève les manteaux et je me glisse à quatre pattes... Il y a là des jambes, je les pousse doucement, je referme la toile et je me fourre sous la couverte. La fatigue est telle que déjà j'ai perdu connaissance, quand je suis réveillé par un grand bruit de charge de cavalerie : ce sont les chevaux qui ont arraché les piquets de ce sable détrempé et qui partent par bandes ; des pelotons entiers, tenus par la corde, et galopant à travers le bivouac. Quelquefois cela se rapproche et on entend comme une trombe qui passe près de nous ; alors nous baissons la tête et nous attendons... moins épouvantés encore des chevaux eux-mêmes que de cette terrible corde qui renverse tout sur sa route.

Déjà plusieurs pelotons ont franchi notre tente, quand une nouvelle charge arrivant tout à coup, nous nous sentons enlevés, culbutés, entraînés avec nos toiles et nos cordages jusqu'au bord d'un fossé où nous restons suspendus. L'obscurité est telle, la pluie si implacable, que, tout d'abord, nous n'avons pas le courage de bouger ; et, tirant ce qui reste de toile sur nos têtes, nous nous enveloppons dans un coin de couverte, nous nous serrons les uns contre les autres, et nous restons blottis en tas à attendre. Mais l'eau monte... elle nous monte jusqu'aux genoux... le fossé déborde.. Alors, faisant un effort, nous nous redressons et nous voilà encore errant à l'aventure.

J'appelle toujours Berton, Hirscher... personne ne répond. A chaque pas, j'enfonce davantage ; il me semble que c'est un sable mouvant ; puis, je ne sais ce qui est là à ma gauche... il y a toujours ce grand bruit d'eau qui me fait peur. Je glisse, et, n'osant plus avancer, je prends le parti de rester là jusqu'au réveil, quand, tout à coup, je me heurte à quelque chose : une chaîne — des roues — un timon — une charrette !...

Une charrette !... Non, quand j'ai senti ces roues boueuses, je ne puis dire quelle joie folle ! quelle peur qu'un autre n'arrive avant moi !... J'escalade à la hâte... Une bâche — c'est couvert ! il y a de la paille ! de la bonne paille chaude ! et dans cette paille, un sabre, une cuirasse, un casque... c'est un carabinier qui dort là à l'abri. — Fourre-toi là, pauvre vieux, dit-il ; en voilà une misère ! — Et, cachant mes galons, je m'endors à ses côtés, au bruit de ces torrents qui ne peuvent plus m'atteindre !...

Le matin, on lève le camp par alerte. Il y a des nou-

velles : l'ordre est que nous allions à marches forcées.
Mais avant de partir, il a fallu retrouver les régiments,
rattraper nos chevaux dispersés de tous côtés. Une
partie de mon peloton était dans le bivouac d'artillerie;
j'avais perdu mes bagages; nous avions des chevaux de
dragons dont nous ne savions que faire; les voitures
étaient embourbées...

Enfin, nous voilà en route ; et, brisés de fatigue, nous
somnolons sur nos paquetages pendant que Tartas nous
répète : Cette journée d'hier a été une fatalité sans
exemple, car le plan était admirablement conçu. Si les
voitures de vivres n'étaient pas arrivées en retard, si les
routes n'avaient pas été encombrées, si l'ennemi n'avait
pas été prévenu, si cette maudite pluie n'avait pas
tout dispersé, nous faisions cinq mille Prussiens prisonniers.

— Cela est certain, répond Sainte-Croix.

Et la pluie tombe toujours!...

CHARLES.

———

XV.

LA PLUIE.

18 novembre.

Il pleut, il pleut toujours! Où sommes-nous? que fai-
sons-nous? où est l'ennemi? quel est notre général?...
Qu'est devenue la marche sur Paris?... Nous ne savons

rien !... nous ne connaissons plus qu'une chose : la pluie !
pluie incessante, glacée, fatale, qui tombe sans relâche
et sans merci !

C'est une armée mouillée qui s'avance dans des pays
inconnus, sous l'ordre de chefs dont elle ne sait même
pas le nom. Depuis des jours et des jours nous vivons
mouillés : on s'est couché, on se relève, on marche, on
mange, on dort toujours mouillés ! et comme voilà les
sombres jours d'hiver, on a la sensation de se mouvoir
dans l'eau, dans les ténèbres et dans l'inconnu.

Le matin, aux premières lueurs de l'aube, on regarde
et on cherche son régiment... Arrivés la veille, sans
savoir, les soldats se sont étendus dans l'obscurité, là où
ils se trouvaient. Les chevaux, les hommes, les selles,
les paquetages ne sont plus que des masses informes de
boue... Quelques sonneries résonnent dant le lointain...
Alors on voit ce marais qui commence à s'agiter ; des têtes
sortent de l'eau, des choses sans nom apparaissent ; puis
des formes noires et luisantes vont et viennent de tous
côtés...

— A cheval ! à cheval !.. Et abandonnant ces cordes qui
gisent à terre comme des serpents de boue, ces bidons et
ces gamelles qui sont enfoncés dans la vase, ces harnachements de chevaux blessés qui ont roulé dans le fossé,
nous sautons sur nos bêtes, et, n'ayant ni bu ni mangé,
encore tout ruisselants, transpercés jusqu'aux os, assis
sur ces paquetages fangeux, nous nous mettons en colonne
sur la grande route.

— Mais, marchez ! marchez donc ! crie un officier d'état-major ; vous êtes en retard !...

Les escadrons se mettent en mouvement, les rangs se resserrent, chaque peloton se hâte... puis, brusquement. les chevaux tombent les uns sur les autres. La tête de colonne est arrêtée... C'est l'infanterie et l'artillerie qui encombrent la route ; et nous restons immobiles à regarder les régiments qui défilent.

Le temps se passe... les troupes s'écoulent toujours : fantassins, artilleurs, train, voitures, caissons, mobiles... et puis encore des mobiles, et encore des caissons... Enfin, voilà les dernières voitures, et nous nous mettons en route. Nous suivons lentement la marche interrompue par ces haltes sans raison qui se produisent toujours dans les immenses colonnes. Plus nous avançons, plus cela se ralentit... A travers cette eau qui nous enveloppe, nous voyons passer des clochers, des hameaux ; nous apercevons une rivière, nous croyons reconnaître un village... et ne sachant toujours rien, nous avançons lentement comme dans une procession sans fin...

Parfois, au milieu de cette infanterie qui s'écoule, nous voyons se traîner de pauvres êtres au costume étrange : Vengeurs du Midi, Eclaireurs de la Liberté, Enfants perdus de la République, dont les éclatants uniformes disparaissent sous la boue. Puis, bientôt, on ne distingue plus rien, et nous tombons dans cet état de somnolence et d'engourdissement qui est celui de nos jours et de nos nuits, et qui, je crois, est l'état habituel des armées en campagne. Je regarde machinalement ces hommes à moitié roulés sur leurs chabraques, la tête enfoncée dans leurs collets, qui s'avancent comme des ombres; à droite et à gauche, les files de manteaux gris; au milieu, les manteaux noirs des officiers... Et la pluie tombe toujours!...

Quand, tout à coup, il se produit une certaine ondulation dans la colonne... puis, comme un frémissement...

— Mais marchez, marchez donc! crie le colonel, qui ne sait pas plus que nous ce qui se passe, mais qui voit courir devant lui.

— Messieurs, à vos places! répète le capitaine.

— Maréchal des logis, faites donc avancer les hommes!

Et de la tête à la queue tout se tend, tout se resserre; on se réveille, on se secoue, on se redresse.

— Il y a quelque chose !... il y a quelque chose !.. disent les soldats. La colonne part au trot, les officiers d'état-major galopent sur le flanc de la route. Les cavaliers regardent partout à l'horizon, comme des chasseurs qui cherchent le gibier; et, malgré la faim, malgré cette terrible nuit, malgré ces vêtements trempés qui nous gèlent, on rit, on chante, la gaieté revient avec une sorte de confiance ; en un instant, tout est oublié !

Chacun fouille dans son bissac : on trouve un débris de biscuit, un morceau de lard roulé dans la boue, et on mange à belles dents. Hirscher, l'homme de ressources, m'arrive avec sa gourde, et, écartant les soldats qui ont tous le bras tendu : — Le lieutenant d'abord, le lieutenant d'abord! dit-il...

Pendant ce temps, les officiers d'état-major ne cessent de galoper; ils ne disent rien, mais leur physionomie fait tout espérer. Tartas reprend sa carte, chercha à s'orienter; il a saisi quelques paroles au passage ; nous allons surprendre un corps d'armée prussien... Roger et moi, nous discutons avec animation. Sainte-Croix vient nous retrouver : les nouvelles sont excellentes, et on marche quelque temps ainsi.

Puis, peu à peu, le trot se ralentit ; on passe au pas, les chevaux arrivent les uns sur les autres; la colonne s'arrête... puis se remet lentement en marche... s'arrête encore... insensiblement, les rires et les chansons s'éteignent, la nuit descend ; la procession recommence, et nous retombons dans l'engourdissement du matin.... Du reste, on ne souffre plus... il y a un moment où dans cette eau, cette obscurité et cette fatigue, on arrive à ce point où l'on ne sent plus rien.

Après des heures et des heures, un certain mouvement se produit ; aucun ordre n'a été donné, on n'a pas entendu un mot; seulement, les chevaux qui sont devant nous ont tourné à gauche et alors on tourne à gauche. C'est un champ, ou plutôt un marais ; l'escadron se forme en bataille, les hommes mettent pied à terre, et, tenant nos chevaux par la bride, dans la vase jusqu'aux genoux, nous attendons...

— Maréchal des logis, peut-on enfoncer les piquets, placer les tentes ?

— Je ne sais pas, dit Hirscher ; je vais le demander à l'officier.

— Mon lieutenant, allons-nous camper ici ? Peut-on allumer les feux ?

— Je ne puis vous dire, Hirscher ; j'attends les ordres du capitaine.

— Pouvons-nous faire tendre les cordes, mon capitaine ?

— J'attends les ordres du commandant, répond Montcalm.

Que se passe-t-il ? Où est l'ennemi ? Où sont les voitures de vivres ? Où sont les chevaux de main ? On ne sait rien... Les soldats, appuyés sur leurs sabres fichés dans la boue, enveloppés dans leurs manteaux, sont toujours là, immobiles... Une petite lumière apparaît, c'est Hirscher qui, malgré la bise glacée, a trouvé le moyen d'allumer sa lanterne. Les soldats se rapprochent de la lumière, cherchent un morceau de lard, trempent leurs biscuits dans l'eau, et se mettent en cercle autour d'Hirscher, pendant que tous ces chevaux qui n'ont pas mangé appuient leurs têtes inquiètes sur l'épaule des cavaliers, et que les cavaliers me regardent sans rien dire.... Je vois ces bonnes figures... pas une plainte, pas un murmure ; mon Breton surtout, mon pauvre Kerven ; il ne comprend toujours point ; il n'a pas de quoi manger, il est transi jusqu'aux os, il attend des ordres et ne se plaint pas !...

Puis, les officiers se cherchent, se trouvent, causent quelques instants et se demandent ce qui se passe : l'ordre est de ne pas bouger : — Capitaine, a dit le commandant, veillez à ce que vos escadrons ne quittent pas le bivouac... et depuis ce temps, il a disparu. — Messieurs, dit l'adjudant-major, veillez à ce que vos hommes ne bougent pas d'ici!... et on ne l'a plus revu. — Maréchaux les logis, dit Sainte-Croix, veillez à ce que vos hommes ne quittent pas leurs chevaux !.. Et insensiblement, nous nous rapprochons de la route, et nous voilà errants à travers les rues du village.

Une fenêtre est vivement éclairée : ce sont les officiers de l'état-major qui sont assis autour d'une bonne table, le dos au feu, toutes les chandelles allumées, pendant que plantons et ordonnances soupent joyeusement dans la pièce à côté. Nous restons le nez à la fenêtre, regardant cette soupe fumante, ce feu qui brille dans l'âtre ; et jamais tu ne sauras ce que c'est qu'une vue pareille quand on n'a pas mangé depuis vingt-quatre heures, et qu'on est transpercé jusqu'aux os !

— C'est trop fort, dit Sainte-Croix ; au lieu de souper, ils devraient bien donner des ordres !

— Allons! allons ! dit le capitaine, ne parlez donc pas sans savoir ; ces ordres, ils ne les ont pas eux-mêmes, et ils les attendent comme nous !

— Sapristi, ils n'attendent pas de la même manière ; ils ne sont pas dans la boue !...

Nous continuons à errer et nous arrivons un peu plus loin à une espèce de ferme. Roger regarde, pousse la porte, reste un instant hésitant ; nous marchons derrière lui, et, les uns après les autres, nous pénétrons dans la pièce... La bonne femme, qui a déjà vu sa ferme envahie par des milliers de mobiles, semble ne pas nous entendre et continue de tricoter sans vouloir lever les yeux sur nous.

Nous approchons sans bruit, nous nous glissons dans l'âtre, pour sécher nos membres glacés ; nous regardons ce jambon pendu aux solives, cette tranche de lard sur la table de noyer. Sainte-Croix commence à adresser quelques paroles à la bonne femme, qui persiste à ne pas répondre. Roger va décrocher la lèchefrite, je coupe les tranchés de pain, et bientôt nous voilà installés devant ce bon feu, faisant la cuisine nous-mêmes, prenant dans la poêle avant que ce soit cuit, avec cette joie sauvage que donne la faim, tandis que la bonne femme répète invariablement : Y en a-t-il de ces soldats ! Seigneur Jésus, y en a-t-il !

Mais pendant que nous dévorons à belles dents, nous entendons du bruit au dehors ; je vais voir ce qui se passe : ce sont les sous-officiers de l'escadron qui sont là, le nez aplati à la fenêtre, nous regardant manger et demandant s'il y a des ordres.

— Mais non, mes amis, il n'y a rien encore, nous attendons comme vous.

Alors, ils restent un instant hésitants ; puis ils se mettent en route et je les vois entrer dans la ferme voisine avec une poule dont il vaut mieux ne pas savoir la provenance. Le capitaine fronce le sourcil. — Bernard, me dit-il, c'est vous qui êtes de jour ; allez donc voir un peu ce qui se passe à l'escadron.

Je me lève, et jetant un coup d'œil de regret sur le gras-double qu'on vient de poser sur la table, je demande mon chemin pour retourner au camp. A travers l'obscurité, j'aperçois toutes ces choses qui s'agitent dans la

vase. Les chevaux et les hommes enfoncent de plus en plus; quelques cavaliers ont cherché un talus, des pierres pour s'étendre; d'autres se sont couchés au hasard. Seul, Hirscher est resté devant son peloton, répétant toujours :
— De l'ordre ! de l'ordre ! l'officier a dit de ne pas bouger.

Alors, cher frère, grâce à cet argent que tu m'as envoyé, je fais chercher quelques litres d'eau-de-vie. — Tenez, enfants, voilà pour vous réchauffer ! Ah! il y a de la misère! Que voulez-vous ? Ce sont de rudes moments à passer ! Demain nous marcherons sur Paris. On dit qu'il y a de bonnes nouvelles !

A la vue de ces bouteilles, des ombres sortent de la boue, se redressent et se rapprochent peu à peu de la lanterne d'Hirscher. — Allons ! dit joyeusement le trompette, s'il n'y a pas à manger, il y a au moins de quoi boire !...

— C'est cela, mes amis, c'est cela; mais surtout ne quittez pas vos chevaux et ne sortez pas du camp.

Et je retourne à la hâte finir mon souper sans avoir entendu un murmure !...

Les camarades sont auprès du feu finissant le café. Mais Montcalm est devenu soucieux. — Tenez, dit-il en jetant sa pipe sur la table, tout cela se passe à l'envers, et personne ne fait ce qu'il doit ! Nous ne devrions aller manger que quand nos soldats ont leurs vivres ; et nos chefs ne devraient s'attabler que quand ils ont donné leurs ordres. Nous demandons trop à nos soldats, messieurs ; nous devons exiger la discipline ; mais nous devons souffrir avec eux, puisqu'ils se font tuer avec nous !

Je baisse la tête sans mot dire ; et, avalant mon café à la hâte, je me dépêche de reprendre sabre et képi. Nous retournons au camp ; aucun ordre n'a été donné ; mais les ombres qui sont devant nous s'étant mises en mouvement, nous suivons sans voir et sans savoir.

Au milieu de la nuit, on nous arrête dans un nouveau marais ; l'escadron se remet en bataille, et l'on nous dit enfin que l'on peut camper et faire la soupe ; il n'y a pas de chevaux de main, pas de voitures de vivres, les bêtes disparaissent jusqu'au poitrail ; et brisé de fatigue, perdu dans cette obscurité, chacun s'enveloppe dans son manteau, et se laisse tomber là où il se trouve.

Et la pluie tombe toujours !...

CHARLES.

XVI.

LA RECONNAISSANCE.

Près Ladon, 26 novembre.

Cher frère, je ne conçois rien à ta lettre. Qu'ai-je donc pu t'écrire ?... C'était le découragement de la pluie, vois-tu ! Cela est tellement oublié, que, tout à l'heure, aux beaux rayons de ce soleil d'hiver, Roger et moi nous ne savions vraiment ce que tu voulais nous dire ! Si tu nous

avais entendus ce matin, pendant que nous mangions
la soupe à l'oignon!... jamais nous n'avons été plus confiants, plus en train! Et puis, c'est à mon tour de partir
en reconnaissance ; une reconnaissance superbe! une mission des plus importantes! Je dois marcher toute la nuit!

Si tu savais ce que c'est, après des jours et des jours
où on est là encadré dans le rang, sans avoir l'initiative
d'un geste à faire, d'un ordre à donner, enchaîné par cette
discipline qui vous meut, vous prend, vous abandonne,
et vous reprend... si tu savais ce que c'est d'avoir le commandement devant l'ennemi, de partir sur la grande
route, chef, abandonné à soi-même, libre de tout mouvement, avec ce sentiment d'une responsabilité qui vous
écrase et vous enivre!

Si tu savais ce que c'est que de sentir derrière soi ces
trente cavaliers, vieux soldats, l'œil ardent, droits sur
leurs chevaux!... et ce courage joyeux, et cette gaieté sou--
veraine, et cette envie d'aller se battre qui, en un instant,
leur fait oublier toutes les misères de la pluie, de la fatigue et de la faim! Ah! en vérité, le métier n'est pas difficile avec des soldats pareils! on éprouve même je ne
sais quel sentiment que tu dois comprendre : on sent tous
ces yeux fixés sur vous, on voit ces hommes qui attendent
vos ordres avec tant de confiance, livrant leur vie entre
vos mains, pendant que vous êtes là, indécis, les envoyant
peut-être à la mort, sans savoir!

Malheureusement, quand j'ai des rapports à adresser,
j'ignore bien des choses, et je me prends à regretter les
heures perdues de la garnison... Forcé, alors, d'apprendre

mon métier devant l'ennemi, je tire ma théorie, et la
cachant sous mon manteau, je l'ouvre et je regarde ce
que j'ai à faire, pendant que mes soldats attendent des
ordres incertains, qu'ils exécuteront si admirablement!

Et puis, cher frère, il y a autre chose encore... il y a
ces commandements que le ministre donne aujourd'hui
à ceux dont l'intelligence ou le génie s'est tout à coup
révélé; commandements qui viennent vous surprendre en
dehors de toutes les règles, de tous les grades, de toute hiérarchie, et qui laissent à chacun une immense espérance,
avec une émulation que l'armée n'a jamais connue!.. Quand
je dis l'armée, les civils sont comme nous, car depuis les
généraux jusqu'au dernier officier d'état-major, il y a
autant d'ingénieurs, d'avocats, de journalistes, qu'il y a
de militaires; et il n'est personne aujourd'hui qui n'ait le
droit d'aspirer au premier rang. Un de ces commandements
vient d'être donné à un écrivain que tu avais grand tort
de dénigrer jadis, car il s'est révélé à M. Gambetta dans
un si admirable rapport, que le lendemain même notre
ministre lui confiait un corps d'armée de cinq mille
hommes!

Tu juges ce que de tels exemples produisent au milieu
de nous; d'autant plus que nous apprenons que cela se
passe ainsi à travers toute la France. Notre ancien camarade, le lieutenant Kératry, a reçu trente mille hommes,
qu'il organise en ce moment au camp de Conlies. Un
journaliste, ami de Tartas, M. Lissagaray, en a reçu vingt
mille... Ah! cher frère, si je pouvais me distinguer dans
une reconnaissance! envoyer un beau rapport à M. Gam-

betta, et obtenir seulement cinq mille hommes!... Mon
Dieu, cinq mille! je n'en demande pas davantage. Avoir
un commandement en pleine jeunesse, en pleine séve!...
Ces choses-là nous arrivent toujours trop tard, quand le
souffle est tombé!

Et, figure-toi, que ce soir même je vais voir ces troupes
irrégulières, commandées par l'écrivain qui nous garde à
notre extrême gauche. Son petit état-major est réuni dans
une espèce de ferme ; je n'ai que quelques instants, mais
j'entre pour demander les nouvelles.

Il y a là une sorte de conseil de guerre ; les officiers,
penchés sur une carte, marquent les positions ennemies.
Un commandant de francs-tireurs a fait une reconnaissance dans la forêt de Marennes. Il paraît qu'on peut
enlever un régiment prussien ; c'est infaillible, mais il
faudrait partir à l'instant. Le capitaine des Vengeurs
soutient qu'en passant la rivière, on cernerait l'état-major prussien dans le château de Malbry... Le colonel des
éclaireurs a aperçu une colonne prussienne en marche le
long du bois de Marolles ; embarrassée par ses équipages
et ses voitures de vivres, elle peut être enlevée cette nuit ;
mais, pour Dieu ! qu'on se hâte ! — Un bataillon!...
Donnez-moi seulement un bataillon ! s'écrie un jeune
avocat, qui à peine équipé, veut déjà se mesurer avec
l'ennemi!

A chaque instant la porte s'ouvre et de nouveaux arri-
vants envahissent la salle. Les discussions deviennent
vibrantes, passionnées ; il est certain que nous avons

8.

près de nous des troupes prussiennes qui se sont gravement aventurées et qu'il faut cerner avant le lever du
soleil, Le commandant d'état-major veut passer par Men-
neton ; le capitaine veut passer par Dannerain ; moi, que
te dirai-je ! cher frère : dans ma fièvre, je voudrais passer
partout !...

— Voyez, s'écrie l'ingénieur, voyez à la place de ces
troupes engourdies dans leur silence et leur discipline,
voyez quel feu, quelle ardeur, quelle initiative !...

Je lui serre la main et je repars au galop... Je n'ai
rien dit à mes cavaliers, mais certains mots de victoire
ayant couru dans l'air, je cherche à les calmer, car ma
consigne est grave : il faut voir l'ennemi et suivre tous
ses mouvements sans être vus !... Après une heure de
marche, arrivé aux Quatre-Chemins, je confie le peloton
à Hirscher, et, à pied, suivi de Berton, je m'engage seul
dans les bois.

La nuit est venue ; je sais que l'armée prussienne est
là ; nous nous avançons au pas, écoutant les moindres
bruits, regardant au loin à travers les arbres ; et, en vérité, cela ne vaut pas le champ de bataille : on peut
tomber misérablement, frappé par une balle prussienne ou par une balle de franc-tireur. Mes yeux
cherchent à percer l'obscurité ; il y a des grands bran-
chages qui se tordent, des troncs qui s'avancent comme
des sentinelles ; il y a des bruissements de feuilles sèches
chassées par le vent, et on croit voir flotter dans l'espace

des choses indistinctes. Tout à coup, un grand bruit de fanfares!,.. c'est l'*Odyssée* qui se met à hennir pour m'appeler. Je m'arrête contre un arbre; il me semble que ce hennissement a rempli la forêt, que toute l'armée prussienne l'a entendu, et que, de tous côtés, des casques apparaissent.

Au bout de quelques instants, nous nous remettons en marche, et, nous avançant avec précaution, nous nous glissons à travers les fourrés. En passant devant les sapins, je crois avoir entendu quelque chose; Berton ne dit rien, mais il dresse la tête comme un chien en arrêt. Qu'est-ce qui brille là à travers les feuilles? j'ai cru voir un reflet d'acier... une branche a remué... à ma droite, il y a comme un bruit de pas... Berton se rapproche: Oh! pour le coup, lieutenant, j'ai bien entendu, me dit-il à voix basse... Je m'arrête...

Il me semble alors que les pas s'arrêtent aussi, et qu'il y a là quelqu'un immobile près de moi. Je n'entends rien, mais j'ai cette sensation indéfinissable qu'on éprouve quand un être qu'on ne voit pas respire près de vous...

Alors, insensiblement, j'oblique vers la gauche; mais à mesure que l'obscurité devient plus épaisse, les bruits sont plus distincts : il me semble qu'il y a des ombres qui marchent à droite, à gauche, en arrière... Puis tout à coup, voilà des fusils au-dessus des branches et des têtes qui apparaissent...

— Lieutenant, ah! lieutenant, votre maudit manteau noir nous trompe depuis une heure! N'avancez plus! les brigands sont là! Si vous voulez les voir, venez, venez!.

ils ont envahi mon château de Malbry !... ils s'y sont
barricadés, c'est épouvantable...

Et, sans savoir à qui je parle, je vais, en rampant,
jusqu'à la lisière de la forêt.

— Tenez, me dit la voix, voyez-vous là-bas comme un
fourmillement noir ? ce sont les ouvriers qui achèvent de
poser les rails pour un chemin de fer volant; le long de
ces rails on tend des fils télégraphiques ; à mesure que
l'armée s'avance, derrière elle s'organise tout ce travail
de défense !... Pendant que vous autres, vous cherchez la
bataille le jour et le sommeil le soir, eux, sans se soucier
des marches et des fatigues, sans prendre une heure de
repos, passent leur nuit à creuser des fossés, à élever
des barricades et à travailler sans relâche d'un travail
incessant et fatal ! Ils vivent sous terre, ce sont des taupes !
la pioche et la pelle sont plutôt leurs armes que l'épée
des braves.

» Vous me dites que vos soldats doivent venir ce matin
enlever notre village? Il faudra donc le prendre maison
par maison, car je vous en avertis, toutes les rues sont
barricadées, les fenêtres matelassées ; mon château est
fortifié, et nos pauvres paysans ont passé le jour à traîner
des sacs de terre à la suite de l'ennemi, condamnés ainsi
à trahir leur pays!

» Et si vous saviez quelle vie nous menons : pas de
pillage, pas de désordre, mais, tous les jours, à la même
heure, ils sont cruels de la même manière ; nous enle-
vant notre blé, notre avoine, notre argent, faisant couche

vieillards, femmes et enfants dans la boue, pendant que leurs soldats ivres se roulent tout bottés sur nos lits.

» Ah ! monsieur ! quelle race admirable que ces Prussiens !... marcher la nuit, se cacher sous terre le jour, se garder soi-même, exposer ses alliés, ne se battre que lorsqu'on est quatre fois plus fort, et en pillant et brûlant, remercier le Dieu des armées..... quel ordre dans le mal !.. quelle discipline dans le crime !... »

Pendant ce temps, je regarde toujours : ils sont là, je les vois ; je vois passer ces casques ; j'entends comme un bruit de ruche, bruit sourd et funèbre ; de temps en temps quelque chose de strident comme des coups de sifflet, mais pas un cri, pas un mot, pas de feux allumés ; c'est une armée muette, invisible, qui avance, avance lentement...

Je recule ; et me rappelant alors ces projets d'enlever le village, ces conciliabules passionnés, ces conseils de guerre animés d'un si ardent patriotisme, je contemple les fantômes noirs qui marchent sur nous avec cette précision, cette discipline et ce silence de mort ! Il me semble qu'il y a là quelque chose de fatal ; que rien ne peut empêcher cet envahissement, et que c'est une tempête de neige qui va rouler sur la France entière...

Une heure après, je retrouvais mon peloton.

— Lieutenant, me crie Hirscher, je vois là-bas les roupes qui se massent !... Nous ne serons pas là pour a fête !..;

Et, partant au grand galop, nous courons rejoindre le régiment.

CHARLES.

XVII.

LA CHARGE.

Près Juranville, 28 novembre.

Cher frère, je t'écris au milieu de la fièvre de la victoire. Après nous être battus tout le jour, nous avons enlevé à l'ennemi un canon et des prisonniers... Je suis ivre de joie !... Je voudrais t'expliquer... mais d'abord, sais-tu ce que c'est qu'une bataille ? Comment te dire ?...

Dès l'aurore, il se fait un grand remue-ménage dans le camp ; des bruits mystérieux, des nouvelles que personne n'a apportées et qui courent partout ; les tentes se replient à la hâte et sans bruit ; on sent qu'il va se passer quelque chose. Le régiment se forme, tout prêt pour le combat, chacun à sa place de bataille, sabre d'une main, revolver de l'autre ; les hommes dressés sur leurs chevaux qui piaffent d'impatience ; et l'on galope en désordre, et l'on arrive ainsi tout près d'un bois.

Au bout du champ, à gauche, il y a des chasseurs de Vincennes à plat ventre dans les sillons. On aperçoit des fantassins cachés derrière le talus, et un bataillon de mobiles est massé dans les rues du village. Au loin, quelque

décharges, de légères fumées qui restent suspendues...
des obus et de la mitraille tombent de l'autre côté du bois...
Puis le bruit se ralentit, s'éloigne... le temps se passe et
on ne sait rien.

Alors cet escadron, qui était là tendu, vibrant, tout prêt
à charger, se détend peu à peu ; quelques cavaliers mettent
pied à terre ; des officiers entrent dans la ferme voisine,
et sans ordre, sans savoir, les bidons, les marmites se
défont, et les hommes commencent le café : car instinctivement, pendant la guerre, le soldat a cette pensée fixe
que pour ne pas mourir de faim, il faut profiter de toutes
les occasions.

Déjà les feux sont allumés et l'eau bout dans les gamelles, quand un grand bruit se fait entendre. — Alerte!
alerte ! crient des officiers qui ne savent rien, mais qui
voient une certaine agitation sur la route.

On renverse marmites et bidons ; on rattache les courroies à la hâte, et sautant à cheval, on s'élance les armes
à la main, encore tout prêts à charger. Arrivé à un carrefour, on s'arrête devant un grand encombrement de chariots et de caissons. De l'autre côté de la colline, on entend une canonnade terrible : mitrailleuses et canons
courent là-bas sur la route ; des officiers d'ordonnance
galopent à travers champs ; quelques-uns nous jettent des
paroles confuses. — Ça va bien, ça va bien! Baume-la-
Rollande est prise, la victoire est gagnée!... Les hommes
regardent à l'horizon... puis la canonnade s'éloigne, les
rumeurs s'éteignent... on n'aperçoit plus rien.

L'escadron se détend de nouveau, les soldats remettent

pied à terre ; les feux se rallument, jusqu'à ce qu'un aide de camp, accourant tout à coup, disc : A l'ennemi ! à l'ennemi !...

Et voilà, cher frère, ce qu'on appelle une journée de bataille pour la cavalerie.

La journée s'était passée dans cette attente et cet inconnu. Le combat était fini ; et notre armée, victorieuse, était rangée le long de la route, l'arme au pied. Je causais avec Roger, et nous cheminions paisiblement dans ce laisser-aller et cette espèce de désordre qui se produit toujours à la queue d'un escadron. Tout à coup, la colonne part au trot ; je n'ai que le temps de saisir les rênes, je regarde : elle est au galop !... Les lances se redressent.

— Chargez ! crie le commandant.

— Chargez ! chargez ! crient les officiers des premiers pelotons, et les cavaliers s'élancent !

Tout le long de cette route, fantassins, gardes mobiles, artilleurs, agitent leurs képis ! Vivent les lanciers, vivent les braves !... crient tous ces hommes qui semblent saluer un escadron qui va mourir.

Nous ne savons ce qui se passe ; nous ne savons où on nous mène, mais ces acclamations nous enivrent !... Un dernier hurrah, puis tout est fini, et l'escadron roule sur la route avec un bruit de tempête !... Moment terrible, enivrant, qui ne peut être décrit dans aucune langue humaine !... Les bombes et la mitraille nous enveloppent comme une fournaise ; les cavaliers, couchés sur leurs chevaux, se précipitent au milieu de cette pluie de feu...

Tout à coup la tête de la colonne se broie contre un obstacle.

— A droite et à gauche ! crie le commandant.

— Les Prussiens ! les Prussiens ! crient tous les soldats, s'élançant comme à la chasse... et au moment où je me précipite moi-même à la tête de mon peloton, un obus frappe mon cheval, et je tombe à la renverse, cloué sous ma bête morte...

Quand j'ouvre les yeux, je vois les Prussiens à genoux, implorant la vie, demandant grâce à une poignée de cavaliers, et roulant sur les cadavres amoncelés... Je vois mes soldats se précipitant dans la ferme, fouillant les maisons et entraînant ces misérables qu'ils chassent à coups de plat de sabre... Je vois Hirscher tout sanglant, poussant devant lui les prisonniers, pendant que le trompette, le bras fracassé et presque mourant, entraîne des Prussiens qui sont moins blessés que lui.

Et pendant que je vois ces choses, l'ennemi caché de l'autre côté du talus nous tire à bout portant. Les obus, les bombes et la mitraille éclatent avec furie et font crouler le mur de la ferme qui écrase tout autour de moi !

Puis, peu à peu, les cavaliers s'en retournent au galop. Les uns après les autres déchargent leur revolver, franchissent le fossé, sabrent ce qui se trouve devant eux. Je regarde partir le dernier cheval... il ne reste plus personne, et je me dis : c'est fini !

... Et alors, je passe par toutes les émotions du con-

9

damné à mort. Nageant dans un bain de sang, les deux jambes emportées par un obus... je vais mourir !..

Quelque chose grouille là-bas dans le fossé... les casques apparaissent, les hommes noirs commencent à s'agiter, et, sortant à quatre pattes, les voilà qui viennent en rampant pour m'achever !... Je ferme les yeux, je vous dis adieu, je dis adieu à la vie !... Quand, tout à coup, j'entends le galop d'un cheval... je pousse un cri !.. C'est Roger qui me cherche... et Roger, c'est la vie !

Mais la vie, pourquoi faire ?... je n'ai plus de membres... Il ne reste que la moitié de moi-même et j'y tiens encore !.. Roger s'élance sur les Prussiens, les sabre, les rejette dans le fossé, met pied à terre et cherche à soulever le cadavre de mon cheval. Le poids est trop lourd ; il ne peut y parvenir. Alors la raison me revient, et je lui crie : Ne t'expose pas, je suis en morceaux !...,

Roger, qui voit mes pieds passer de l'autre côté, s'acharne après ce cadavre ; il s'y reprend à trois fois... enfin, je commence à être dégagé, le sang circule, j'ai ma jambe gauche !... je pousse un cri de joie... puis, le côté droit se dégage ; j'ai l'autre jambe !... et alors un bonheur, un bonheur fou !... la vie ! la vie !... vous revoir !...

— Qu'as-tu ? me dit Roger.

— Ce que j'ai ! ils m'ont tiré dessus depuis une heure ! j'ai le corps criblé de coups de feu... va-t'en ! va-t'en !

Et je me traîne à travers la ferme. En franchissant la cour, je vois un Prussien le visage à moitié emporté ; je fais un geste comme pour lui dire : Nous sommes dans un iste état tous deux ! Il soulève son fusil et m'ajuste...

· Meurs donc ! dis-je, en lui appliquant mon revolver
r la poitrine.

Mais, engourdi par ma chute, je ne peux franchir le
ssé : trois fois je m'élance et je retombe... Alors, par un
ort suprême, je saisis une branche, je gravis le talus,
traverse un jardin... mais, hélas ! rien ! plus rien ! ils
nt tous repartis... Un cheval ! un cheval ! mon royaume
ur un cheval !

Hirscher apparaît :

— Lieutenant, prenez ma bête !

— Mais tu es blessé, mon ami !

— Ne faites pas attention, lieutenant ; c'est à l'officier
tre à cheval. Hirscher va emmener le canon et les
isonniers.

— Et alors je regarde, et de l'autre côté du mur, j'aper-
ls le capitaine Montcalm, qui, au milieu des bombes
de la mitraille, est resté impassible, faisant atteler
pièce enlevée à l'ennemi avec ce courage calme et
isible qui est la grande beauté du champ de bataille.

Là-bas, l'armée attend toujours, l'arme au pied. Le
non et les prisonniers se mettent en marche : Mont-
m en tête, puis Hirscher et les quelques cavaliers qui
l'ont pas abandonné. Du plus loin qu'on nous aperçoit,
us entendons des acclamations. C'est une marche
omphale devant toutes ces troupes, qui, au lieu d'être
urdies dans la fumée du combat, ont assisté à cette
arge comme à une fête des Césars.

— Vous avez la croix, me dit le colonel en m'embrassant.

— Te voilà !... me crient les camarades. Ah! nous te pleurions déjà !

Et j'entends les acclamations qui redoublent. Mon cœur se gonfle d'une émotion qu'on ne peut comparer à rien sur cette terre!... Ah! joies enivrantes de la guerre!... volupté terrible!... Cette scène, je la vois, je la verrai toujours !... Ces troupes immobiles le long de la route, ce silence qui régnait dans l'armée, puis ces képis en l'air ces adieux qu'on nous jetait!... Vois-tu, il n'y a pas de spectacle et d'ivresse comparables !... On a connu l'épouvantement de la mort; mais vraiment, le soir, on se couche plus fièrement sous sa tente !

Quand on rentre ainsi au camp avec un canon que votre régiment a pris, des prisonniers qu'il a faits ; quand après avoir dit adieu à tout, on retrouve ce soleil ; quand on sent qu'on est en vie, qu'on reverra les siens et que votre colonel vous a dit : « Vous avez la croix... » ne t'y trompe pas, on a connu les plus grandes émotions qui se puissent éprouver sur cette terre !

Et puis, lorsqu'on est resté ainsi cloué sous le cadavre de son cheval, on a plus vécu, plus senti que pendant des années entières ! Pour moi, j'ai pensé à bien des choses qui ne m'étaient jamais apparues. J'ai vu tout mon existence éclairée de cette lumière que l'approche de la mort peut seule donner... et par-dessus tout j'ai compris que, jusque-là, je ne croyais pas tant vous aimer !

Et, tu ne sais pas ce qui se passe le soir de ces batailles

uand on dit à son capitaine : Ah! mon capitaine, vous
ous êtes joliment conduit!... Et sois sûr que quand un es-
adron parle ainsi à son chef, ce chef en est plus fier que
e tous les ordres du jour de l'état-major! Et quand,
nsuite, on serre la main de son camarade en lui disant :
Ion vieux Roger, tu m'as sauvé la vie!... Et, sous la
ente, tous les hommes autour de vous... et les récits qui
ommencent!... chaque fois la charge devient plus ter-
ible; le nombre des Prussiens augmente; c'est un ef-
royable carnage !

— Lieutenant! lieutenant! avez-vous vu cet officier
anovrien ?

— Et ceux que j'ai pris dans leur trou !...

— Et tous ces casques qui nous fusillaient, cachés
lerrière l'embuscade !

— Comme ils sont lâches, tant qu'ils ne sont pas quatre
ois plus nombreux !...

, Et la mère Bachut qui nous rapporte une bouteille de
chnick... et les soldats qui me redemandent mon récit que
è recommence toujours sans me fatiguer jamais... Et les
rdres qui arrivent!... je suis décoré, le capitaine est com-
nandant, le commandant est colonel!... Et les étoiles qui
lansent au-dessus de votre tête ! et toute l'armée qui est
jictorieuse ! et, dans huit jours, Paris délivré!....

On demande un officier en reconnaissance.

— Moi! moi! dis-je, m'élançant pour chercher un
utre canon...

— Mais, malheureux, faites donc d'abord extraire vos
jalles !... Roger, emmenez-le !

Et on m'entraîne...

. . . .

P. S. — Cher frère, je rouvre ma lettre : Le chirurgie
m'a conduit sous sa tente ; la mère Bachut tenait la ga
melle, et Berton a commencé à me déshabiller.

— Prenez garde, allez doucement ! disait Montcalm
pendant qu'on enlevait mes buffleteries et mes vêtement
couverts de sang coagulé. Enfin on détache ma flanelle
je ferme les yeux, Berton passe doucement l'éponge su
mon corps, et, après un instant, la mère Bachut s'écrie

— Bernard, tu es blanc comme un poulet !

— Comment, blanc comme un poulet ! Mais cherchez
cherchez donc ! on m'a tiré dessus pendant une heure
je ne sens plus mes épaules...

— Vous avez des contusions, me dit le chirurgien, mai
pas une blessure.

Tout le peloton attendait autour de la tente... T
l'avouerai-je, cher frère ?... certainement, je ne regrett
pas les balles ; mais j'étais un peu embarrassé pour leu
conter la bonne nouvelle...

Pendant que je me rhabille, on ramène Hirscher le bra
en écharpe.

— Vous êtes porté pour la croix, lui dit Montcalm.

— Comment la croix ?... Hirscher aurait la croix
Ah ! lieutenant, dit-il, tombant dans mes bras, nous voil
tous deux décorés ! Qui nous aurait dit ça dans la cham
brée, quand vous étiez un *june* homme, et qu'Hirscher vou
mettait à l'ours ?...

CHARLES.

XVIII.

LA VIE DES CAMPS.

Bellegarde, 3 décembre.

Cher frère, qu'est devenue notre grande victoire ? Tout ce que je puis te dire, c'est que le village que nous avions si brillamment enlevé à la charge, a été repris la nuit sans combat et sans gloire par une horde de Prussiens qui s'y sont honteusement glissés et barricadés ; de sorte que quand nous sommes revenus le lendemain sur le théâtre de nos exploits, nous avons trouvé l'ennemi qui nous y attendait encore.

Tu me demandes où nous en sommes de la marche sur Paris ?... J'avoue que je comptais un peu sur vous pour savoir ce que nous faisons... Pour moi, je ne sais qu'une chose : c'est qu'auparavant nous attendions dans la pluie et dans la boue et qu'aujourd'hui nous attendons dans la neige et dans le froid ; mais, en dehors de cela, il n'y a rien de changé.

Tu me reproches de ne pas profiter des jours de repos pour prendre la plume. Qu'appelles-tu donc les jours de repos ?... Tu crois qu'il y a des jours où un régiment va à la bataille, et qu'il y en a d'autres où il reste paisiblement au bivouac ? On voit bien que tu ne connais pas

la vie des camps. Il n'y a rien de tout cela. Il y a sans
cesse, à toute heure, la nuit comme le jour, l'attente, l'inconnu... jamais de batailles prévues, jamais de marches
annoncées, jamais de repos complet !

Si tu veux savoir quelle est ma vie, je vais te le dire :
Je me réveille avant le jour ; c'est l'heure terrible ; les
feux se sont éteints ; un air glacial pénètre sous la tente.
Je suis si empaqueté dans mes couvertures, si engourdi
par le froid, que je ne me rends pas bien compte de ce
qui se passe. Je me lève sur mon séant ; un souffle glacé
me frappe les épaules, et je reste un instant sans oser
bouger. Deux grognements se font entendre: c'est Roger
et Sainte-Croix qui sont là ficelés comme des momies,
que je découvre tout à coup et que le froid fait hurler.
Je passe la tête hors de la toile ; je regarde... partout
la neige ; d'immenses plaines de neige, éclairées par la
triste lueur du matin ; des petites tentes-abris, roidies par
la glace, jetées çà et là, sans ordre, sans alignement
possible ; puis des files de chevaux, la tête basse, le poil
hérissé, la croupe tournée du côté du vent, avec un air si
pensif et si misérable qu'on se sent vraiment pris de pitié.
Ils ont l'air de réfléchir et de se demander pourquoi on
les traîne ainsi dans la neige...
Je regarde quelque temps, mais le trompette sonne ; je
suis de jour, il faut sortir de là ; et faisant un dernier
effort, je saute par-dessus les camarades. Je parcours le
camp, je vais d'une tente à l'autre : — Voyons ! debout,
debout !

Pauvres gens! ils sont là collés les uns contre les autres, avec une misérable couverture, sans flanelle, sans tricot, sans rien... Quelques tentes mal dressées les recouvrent à peine; on voit les têtes et les pieds passer aux deux bouts.

— Allons! enfants, le réveil est sonné!

Peu à peu, tout cela se secoue, se dégèle; de pauvres corps engourdis se soulèvent. — Voilà, lieutenant, voilà! Ah! quel froid, c'est terrible!

Je continue ma ronde! j'aperçois quelque chose immobile dans le fossé... C'est un cavalier à moitié gelé.

Je le secoue... le moral est atteint, il faut l'emporter à l'ambulance. Plus loin, voici un cheval étendu dans un sillon; je tire la longe, il est mort... et je continue ma ronde sans m'en soucier davantage.

Peu à peu, les hommes se remuent, on plie les tentes, on va chercher du bois, et quelques feux s'allument. Pour faire boire les chevaux, je fais casser la glace et verser l'eau dans les gamelles. Il ne reste pas d'avoine, pas de fourrage; hommes et bêtes n'ont plus de vivres depuis hier. Quant au pansage, il y a longtemps qu'il n'en est plus question! Seulement, quand la nature a vu que nous traînions les chevaux la nuit dans la neige, elle les a tous recouverts d'un poil aussi long et aussi épais que celui d'un ours; si bien, qu'en quelques jours, ils ont été fourrés pour supporter la campagne.

— En voilà des bêtes qui ont de la chance! fait la mère Bachut qui sort de sa carriole se frottant les yeux et arrangeant ses jupes. Je voudrais bien être fourrée comme ça!

9.

— Allons, la mère, dit le capitaine, il faut nous faire le frichetis. Une bonne soupe à l'oignon, comme hier.

La courageuse femme va et vient, portant le bois elle-même, préparant la soupe et le café; et nous venons tous en rond nous asseoir autour des fagots. Nous restons enfoncés dans nos manteaux, regardant la neige, et ne disant rien.

Le feu flambe, nos membres se réchauffent, l'eau chante dans les bidons, et le gras-double dans la lèchefrite. Les têtes sortent des manteaux, les langues se délient et la gaieté revient. Chacun conte ses campagnes : Tartas commence la guerre de Crimée; Roger, sa charge de Solferino; moi, je reprends mon canon; et, comme on connaît le cœur humain, on me fait recommencer tous les jours, sachant bien que je ne m'en fatiguerai jamais !... Quant à Hirscher il ne dit pas une parole; mais depuis qu'on lui a promis la croix, il a une manière de regarder dans le vide comme s'il voyait partout cette étoile qui sera bientôt sur sa poitrine.

Puis, de tous côtés, les feux s'allument, et les paresseux se lèvent. On voit paraître la tête du chirurgien, et le vétérinaire qui arrive tout frissonnant.— Ça va mal! ça va mal! dit-il invariablement.

Les uns après les autres les cavaliers viennent se ranger autour du feu; ils ne disent rien; ils écoutent et regardent les apprêts de notre festin... De temps en temps, l'un d'eux va nous chercher de l'eau, un morceau de bois, puis revient avec sa bonne figure contemplé

silencieusement ce que nous allons manger. — Il n'y a
donc pas de quoi bouffer aujourd'hui?... dit simplement
le trompette.

Le frichetis est prêt; mais, au moment où la mère
Bachut l'apporte, on entend une sonnerie... c'est la distribution des vivres!... — Allons! les hommes! les
hommes de corvée!...

Il faut renverser la marmite, prendre à la hâte un
morceau de pain, une tranche de lard et puis partir...
Tous les cavaliers se groupent derrière nous, et nous
voilà en colonne à travers le camp.

On s'en va à l'aventure; on demande où sont les vivres...
Voici des charrettes de foin; on s'y arrête : on interroge
les employés de l'intendance... naturellement, ils ne
savent rien. Un fourrier passe : il crie que ces charrettes-
là sont pour les dragons, et que les nôtres sont là-bas,
là-bas, derrière la colline... On repart; on traîne dans
le camp; et quand on arrive derrière la colline, on trouve
le fourrier qui se désespère, parce que les voitures de foin
sont parties, emmenées par le régiment de hussards. Il
faut attendre qu'il aille à l'intendance... On reste sur la
route.... on cherche.... on regarde... les cavaliers apportent du bois, allument du feu; on s'assied dans la neige,
et on attend... On attend une heure, deux heures...

De temps en temps passent des colonnes de soldats
emportant leurs vivres. On les interroge... ils ne savent
rien... quand paraît un brigadier-fourrier qui a découvert, au croisé des routes, des charrettes de foin. Il faut

encore aller là-bas, là-bas!... La colonne repart, se perd
dans le camp, et, lorsqu'on arrive, on trouve bien du
fourrage, mais l'employé d'administration déclare qu'il
lui manque cinquante sacs d'avoine, et que la vache,
destinée au régiment, a été emmenée par les zouaves.

On s'arrête encore... on traîne autour des voitures...
le capitaine cherche partout l'intendant... Au loin, il y a
des sonneries inquiétantes... Il semble que le régiment
s'en va... Le fourrier a bien découvert les charrettes de
vivres, mais comme la place est prise, il faut rester dans
la neige jusqu'à ce que l'artillerie, le génie et deux bataillons de mobiles aient fini. C'est interminable!

Enfin, notre tour est arrivé!... la distribution est faite.
Nous avons le foin, l'avoine, le lard, le riz, le café; nous
revenons avec notre butin au bivouac; les soldats sont
radieux !

On donne la musette aux chevaux; tous les feux
s'allument ; on commence la soupe, on prépare un superbe
frichetis; la mère Bachut apporte la table. Je vois tous
ces pauvres soldats qui surveillent avec amour ce repas
si longtemps attendu, quand, tout à coup, voilà dans le
lointain une rumeur étrange!... Je ne distingue pas bien,
mais les anciens ont dressé la tête... La sonnerie se
rapproche, répétée par tous les trompettes. L'adjudant-
major accourt au galop... — Mais qu'est-ce que vous
faites là ? formez donc les escadrons! Les hussards sont
déjà en route!

On renverse bidons et marmites, on arrache les piquets,

on enlève les musettes, on verse l'avoine dans la neige. Tous ces vivres qu'on vient d'apporter, on les fourre pêle-mêle dans les filets, dans les fontes, dans les bissacs...

— Mais, dépêchez-vous donc, crie le capitaine, nous n'arriverons jamais !

On brise les entraves, on déchire les tentes, on casse les cordes.

— Et les chevaux de main qui ne sont pas détachés ! Enlevez les cantines, coupez les longes!...

Le riz, l'orge et l'avoine sont répandus sur la neige... les bidons et les gamelles gisent dans les fossés. L'escadron se forme à la hâte, on galope jusqu'à la route... et là encore on regarde, et là encore on attend...

Des officiers d'état-major passent au galop sans pouvoir répondre aux questions que nous leur jetons. Nous cherchons le colonel; on l'a appelé au quartier général. Les maréchaux de logis chefs sont partis prendre les ordres.

Alors, les uns après les autres, les hommes se laissent glisser à terre, et, passant le bras dans les rênes, s'étendent sur la neige, au bord du fossé. Les maréchaux de logis chefs ne reviennent pas... Le jour tombe, l'obscurité se fait... des ombres vont et viennent... et on attend... on attend toujours !...

Enfin, un ordre arrive! c'était une fausse alerte. Les soldats peuvent rentrer au camp, dresser leurs tentes et faire la soupe. Il est nuit; il n'y a plus rien de possible... Les hommes exténués s'en vont dans ces ténèbres chercher

une place pour rattacher leurs chevaux et s'étendre à côté
d'eux.

Et quand, le lendemain, le général en chef organisera
l'ordre et la marche, il dira que le régiment, s'étant reposé
vingt-quatre heures, peut fournir tout le service de reconnaissance.

Car voilà, cher frère, ce qu'on appelle une journée de
repos en campagne.

CHARLES.

XIX.

LA TRAHISON.

6 décembre.

Mon cher ami, c'est hier seulement que les mauvaises
nouvelles nous sont arrivées. D'où cela venait-il? Personne
ne pouvait le dire. Les états-majors n'ont point parlé : aucune dépêche, rien de précis; mais quelque chose que l'on
ne peut définir et qui souffle tout à coup sur une armée,
comme un instinct qu'une grande bataille a été perdue,
que l'ennemi avance et que le péril est là. Instinct si
extraordinaire, qu'insensiblement tous ces mobiles, tous
ces mobilisés, pauvres enfants de la campagne, que le
chemin de fer a jetés en une nuit dans des pays ignorés,

n'ont plus qu'une pensée, une seule : fuir, fuir à tout prix.

A travers le mystère de l'inconnu, il y a chez eux ce sentiment qu'ils ont franchi un fleuve, et que ce fleuve, il faut l'avoir repassé pour échapper à l'ennemi. Les ordres du jour et les paroles de leurs chefs n'y feront rien. Par tous les chemins, par tous les sentiers on les voit se hâter vers ce fleuve, et ils ne seront en repos que quand ils l'auront retrouvé ! C'est comme un cauchemar ! point de bataille perdue, point de désastre, mais ce je ne sais quoi d'insaisissable de la débâcle, et la débâcle qui vient on ne sait d'où... Les chefs de mobiles font des efforts surhumains pour maintenir leurs régiments, mais on dirait des blocs de neige que l'on veut saisir et qui s'écoulent entre vos mains...

Devant un pareil péril, notre colonel épouvanté de la contagion est accouru au bivouac ; et tu ne saurais imaginer ce que peut la présence d'un chef en de pareils moments. — Messieurs, nous a-t-il dit, un danger inconnu nous menace ; et soyez sûrs qu'il est d'autant plus grand qu'on ne sait d'où il vient. Depuis nos malheurs, il y a chez nos soldats comme la fascination du revers. Ils ont le souvenir d'épouvantables choses, et la crainte que cela ne recommence. Restons près d'eux, et si la retraite devient inévitable, que notre cavalerie soit là pour que cette retraite ne soit pas une déroute.

La soirée et une partie de la nuit se sont passées au travail, et ce matin nous arrivions sur la grande route avec une colonne qui, au besoin, fera vaillamment son service d'arrière-garde. Mais, de tous côtés, nous entendons des cris et des menaces : A bas les traîtres ! A bas les officiers de décembre !... J'interroge... c'est une dépêche de Gambetta, qui, paraît-il, flétrit la conduite de notre général en chef, d'Aurelle de Paladines.

Dans tous les régiments éclate un sentiment de révolte et d'épouvante. Les soldats qui, depuis quatre mois, se font tuer pour des traîtres, trouvent que la mesure est comble, à la fin ! « A Frœschviller, à Metz et à Sedan, ils se sont battus comme des lions et on leur a appris qu'ils avaient été trahis par les maréchaux... Ils sont partis ensuite sous les ordres du général de la Motte-Rouge et c'est au retour qu'ils ont su que la Motte-Rouge les avait encore trahis... Enfin, la victoire de Coulmiers leur avait donné quelque confiance dans le général d'Aurelle et voilà que d'Aurelle les a trahis comme les autres ! C'est le ministre de la guerre qui leur dévoile cette trahison comme il a dévoilé celle de Bazaine, comme il dévoilera toutes les infamies des officiers de décembre ! Mais pourquoi Bourbaki ne trahirait-il pas à son tour, lui, ce général qui a été trouver l'impératrice à Chislehurst ? Comment avoir confiance dans un tel homme ?... Les soldats de la République sont fatigués de tant d'opprobres et de lâchetés, il leur faut des patriotes comme Garibaldi et Bordone... » Et les rumeurs vont toujours grandissant : A bas les traîtres ! A bas les capitulards ! A bas les généraux du coup d'Etat !...

Montcalm, qui assiste à cette révolte, ne prononce pas une parole. Il a simplement demandé à lire la dépêche, et quand il a vu qu'elle était bien du ministre de la guerre, sa physionomie a pris quelque chose d'amer et de désespéré que je ne lui ai jamais connu : il semble un homme qui perd pied et qui regarde dans le vide, attendant que quelqu'un vienne à son secours.

— J'en ai assez! s'écrie Sainte-Croix, jetant son sabre dans la neige. Je viens encore d'être insulté par les Eclaireurs de la mort! Depuis que dure cette sinistre bouffonnerie, il est vraiment temps que les honnêtes gens se retirent!

— Silence, monsieur, dit Montcalm, reprenez votre sabre, rentrez dans votre peloton et obéissez!

— Mais, obéir à qui? ce n'est pas une armée, ce n'est pas un ministre de la guerre cela, ce sont des émeutiers qui, pendant que nous combattons, fomentent des troubles et soulèvent nos soldats contre nous!

— Peu importe ce que sont ces hommes! L'ennemi est là; il faut éviter la guerre civile!

— Mais, enfin, jusqu'où devons-nous suivre ce M. Gambetta?

— Jusqu'au bout!

— Et alors quelle sera la limite? Que devrons-nous donc supporter de lui?

— Tout!... Tant qu'il s'appellera le ministre de la guerre et tant qu'il y aura un Prussien en France, aucun de nous n'a le droit de jeter son épée!

Pour moi, qui ne cherche même plus à me retrouver

dans tout ce qu'on raconte de ce M. Gambetta, j'ai dans mes chefs une si grande confiance que tant qu'ils me diront d'obéir, je marcherai derrière eux. Mais, chez ces troupes irrégulières, la colère, l'indignation, je ne sais quelle rage patriotique exalte et enflamme tous les esprits.

— Puisque les capitulards vont se sauver encore, faisons une trouée... et ensuite la guerre de partisans!

— C'est cela une trouée!... Voilà assez de trahisons et de retraites!... Soyons les Garibaldi de l'armée de la Loire!

— Messieurs, dit le commandant des Eclaireurs, je sais par mes espions que ce n'est qu'un rideau que l'ennemi promène devant nous. Déchirons ce rideau et passons de l'autre côté!

— Vive le général! et passons de l'autre côté, dit un capitaine de mobiles...

— Commandant! crie un officier de Vengeurs, je viens de voir les Prussiens dans le ravin des Ferrières. J'ai suivi leurs colonnes! marchons par les bois, rien ne peut les sauver!

— Ce serait insensé de suivre les bois!... Voici la route, dit le capitaine de francs-tireurs, marquant un point sur la carte...

— Silence, messieurs, je suis votre général; suivez mes ordres!

... Et après un conciliabule plus fiévreux que celui que j'ai entendu dans ma fameuse nuit de Marennes, la colonne se met en marche aux cris de : Vive la République!

à bas les traîtres!... Officiers et soldats jetant sur nous
des regards de défiance et de dédain... Pendant ce temps,
nous restons immobiles au bivouac : les hommes derrière
leurs chevaux, les officiers derrière les hommes, et nous
attendons...

Vers la fin du jour, Tartas nous arrive :

— Mon colonel, s'écrie-t-il, les corps francs vont surprendre l'ennemi et le rabattre sur nous. Tout ce qu'ils
demandent, c'est que la cavalerie soit là pour prendre les
pièces et ramener les prisonniers. Au nom du ciel, parlez
au général! il n'y a pas un instant à perdre...

— C'est bien, c'est bien, répond froidement le colonel.

Déjà on commence à distinguer un certain bruit; notre
émotion est au comble, et vraiment il faut le sentiment de
la discipline pour nous enchaîner à notre place, quand,
tout à coup, on entend une terrible rumeur et les cris de :
Sauve qui peut! sauve qui peut!..

Ah! cher frère, quelle fatalité et comment te dire ce
désastre que nous comprenons à peine? Le plan était admirablement conçu : les éclaireurs, cachés dans le bois,
étaient tout prêts à surprendre l'ennemi, qui devait déboucher par la route du moulin. Mais pendant qu'ils regardaient à leur droite, l'ennemi, se jetant sur la gauche
contre toutes les règles, contre toute raison, est accouru en
masse serrée, cernant le ravin et enveloppant les deux
routes, de sorte que ce sont les éclaireurs qui ont été surpris ! — Trahison! trahison! ont-ils crié en jetant sacs et

fusils et se sauvant à travers champs... Voyant déboucher
les Prussiens autrement qu'ils ne les attendaient, les dragons du Désespoir sont partis au galop répandant l'épouvante au milieu des Vengeurs, qui ont commencé à se
sauver à toutes jambes, entraînant à leur suite les Francs-
tireurs du Midi, qui dégringolaient la colline en faisant
des bonds de quinze pieds, tandis que les Ours des Pyrénées roulaient à travers le ravin, suivis par les compagnies de mobiles et de mobilisés, qui, voyant tout le
monde se sauver, couraient sans savoir ce qui se passait.
Et peu à peu cette déroute allait gagner toute l'aile gauche
de l'armée, s'il ne s'était trouvé là un vieux bataillon de
grenadiers de la garde qui, debout au milieu de cet écroulement, comme un rocher au milieu du torrent, est resté
immobile, silencieux, l'arme au pied, derrière ses chefs...,
le commandant à moustaches grises, l'épée à la main,
maintenant chacun à son poste... Et, comme l'attaque de
l'ennemi n'était pas sérieuse, que c'était une simple reconnaissance, peu à peu, derrière ces grenadiers sont venus se ranger les Eclaireurs, les Ours, les Vengeurs, les
Dragons, tous débandés, ayant jeté sacs et fusils, criant
à la trahison, s'accusant les uns les autres, se menaçant
du revolver, demandant à réélire leurs chefs... les journalistes insultant les ingénieurs qui dénonçaient les sous-
préfets qui ne voulaient plus obéir aux avocats... Et les
cris de trahison n'auraient cessé de remplir le camp, si ce
souffle qui, depuis deux jours, passe sur notre malheureuse
armée, n'avait tout à coup comme glacé les colères et engourdi les haines, inspirant à tous cette pensée fixe, in-

cessante de fuir, fuir à la hâte, jusqu'à ce que ce fleuve soit franchi...

Pendant ce temps, l'armée se met en marche, et hélas! elle se met en marche du côté opposé à l'ennemi. C'est la retraite!... Que s'est-il donc passé? Sommes-nous abandonnés de Dieu?... Mais, cher frère, il ne faut pas nous abandonner nous-mêmes!

Il y a une telle contagion dans la déroute, un tel vertige dans la vue de cette multitude qui fuit, qu'il faut faire appel à toute son énergie pour maintenir ses troupes en ordre au milieu de cet écroulement de tout, et empêcher les plus braves de regarder à l'horizon et de chercher ce fleuve que chacun veut avoir franchi.

CHARLES.

XX

PASSAGE DE LA LOIRE.

Près Gien, 8 décembre.

Oui, cher frère, c'est bien la retraite, toujours la retraite! Cette armée superbe, que j'avais vue partir avec tant de confiance, la voilà pêle-mêle sur la route : fantassins, cavaliers, chariots et caissons, marchant en silence, avec cette hâte de s'éloigner de l'ennemi qui est mortelle en campagne.

Comment cette armée a-t-elle fondu?... je ne tel expliquerai pas. Nous n'avons point subi de défaites; nous avons perdu très-peu d'hommes sur le champ de bataille, et il ne reste plus rien... rien que ce qui passe en ce moment devant moi; cette chose misérable qui s'écoule et que je ne sais comment nommer!...

Ah! combien il est difficile de connaître ce que c'est que la guerre, et ce que valent ces chiffres que nous répétons chaque jour! Tu me dis que le gouvernement parle d'une grande bataille que nous devons livrer avec nos soixante mille hommes ?...

Une bataille!.. C'est donc soixante mille hommes, ce que je vois passer là ?.. Ces hordes de fantassins débandés, ces quelques rares cavaliers suivis d'une queue interminable de chevaux blessés, les uns en main, les autres traînés par la figure, ces fiers cuirassiers la tête basse, enveloppés dans leurs manteaux pourpres, et, tout autour d'eux, se pressant sur la route, les mobiles... pauvres mobiles, que j'admirais à Lyon avec leurs costumes bien ajustés, leurs fines chaussures attachées au-dessus du sac, et qui maintenant, se traînent nu-pieds dans cette neige, insultant leurs officiers, se sauvant dans les fermes, pillant les charrettes de vivres... C'est donc là ce qu'on appelle soixante mille hommes!...

Au milieu de cet écroulement, quelques bataillons se tiennent encore debout : vieux soldats dressés par la discipline, rompus à la fatigue, et qui restent serrés autour de leurs chefs; mais, derrière eux, le torrent recommence,... torrent de blessés, de malades, de fuyards...

Cela se répand sur les rives de la Loire et cela vient s'engouffrer sur le pont.

Ce qui se passe sur ce pont est indescriptible ! De la colline, nous apercevons cet effroyable chaos, et nous avons, nous-mêmes, la hâte d'arriver... Déjà, un pâle soleil d'hiver plonge à l'horizon ; de minute en minute, l'encombrement augmente et la marche se ralentit ; chacun veut se frayer un passage.

— Arrière ! arrière ! laissez donc passer l'artillerie !

— Place pour les chevaux d'état-major, c'est l'ordre du général.

— Hue, dià ! hue, dià ! crie la mère Bachut qui, les jupes retroussées, le fouet à la main, avance courageusement à travers cette neige, tirant elle-même sa carriole où elle a installé nos blessés.

Et l'on marche, et l'on se hâte !... Devant quoi fuyons-nous ainsi ? personne ne le sait. Chose étrange ! depuis notre victoire du 28 novembre, nous n'avons pas aperçu un casque, nous n'avons pas entendu éclater un obus, aucun de ces soldats ne saurait dire ce qui le menace, et cependant tout le monde cherche le fleuve.

Devant quoi fuyons-nous ?... hélas ! nous fuyons devant Frœschviller, devant Sedan, devant Metz !... Si l'ennemi ne nous poursuit point, c'est là ce qui nous poursuit ! Malheureux échappés de nos désastres, nous sommes obsédés des terribles visions, et nous ne pensons qu'à fuir pour n'être pas encore une fois enveloppés.

Déjà des rumeurs inquiétantes circulent dans les rangs : l'armée prussienne serait en ce moment de l'autre

côté de la colline, et, dès demain, à l'aurore, le pont serait
labouré d'obus et de boulets ; tout ce qui n'aura pas
passé cette nuit sera sans doute prisonnier.

Enfin, nous apercevons le parapet du pont ! nos cavaliers marchent avec un certain ordre ; mais la chaussée
est encombrée d'une file interminable de chariots et de
soldats qui roulent pêle-mêle vers le fleuve. Au moment
où nous y arrivons, l'aide de camp du général accourt avec
une dépêche : — Un escadron en grand'garde ! à qui est-
ce à marcher ?...

A qui est-ce à marcher ?... hélas ! à ceux qui restent à
ceux qui ont encore des chevaux ! il n'y a plus de tour
aujourd'hui ! Nous nous arrêtons, il faut tirer nos bêtes de
cette inextricable mêlée. Les cavaliers viennent se ranger
sans mot dire. — Messieurs, nous dit l'aide de camp à
voix basse, voici l'ordre pour chacun de vous. Ecoutez
bien : ces feux que le général a fait allumer sur la colline
sont pour tromper les Prussiens et simuler une armée qui
n'existe plus. Vous êtes donc séparés de nous. Allez, et
tâchez de ne pas vous faire enlever.

Nous jetons un dernier regard sur ce pont que notre
armée commence à franchir ; et, revenant sur nos pas,
nous marchons en colonne jusqu'au croisé des chemins.
— Allons, mon pauvre Bernard, me dit Roger en me
serrant la main ; nous l'avons échappé à Sedan ! au
revoir maintenant à Dusseldorf ou à Mayence !...

Je ne réponds pas ; je franchis les dernières lignes ;
j'examine ces feux qui n'éclairent rien ; puis, selon la
consigne, je suis le remblai du chemin de fer jusqu'à la

isière de la forêt. J'abrite mon peloton derrière un
nur ; je place mes sentinelles, je m'adosse à un arbre, et
.lors, je regarde et j'attends...

Devant moi, des plaines abandonnées, des terrains
'agues, quelques cahutes, puis, de l'autre côté du fossé,
:ommence la forêt ; et mes sentinelles se détachent au
oin, comme des points de mire pour les balles ennemies.
.e froid est terrible. J'écoute ce silence, et je contemple les
grands sapins qui dressent leurs sombres silhouettes sur ces
)laines éblouissantes de neige. Que se passe-t-il dans cette
orêt ? Là-bas, dans les profondeurs, on entend un bruit
ourd, comme des caissons qui roulent... Mais c'est toujours
'armée muette : pas de feux, pas de sonneries, pas d'éclats
.e voix, aucun bruit... et cependant elle est là, tout près
.e nous ; nous le savons, nous le sentons....

Tout à coup, il me semble voir quelque chose d'étrange.
Je fais signe à mon brigadier ; nous nous glissons jusqu'au talus, et nous regardons attentivement un point de
a forêt. On croirait qu'un sapin avance et recule sur la
neige. On ne distingue rien, mais une ombre est là. —
C'est un uhlan, me dit le brigadier.

Le sapin tremble quelque temps encore ; puis, bientôt
le paysage reprend son immobilité. Déjà je me demande
si ce n'est pas une vision de la nuit, quand, soudain, un
de mes hommes dresse la tête et cherche à l'horizon : derrière des bouleaux, un cheval s'est mis à hennir. Je regarde... les sentinelles sont à leur poste, tous mes
hommes sont là ; c'est donc un cavalier ennemi ; un peu

10

après, une ombre sort de la forêt, puis une autre, qui restent immobiles à considérer nos sentinelles; nous ne faisons pas un mouvement... ce sont des uhlans; on distingue maintenant la tête des chevaux. Ils ont sans doute l'ordre de ne pas tirer sur nous, nous avons l'ordre de ne pas tirer sur eux, et je comprends que nous allons passer la nuit tout entière à nous observer de la sorte ; seulement, dès qu'un espion les aura avertis que les feux de la colline n'éclairent rien, ils vont nous enlever en un tour de main.

Dans les profondeurs de la forêt, le bruit continue de plus en plus sourd et profond. De temps à autre, le trompette se couche sur la neige, pour écouter. Il croit reconnaître le roulement d'une artillerie en marche. Puis, de nouvelles ombres sortent des sapins, rôdent autour des sentinelles, et s'évanouissent dans le bois... Je regarde ma montre, il est neuf heures ; et déjà, à droite, sur le haut des collines, les feux sont entièrement éteints...

Brusquement Hirscher me prend par le bras et m'emmène jusqu'à l'extrémité du mur. Là bas, la levée du chemin de fer, au lieu de se détacher nettement sur la neige, semble s'agiter; le haut du talus ondoie sans qu'on puisse bien distinguer. — Lieutenant, me dit-il, ce sont des troupes qui défilent; les hommes sont cachés, on ne voit que le haut des casques.

Que se passe-t-il là bas ? Est-ce une reconnaissance qui retourne dans la forêt ? Sont-ce des troupes qui vont voir ce que veulent dire ces feux qui s'éteignent?... Pendant que nous regardons, voilà, peu à peu, la ligne

qui reprend sa netteté et qui se détache comme auparavant sur la neige... et les feux s'éteignent tou-
ours !...

Le froid est si terrible, le danger est si grand, que
outes les demi-heure je fais relever les sentinelles.
Pas un n'hésite pour marcher à son poste. Rien ne les
abrite dans ces plaines; ils ont vu les ombres qui sortaient
le la forêt, ils savent que l'ennemi est là, que rien ne
peut les sauver et qu'ils tomberont tous les trois dès
qu'il aura décidé son mouvement; ils souffrent du froid
et de la faim, et ils marchent sans une hésitation, sans
un murmure. Pas même d'ordres à leur donner : ils se
sont comptés... 7, 8, 9 à marcher! dit simplement le plus
ancien; et les trois numéros partent.

Les plantons que j'envoie au général ne reviennent
point... et chacun est là, songeant... et les heures se
passent... et les ombres sortent toujours... et la lune
resplendit sur cette neige...

Mais maintenant tous les feux sont éteints!...

Soudain, un cavalier arrive avec une dépêche... impossible de voir, la bise éteint tout ce que j'allume...
Enfin, le trompette place une chandelle sous son manteau
et je lis les lignes suivantes : « Avant minuit, vous
vous replierez à la hâte, et vous rallierez l'escadron! »

Avant minuit!... je regarde ma montre : il est quatre
heures!...

— Qui vous a remis cette dépêche?

— C'est un officier d'état-major, dans le faubourg de la ville.

— Lieutenant, me dit la sentinelle, je vois des casques qui sortent de la forêt.

— Nous sommes pris, murmure le brigadier...

— Bah! ils ne nous tiennent pas encore, dit le trompette avec son joyeux visage.

Je donne l'ordre de relever les sentinelles, et sans hâte et sans bruit, nous partons à pied, nous abritant dans le chemin creux et tenant nos chevaux par la figure. Arrivé au détour de la route, je crie : A cheval! et nous courons ventre à terre! Les pauvres bêtes n'ont pas mangé depuis la veille, mais on dirait qu'elles comcomprennent!... échapper à l'ennemi! n'être pas fait prisonnier!...

Enfin, au bout d'une heure, voilà des pantalons rouges, des blessés, des traînards... c'est la queue de l'armée. Nous arrivons sur la rive où l'encombrement commence. Il semble que jamais nous ne pourrons atteindre jusqu'à la place. Nos chevaux se frayent un passage à travers les voitures dételées, les bâches renversées, les vivres abandonnés, pour tomber dans cette cohue de fourgons, de chariots, d'affûts et de caissons, qui se choquent, se mêlent, s'enchevêtrent, et entraînant bestiaux et charrettes, roulent, comme un torrent, vers ce pont.

A sept heures, nous voilà sur la première pile. L'ordre est donné de faire sauter le pont au lever du jour; c'est une furie pour avancer. Au milieu de la chaussée, les

voitures marchent sur trois rangs ; les cavaliers sur les
trottoirs, et les fantassins partout... Par moment, il se
fait des poussées terribles ; cela se gonfle comme un flot...
je me sens soulevé au-dessus de mon cheval... puis,
brusquement, tout s'arrête et je reste cloué sur place.

Pendant ces interminables arrêts, nous regardons la
Loire qui charrie d'énormes glaçons, la neige qui couvre
les coteaux, et cette colline où l'artillerie prussienne va
apparaître tout à l'heure... Et tandis que nous restons
là, immobilisés, les fantassins se frayent un passage,
courant sous les jambes de nos chevaux, sautant par-
dessus les canons, se glissant entre les roues des charrettes... C'est un flot continu que nous regardons passer
sans pouvoir le suivre.

A sept heures et demie nous sommes au milieu du
pont ; les voitures se sont dégagées, les caissons ont
repris la marche, il s'est fait un vide, et nous avançons
de quelques pas, quand tout à coup, voilà une panique :
Les Prussiens ! les Prussiens !... Des hommes croient
apercevoir leurs canons sur les coteaux. Alors c'est une
terrible mêlée : les chariots montent les uns sur les autres,
les canons se dressent, les chevaux se renversent ; c'est
une tempête de cris, de fureur, de menaces de cour
martiale, et encore une fois tout s'arrête... tout, excepté le flot de fantassins qui s'écoule toujours, chasseurs
et turcos bondissant comme des singes par-dessus nos

10.

selles, et les mobiles grouillant sous les pieds de nos chevaux.

Enfin, sans comprendre ce qui se passe, on entend un craquement comme dans la débâcle de nos fleuves... brusquement, le pont se dégorge, tout se met en mouvement... et bientôt chariots et caissons roulent au grand trot de l'autre côté de la Loire.

Et la retraite continue...

CHARLES.

XXI

LA RETRAITE

?......

Où suis-je?... depuis combien de temps dure cette retraite?... Je ne connais plus les heures, je ne connais plus les jours... On ne s'avance pas, on s'écoule..De cette lugubre marche, quelques visions seules restent dans mon esprit!

... Je vois Serly avec son clocher, son rideau de peupliers et ses collines de neige. Je vois ce soldat qui meurt sur le revers du fossé... il m'appelle d'une voix désespérée... je regarde machinalement... Il y a là des charrettes avec leurs bâches couvertes de givre... il y a des corps ensevelis sous la neige... puis nous repartons.

... Je vois Gisors... une ferme à l'angle de la route, un grand feu dans l'âtre... la colonne s'est arrêtée... nous sommes entrés, et nous regardons ce feu... — Pauvres enfants, pauvres enfants !.. dit la bonne femme... Je mange ce qu'elle me donne, et je reste à considérer la flamme... Comment de Verneuil était-il là ?... Son escadron n'était pas de la colonne, et je ne m'étonnais point de le voir... La salle était chaude. A travers les vitres glacées, je voyais ces plaines inondées de choses sans nom. Je regardais Verneuil qui ne disait rien, et je pensais : Rester ici... à l'abri... ne plus mourir de faim!... ne plus mourir de froid!...—Pauvres enfants !... répétait toujours la bonne femme... puis je me lève, et nous repartons.

Ensuite nous nous réveillons dans une immense plaine... il y a deux pieds de neige... je vois un abreuvoir dont on brisait la glace... les ambulances qui passaient... quelques carabiniers enveloppés dans leurs manteaux rouges... puis, je ne vois plus rien !...

A partir de ce moment, nous avons commencé la terrible étape, l'étape qui ne devait plus finir... On nous avait prévenus... j'avais réuni mes hommes : Allons, allons ! leur disais-je, du courage, enfants ! Et ils me .répondaient.. et on marchait en ordre sur la route : d'abord, les cavaliers valides, puis les chevaux de main, l'interminable file de chevaux blessés, les bagages, puis l'artillerie...

Au croisé des chemins nous mettons pied à terre ; je
vois la colonne descendant lentement ; on distingue quelques régiments ; j'ai encore des cavaliers derrière moi...
Parfois, je me retourne, et reprenant tout ce qui me reste
de force, je les hèle. — En avant ! en avant ! Ils me
regardent, ils me suivent... mais ils ne répondent
plus.

La nuit est venue. Peu à peu la colonne s'allonge.
Autour de nous de l'infanterie, des mobiles, des hommes du
train... et puis des affûts, des chariots, des caissons... cela
s'écarte, cela se rapproche, et, à travers cette obscurité, je
vois les silhouettes de ces énormes roues qui menacent à
chaque instant de nous broyer nous et nos chevaux. Je
répète machinalement : Allons, en ordre ! en ordre !... mais
déjà j'entends le bruit de ma voix comme dans un rêve, et
je sens que bientôt je n'aurai plus la force de parler...

Et on marche toujours... toujours des plaines de neige,
toujours des chevaux, des caissons, des chariots abandonnés... Les heures se passent... le froid est terrible.
Dans les moments d'arrêt, on sent des frissons mortels, et
on se dit : C'est fini ! c'est le fatal sommeil qui commence !...

Puis je vois des maisons, une grande place, des feux
allumés, et des centaines de têtes qui remuent tout
autour !... Mon cheval y va machinalement... je le suis et
je reste à me chauffer comme un somnambule... J'entends des paysans qui causent : nous sommes près de

Bourges, dans le village d'Henrichemont... Près de Bourges ?...

...Combien de temps sommes-nous restés là ?... je ne saurais le dire... La tête de mon cheval était appuyée sur mon épaule ; il me regardait, je voyais ses naseaux couverts de glace ; il me regardait parce qu'il avait faim... j'avais faim moi-même, mais j'étais trop engourdi par le froid pour avoir conscience de ce qu'il fallait faire pour manger.

Quand les derniers tisons ont été éteints, mon cheval m'a remmené, et je me suis retrouvé sur la grande route. La lune s'était levée, éclairant à droite et à gauche ces steppes glacés, et, au milieu, cette chose misérable qui, naguère, avait été une armée !... Je murmure encore : — En avant, le premier peloton !... Mais depuis longtemps il n'y a plus de cavaliers derrière moi.

Il devient difficile de marcher ; ma bête et moi nous trébuchons à chaque pas : c'est le cadavre d'un cheval enseveli sous la neige, c'est un homme étendu que les caissons vont écraser... Je me baisse machinalement, je cherche à pousser l'homme sur le talus. Mais il est déjà froid, et mes mains sont tellement engourdies, que je trébuche et que je roule près de lui !...

Nuit terrible ! effroyable souvenir !... cadavres d'hommes et de chevaux ! ombres qui m'appellent !... Voix désespérées !... Bientôt je n'entends plus... et n'ayant plus conscience de moi-même ni la force de me soutenir, je me suis appuyé sur quelque chose : c'est la gueule d'un canon...

J'ai le bras passé dans la bride de mon cheval que je
tire après moi ; il tombe la tête sur mon épaule, et moi,
je tombe sur le canon. Le froid m'envahit, l'engourdissement commence, je voudrais lutter, mais je suis vaincu
par le fatal sommeil. Une secousse me réveille... c'est le
canon qui se remet en marche ; alors je me soulève, je
me traîne pendant quelques pas, puis, tout s'arrête encore... et le cheval retombe sur moi, je retombe sur le
canon et nous nous remettons à dormir...

Les souffrances de la faim deviennent si terribles qu'instinctivement je cherche, et passant le bras dans la fonte,
je tire un morceau de biscuit roulé sous la brosse et l'é-
trille ; je le trempe dans la neige écrasée et je mange,
pendant que mon cheval, les yeux inquiets, avance jusqu'à
ma bouche ses naseaux glacés.

Près de moi, il y a quelque chose de rouge... c'est un
carabinier enveloppé, comme une vieille femme dans son
manteau pourpre... Il me regarde sans mot dire ; il est
blessé ; les linges sanglants qui recouvrent son bras sont
roidis par le froid... Mais, voilà le canon qui se remet
en marche... il faut suivre.

Combien d'heures ai-je passé ainsi ? Je ne puis le dire...
De toutes les visions de cette effroyable nuit, c'est le seul
souvenir qui me reste ! Dans cet engourdissement où
j'étais tombé, engourdissement du froid, de la fatigue,
du sommeil et de la faim, je ne voyais plus rien... rien
que cette gueule de canon, cette tête de cheval **couverte**

de givre, et ce manteau rouge de carabinier... Pour moi, de toute la nature il n'y avait plus que cela de vivant!...

Et, peu à peu, dans mon cauchemar, cette gueule était devenue comme un être animé dont je suivais tous les mouvements. Quand elle se remettait en route, je la regardais d'un air sombre comme on regarde un chef qui ne vous laisse pas un instant de repos, et j'avais envie de lui crier : Mais, par pitié, arrête-toi donc !

Je la vois, je la verrai toujours... Je la vois avec cette fente qu'elle avait là, à gauche, car elle avait été blessée par un éclat d'obus. Je vois la silhouette de ses deux roues énormes... j'entends leurs grincements dans la neige qui me semblaient autant de commandements pour me remettre en marche...

Et cela a duré ainsi toute la nuit. Quand le soleil s'est levé, soleil d'hiver plus lugubre et plus froid que le froid de la nuit, sans m'en rendre compte, j'avais quitté mon canon; j'étais assis sur quelque chose, le bras toujours passé dans la bride de mon cheval qui était étendu à mes pieds.

Devant moi, défilaient des spectres qui semblaient évoqués par une sombre magie : foule bariolée, blessés et mourants, pauvres êtres aux costumes étranges, aux lambeaux éclatants, se traînant dans cette neige... Je ferme les yeux, mais cela s'écoule toujours... Alors, par un dernier instinct, je cherche mon régiment ; un camarade ! un soldat ! il m'en faut un !...

Voilà les voitures d'artillerie, les chariots d'ambulance, puis des chasseurs débandés, des hommes du train... voilà les. Vengeurs de la mort, les Eclaireurs du Midi... tout cela s'écoule sans bruit, sans une parole, comme les glaçons qu'un fleuve charrie; il semble que c'est quelque chose de fatal qui s'écoulera toujours et qui n'aura jamais de fin!...

J'aperçois une lance! un manteau blanc! Je me soulève... — j'étais assis sur le cadavre d'un cheval — ce manteau c'est Kerven; je me mets près de lui, je lui prends la main, je continue d'avancer, et c'est alors que j'ai entendu dire qu'il y avait vingt-huit heures que nous marchions ainsi!...

Enfin, voilà un village, une ferme, du feu, un abri... J'entre avec une joie sauvage, et, pendant que je me réchauffe devant cette flamme, mes yeux tombent sur un papier déchiré qui reste collé à la muraille, et, machinalement, je lis les lignes suivantes :

PROCLAMATION DU MINISTRE DE LA GUERRE.

« Soldats, depuis les victoires d'Orléans vous avez pu mesurer la distance qui sépare les armées prétoriennes du soldat citoyen combattant pour la patrie et pour la liberté!... Vous savez ceux qui vous avaient trahis !...

« GAMBETTA. »

Mais je ne puis continuer, la porte s'ouvre et lentement voilà un flot qui se répand dans la salle : vengeurs, mobiles, mobilisés, francs-tireurs, débandés, sans sacs, sans fusils, pieds nus, se traînant, pleurant, sanglotant, demandant du pain, implorant un abri, remplissant les caves, envahissant les greniers, submergeant tout...

Je sors, et me rappelant que les armées prétoriennes étaient les armées de Frœschviller, et que le soldat-citoyen était ce que je voyais en ce moment, je reprends mon cheval par la bride, je me remets en route...

Et la retraite continue...

                                        CHARLES.

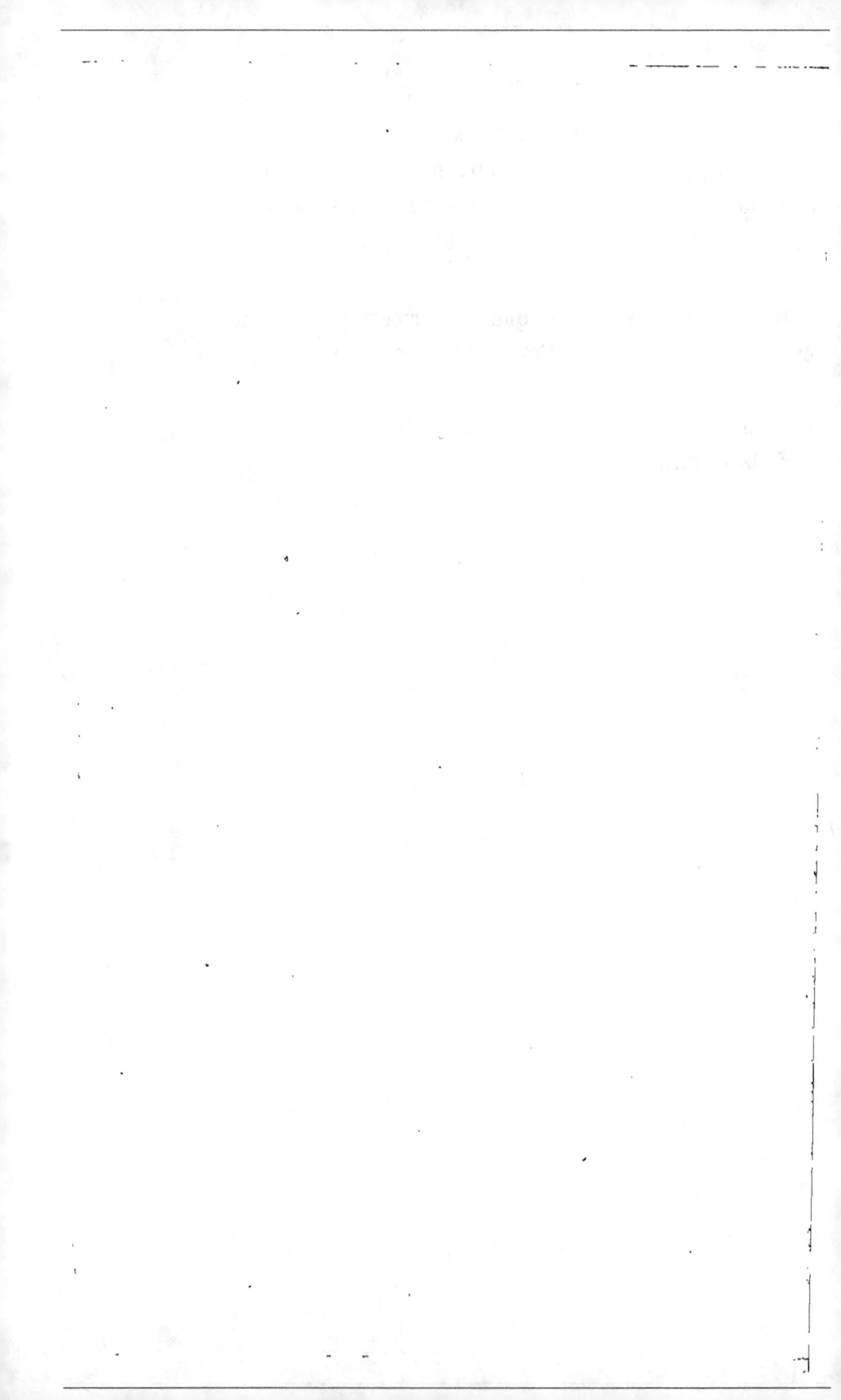

CAMPAGNE DE L'EST.

XXII.

REPOS.

Près Bourges, 15 décembre.

Mon cher ami, je t'écris de la ferme des Oseraies. Le feu
rille dans l'âtre et se reflète gaiement sur l'armoire de
oyer; la bonne femme va et vient, préparant notre
pas; les petits enfants, accroupis entre les chenets,
uent avec mes armes et mes buffleteries, tandis que
bon chien pose avec confiance sa tête sur mes genoux,
ns autre préoccupation que de renvoyer le chevreau
ui veut à toute force venir se chauffer avec lui. Par la
nêtre, je regarde les prairies qui brillent au soleil, les
oupeaux qui paissent; j'entends le ruisseau sous les
ules. Est-ce un rêve?... ou ai-je rêvé la retraite d'Or-
ans ?...

Quand je me vois ici, au milieu de cette verdure, de
 silence, et que, tout à coup, passent devant mes yeux
s terribles visions, il me semble que les contrées que

j'ai parcourues dans cette effroyable nuit appartiennen
à un autre monde, et que si j'y retournais jamais, j
reverrais encore ces cadavres d'hommes et de chevaux
ces steppes glacés et cette lugubre procession de cha
riots, de canons, de blessés, de malades, qui s'écouleron
là jusqu'à la fin des temps ..

Ah! ma première nuit passée ici !... Tu ne saura
jamais ce que c'est qu'un lit après un mois de campagne
lorsqu'en sortant de ce linceul de neige qui menace tou
jours de vous ensevelir, on se voit tout à coup à l'abri
au milieu de braves gens qui vous plaignent et qui vou
soignent !... la première fois que devant un feu clair e
pétillant on enlève ces vêtements mouillés que le froi
a roidis, la première fois qu'on retire ses jambes de cett
prison de cuir et d'acier pour les étendre entre deu
draps blancs !... non ! jamais tu ne pourras comprendre !
Je sautais dans ce lit comme un marsouin, promenant pa
tout mes pauvres membres qui ne se sentaient pa
d'aise !

Songe que depuis le départ de Lyon je n'ôtais jama
rien, et que je remettais toujours quelque chose ! Song
que, peu à peu, ce gros porte-manteau que tu m'
envoyé s'était vidé sur mes épaules : les couches
flanelle se superposant comme les gilets chez les écuye
du Cirque et formant un ensemble qui n'était certes p
prévu par les règlements militaires.

Ce qui se passait entre ces différentes couches, je n'
vais jamais voulu le savoir; mais il est certain que m
camarades commençaient à s'en préoccuper sérieusement.

uant à mes bottes, le cuir, la boue, le drap, l'acier,
neige, s'étaient mêlés, amalgamés de telle sorte que,
epuis le genou jusqu'au talon, cela se remuait d'une
ule pièce comme les armures du moyen âge. Aussi,
rsque j'ai commencé à démolir le tout, quelle scène!
quel émoi pour les braves gens de la ferme! La ser-
ante courait dans les escaliers comme une folle, appelant
us les garçons à témoin... Et ils restaient émerveillés à
ontempler la quantité de choses qu'il me fallait déboucler,
éboutonner, déficeler, couper pour arriver à ce pauvre
orps que je ne sentais plus depuis un mois.

Et si tu voyais ce qui reste de tout mon équipement! si
u voyais ces objets sans nom qui sont à sécher dans
'âtre: ces tentes, ces brides, ces harnachements trans-
ormés en masses informes de boue et de fange!..

Dans la prairie en face, les soldats profitent de ce beau
oleil pour réparer leurs effets. Chacun est à la besogne:
a mère Bachut travaille avec le sellier à rajuster sa
arriole; toutes les nippes sont étendues sur des cordes:
oiles, vêtements, couvertes; on coud, on brosse, on lave...
Mais, au milieu de tout cela, il y a une chose qu'on soigne
vec amour et respect: c'est le manteau de l'arche-
vêque!...

T'en ai-je parlé?... je ne me rappelle plus. Que pouvais-
je dire alors?

Figure-toi que, quand le froid était devenu si terrible,
passant à Montargis, j'avais acheté une couverture de
voyage d'un violet éclatant, qui faisait l'admiration des

soldats; et la mère Bachut y avait cousu des agrafes pour m'en faire une manière de manteau.

Or, un jour, comme nous traînions nos chevaux par la figure, ce grand manteau descendant jusqu'à terre, cette peau de bique qui retombait comme une jupe, ce passe-montagne qui m'enveloppait la tête, tout cela me donnait une telle apparence, que voici les paysans d'un village qui se découvrent en disant : « C'est Monseigneur qui suit l'armée!...Pauvre Monseigneur! comme il doit souffrir!...»

— S'il doit souffrir! répond le coquin de trompette; il n'a ni bu ni mangé depuis vingt-quatre heures!

Et les paysans de courir à leur ferme et de revenir avec des volailles et du vin...

Quand mes camarades ont vu cela, je n'ai pas besoin de te dire ce qui s'est passé!... Du plus loin qu'ils apercevaient un clocher, ils arrivaient près de moi, relevaient à droite et à gauche les coins de la couverture; Sainte-Croix rabattait mon capuchon, jusqu'aux yeux, Roger mettait le sabre à la main, et tous marchaient gravement, tandis que les paysans rangés le long de la route se découvraient avec respect.—Monseigneur! voilà Monseigneur!... criait l'avant-garde.

— Pauvre Monseigneur, répétait le trompette, il n'a ni bu ni mangé depuis vingt-quatre heures!

Mais bientôt, quand le froid et la fatigue m'avaient fait tomber dans cet état de somnambulisme que je te racontais l'autre jour, c'était devenu quelque chose de machinal; et je me rappelle vaguement que, me traînant la tête basse à travers la neige, je sentais qu'on s'approchait de moi,

ju'on soulevait mon manteau, qu'on baissait le capuchon…
e ne regardais même pas, je me disais : Voilà un village !…
Alors je faisais un geste comme pour demander qu'on me
aissât en repos ; mais, malgré moi, on agitait les revers
le la couverture, et j'entendais des voix qui me disaient :
« Lieutenant ! les vivres ont manqué hier ; faites encore
une fois monseigneur, car, en vérité, les hommes meurent
le faim ! »

Combien de villages et de hameaux ai-je traversés
ainsi !… Je ne songeais guère à en rire alors !… Je vois
ces plaines de neige, je vois ces paysans rangés le long
le la route et se découvrant devant moi, pendant que le
trompette répétait invariablement : « Pauvre Monseigneur
il n'a ni bu ni mangé depuis vingt-quatre heures ! »

Le manteau est là séchant au soleil, suspendu aux
courroies de la carriole, et Dieu sait si on le soigne ! La
mère Bachut le raccommode, Berton le brosse avec amour,
mais les soldats trouvent, hélas ! qu'il n'est plus assez
violet !… Pour eux, il n'y a pas de voitures de vivres comparables à ce manteau-là !

Mais voici une carriole avec des caisses !…

C'est Goulard, le vieux Goulard qui nous arrive de
Lyon !… Et Roger accourt, puis Sainte-Croix, Tartas !…
Et on s'embrasse, et les récits commencent ! et tout le
monde parle à la fois ! Que de choses à nous dire !…

— Eh bien ! mes pauvres amis, s'écrie Goulard, dans
quel état je vous trouve ! C'est donc le souffle de 92 qui
vous a poussés comme cela ? Ah ! mon cher Tartas, que

vous aviez donc raison de dire que la République trans-
formerait nos soldats! A Reischoffen, nous ne courions
pas si vite, et cependant nous avions cent quarante mille
hommes à nos trousses ! car, le savez-vous au moins ? personne ne vous poursuivait!... Les Prussiens se sont jetés
sur Chanzy, mais ils ne se sont même pas occupés de vous!

— C'est bon ! c'est bon ! Goulard ; dites-nous un peu ce
qui se passe à Lyon.

— Ce qui se passe à Lyon ?... Oh ! les républicains sont
plus patriotes que vous autres : à chacune de vos défaites,
pour venger la patrie, ils arrêtent une demi-douzaine de
prêtres, pillent un couvent, renouvellent le pacte avec
la victoire ou la mort, et renferment de plus belle ce
pauvre Challemel-Lacour, dont la situation devient véritablement digne de pitié ! En apprenant la retraite d'Orléans, on a hissé le drapeau rouge sur la Croix-Rousse et
on a baptisé trois nouveaux canons : Cunégonde, le Ven-
geur et l'Invincible ; tandis que dans le Midi, où le patriotisme est plus ardent encore, Marseille assassine ses préfets et Perpignan lapide les officiers.

— Allons, vieux grincheux, dit Roger, venez faire une
ronde dans notre cantonnement.

Les rayons du couchant éclairent les grandes plaines du
Berry. C'est une de ces belles journées d'hiver qui
font tout oublier! Les cavaliers, bivouaqués dans les
fermes et les étables, s'organisent d'eux-mêmes et se dé-
brouillent loin de la surveillance de leurs chefs. Les chevaux, débarrassés enfin du harnachement, se roulent sur

la litière, aussi joyeux que je l'étais moi-même... Selles, manteaux, couvertes, sont là séchant sur la haie; des hommes conduisent leurs bêtes à la forge, d'autres les mènent à l'abreuvoir!... Partout on répare, partout on travaille.

— Bonjour, Hirscher! dit Goulard; il y a donc du nouveau, mon ami?

Hirscher reste un instant sans répondre; puis levant les yeux sur nous:« Les états sont-ils partis? nous dit-il.»

— Oui, vieux roquentin, les états sont partis; je les ai vus, j'ai vu ton nom, tu l'auras ta croix!

— Ce n'est pas tant pour moi, lieutenant, dit Hirscher; c'est pour le vieux qui est médaillé de Sainte-Hélène et à qui j'ai écrit la chose.

— Mais que font donc ces brigadiers et cavaliers attroupés là-bas sur la place de l'Eglise?.... Hirscher! faites-les rentrer à l'écurie.

— Mon lieutenant, il y a un décret du ministrè de la guerre : c'est une théorie que l'on fait chaque dimanche aux paysans, et que les soldats doivent entendre dans leurs cantonnements.

Nous nous frayons un passage avec peine. Les fermiers et les villageois sont là avec leurs charrettes et leurs bestiaux, et, au milieu d'eux, des mobiles, des mobilisés, des francs-tireurs déguenillés, s'agitant et discourant. Là-bas, sur les marches de l'église, l'instituteur fait la lecture, suivie de commentaires qui n'arrivent pas jusqu'à nous.

11.

— Ecoutez, écoutez! dit un franc-tireur en béret rouge qui se démène furieusement sur une charrette, répétant les paroles prononcées par l'instituteur : il s'agit des *femmes obscènes* de l'Homme de Décembre! Dimanche dernier, on vous a dit l'histoire de la femme Howard, la bouquetière de la Tamise, qui avait prêté de l'argent pour le coup d'Etat!... Aujourd'hui, c'est l'histoire de la fille Bellanger, l'écuyère du Cirque... celle-là je l'ai vue, moi qui vous parle !

— Ecoutez, écoutez !

— C'est pour cette femme que vous avez payé des impôts... c'est pour ses bijoux, ses dentelles et ses châteaux qu'on vous prenait votre argent... c'est pour elle qu'on a fait la campagne du Mexique et qu'aujourd'hui encore on vient de déclarer la guerre à la Prusse!...

Tout autour de nous, les villageois, le nez en l'air, la bouche ouverte, écoutaient l'orateur sans mot dire. De temps en temps, des paysans, qui débouchaient sur la place avec leurs bestiaux, jetaient un certain trouble; puis, apercevant ce qui se passait, ils s'arrêtaient tout à coup, regardaient l'orateur et se regardaient entre eux.

— Mais qu'est-ce qu'il y a donc? dit le fermier des Oseraies, arrivant avec ses garçons et ses bœufs.

— Eh bien! c'est aujourd'hui l'instruction sur les femmes obscènes, que notre ministre a décidé qu'on dirait à la place de nos vêpres.

— Sainte Vierge! je croyais que c'était fini!

— Mais non. Vous savez bien ? le premier dimanche de

la quinzaine, c'est la femme de la Tamise, une bouquetière, quoi ! aujourd'hui, c'est la femme du Cirque, et dimanche prochain, ça sera l'Espagnole ; et puis ça recom-
mencera.

— Silence ! silence ! criait-on autour de nous !...

— Oui, mes amis, continuait l'homme au béret rouge,
vos blés, vos bestiaux, votre argent, tout a été à ces
femmes !... Et pourtant, il y en a une qui vous ruinait
davantage et qui les a fait regretter !... c'est la Montijo !

— A bas Badingue ! Vive la République ! hurlent les
mobiles.

— Vive Gambetta ! crient les francs-tireurs ; Gambetta
et Garibaldi, les sauveurs de la France !...

— Viens-tu ? dit le fermier des Oseraies, repartant avec
ses bœufs.

— Non ! je veux voir la fin des femmes obscènes...

Mais déjà un grand trouble règne sur la place. Au lieu
de répéter ce qui se dit sur les marches de l'église, l'orateur, s'échauffant peu à peu, improvise à son tour. — Oui,
mes amis, c'est à ce gouvernement que nous devons toutes
nos hontes !... Le traître Bazaine, qui a vendu l'armée de
Metz avec les Canrobert et les Lebœuf... le traître de
Failly, qui a vendu l'armée de Sedan avec les Frossard et
les Wimpffen !... le traître La Motte-Rouge qui a vendu
Orléans, et le traître de Paladines qui allait nous vendre
encore lorsque Gambetta l'a démasqué !...

— A bas les généraux de décembre ! à bas les traîtres !...
hurlent les mobilisés et les francs-tireurs.

— Gambetta a donné le commandement à Bourbaki : Bourbaki va trahir comme les autres !...

— A bas le général!...

En ce moment, le colonel arrive :

— Adjudant-major, faites rentrer vos hommes !

— Mais, mon colonel, *c'est un décret du ministre de la guerre !*

— Faites-les rentrer, s'écrie-t-il d'une voix vibrante. Je veux de l'ordre, de la discipline, je veux qu'on travaille!... Et quant à vous, monsieur, répond-il à un auxiliaire d'état-major, dites à vos bureaux qu'avant tout il faut que je reforme mon régiment; les hommes sont en ambeaux, les chevaux sont déferrés, je n'ai rien!... armes, vêtements, chaussures, harnachements, tout me manque! Il y a eu assez d'orgies comme cela, ce me semble; je veux qu'on travaille!

Et malgré le décret du ministre, les cavaliers se retirent à la hâte, et laissant là la théorie sur les femmes obscènes, nous rentrons tous dans nos cantonnements.

CHARLES.

XXIII.

ARRIVÉE DU VAGUEMESTRE.

Près Bourges, 18 décembre.

Cher frère, il me semble que je viens de passer la journée auprès de vous tous, car vos lettres me sont enfin parvenues ! Etais-je resté si longtemps sans nouvelles?...

Je ne puis le dire!... Dans ces épouvantables retraites, on perd la conscience et des temps et des lieux; et vraiment, il faut avoir fait campagne pour comprendre ce que c'est, après des jours et des nuits passés dans la neige, au milieu de cadavres et de blessés... qu'un repos dans une contrée paisible, le soleil qui apparaît, et, par-dessus tout, l'arrivée du vaguemestre apportant les nouvelles du pays.

Pour nos soldats, il n'y a pas de paroles qui puissent dire ce qu'ils éprouvent. N'apercevant plus que des visages étrangers et des pays inconnus, souffrant du froid et de la faim, beaucoup d'entre eux s'étaient vus abandonnés sur le revers d'un fossé, et avaient laissé toute espérance.... Et voilà le village qui leur apparaît, la famille qui vient à eux!...

Aussi quel émoi, à l'arrivée du vaguemestre! On les voit accourir de tous les points du bivouac, et comme il n'y a plus de distribution possible, à genoux sur la terre, ils fouillent au milieu des milliers de lettres qui s'échappent à flots des sacs à avoine... Puis, tout à coup, ils demeurent immobiles, le regard fixe... ils ont reconnu l'écriture!... L'écriture!... c'est-à-dire, la vision d'un être aimé!... Ils restent quelque temps à regarder, puis, ils se sauvent dans leurs tentes, on ne les revoit plus... Et toute la matinée un grand silence règne dans le camp...

Ceux qui franchiraient nos bivouacs ce jour-là ne reconnaîtraient pas la physionomie du soldat français : au lieu de cette insouciance et de cet entrain, on ne voit que des visages pensifs, avec je ne sais quoi de lointain dans le regard. Chacun reste blotti sous la tente de toile, sa

lettre à la main, regardant à l'horizon, comme s'il y apercevait son village : les uns gravissent leurs montagnes,
les autres entendent le bruit des flots, ceux-là suivent
leurs bœufs au labour, et les plus impressionnés peut-
être sont ceux qui, ne pouvant déchiffrer le mystérieux
papier, écoutent la lecture que leur fait un camarade ;
tandis qu'au loin les mobiles, plus heureux, sont réunis
en immenses groupes, car, enrôlés par province, ils ont
le sentiment que leur pays tout entier voyage avec eux.

Puis, après avoir beaucoup songé et erré à travers le
camp, on se cherche pour se communiquer les nouvelles.
Je m'en vais avec vos lettres ; je rencontre Montcalm ; il
me lit les siennes ; et nous causons de la famille.— Voyez-
vous, Bernard, on se plaint toujours de ne rien recevoir... ,
peut-être vaut-il mieux que le vaguemestre ne vienne pas
trop souvent!... Pour avoir le courage de vivre en compagnie de la mort, loin de tous ceux que l'on aime, il est
parfois dangereux d'entendre leur voix!...

Mais, devant la tente de Roger, il se fait un terrible
vacarme...—Messieurs, s'écrie Sainte-Croix, savez-vous ce
qui se passe ? Pendant que nous nous battons sous les
ordres de M. Gambetta, les amis de ce M. Gambetta persécutent nos familles!... Pendant que nous
faisons la guerre aux Prussiens, ils font la guerre aux
prêtres, aux couvents, à la religion, à Dieu, à tout ce que
nous respectons, à tout ce que nous aimons! Ma mère, qui
est restée seule dans son château — oui, seule, car père,
oncle, frères, tous nous sommes dans les armées; c'est une

habitude dans nos familles de se battre quand l'étranger est là — ma mère me dit que l'épouvante règne dans la contrée ; que je ne sais quel assassin du Midi a été envoyé comme proconsul, je ne sais quel faussaire a été nommé magistrat ; les églises sont pillées, les châteaux menacés, et les choses en sont au point qu'après le drapeau rouge, le drapeau prussien apparaîtra comme celui de la délivrance !..

— Et maintenant, dit Verneuil, savez-vous ce qu'on m'écrit de Franche-Comté ?... Sous prétexte de secourir la France, des hordes d'Italiens viennent ravager notre infortuné pays : temples et couvents sont saccagés ; tous les objets précieux expédiés dans des caisses ; c'est une bande d'aventuriers qui viennent faire chez nous leur sinistre expérience, avec l'autorisation de cet autre aventurier qu'on appelle notre ministre de la guerre, et auquel je n'obéirai pas plus longtemps !

— Mon cher, lui dit Tartas, soyez sûr que Gambetta ne fait pas tout ce qu'il veut ; sa situation est très-difficile. On fusille ses préfets à Marseille, on se révolte contre lui à Toulouse .. Il lutte de toutes ses forces contre la révolution !... Oui, croyez-le bien, lui veut véritablement chasser l'étranger et ne songe qu'à la patrie ; mais il est forcé de dire et de faire certaines choses pour ne pas blesser les hommes qui l'ont porté au pouvoir.

—C'est cela ! s'écrie Roger ; et pour plaire à ces hommes qui ne se battent pas, il nous outrage, nous qui seuls le protégeons contre la révolution qu'il a déchaînée, et qui, aujourd'hui même, l'empêchons d'être dévoré par ses propres amis. Je n'ai rien dit jusqu'à ce jour, mais j'éclate, à la fin!... Je n'ai rien dit quand nous étions insultés à Lyon par ordre du ministre de la guerre; je n'ai rien dit quand il nous désignait lui-même à la rage de la populace et au mépris de nos soldats; et maintenant, savez-vous ce que j'apprends? c'est que, pendant que j'obéis à ces sinistres bateleurs, mes parents, mes amis sont chaque jour persécutés!... Pas de pitié pour les bonapartistes! leur dit-on; tout ce qui a servi l'empire est désormais hors la loi!... Et qui donc y a-t-il dans ces armées, si ce n'est les officiers de l'empire ?

« Car, enfin, j'ai bien vu les républicains à Lyon; je les ai vus promener le drapeau rouge et soulever des émeutes par ordre de l'étranger; je les ai vus au meurtre et au pillage, mais montrez-les-moi dans la neige, montrez-les-moi au feu! »

Et comme Roger s'exalte de plus en plus : « Ecoutez, messieurs, dit le vieux Goulard, dépliant un journal, vous demandez à quoi s'occupent les républicains? Voici des feuilles arrivées en ballon qui vont vous l'expliquer le mieux du monde : »

« Soldats de l'armée de province !

» Paris, l'héroïque Paris, fait des efforts surhumains » pour chasser l'étranger. Jusqu'ici, la défense a été pa- » ralysée par les traîtres, mais bientôt le commandement » sera remis aux vrais patriotes, et à peine la Commune » proclamée, on commencera les grandes opérations que le » peuple lui-même a décidées dans ses clubs.

» D'abord, une série de redoutes échelonnées les unes
» après les autres : la première, bâtie sous le fort de
» Bicêtre ; la seconde sous le canon de la première, et
» ainsi de suite, *jusqu'à ce qu'on ait rencontré l'armée de*
» *province.*

» Le citoyen Blanqui fera une sortie en masse avec la
» population munie de pelles et de pioches, qui improvisera
» partout des fortifications à la Tottleben.

» Le citoyen Crémieux organisera les légions du silence,
» composées de gardes nationaux armés de poignards et de
» revolvers, qui se tiendront trois par trois derrière les
» combattants, *avec la triple mission de relever les blessés, de*
» *les remplacer sur le champ de bataille et de casser la tête*
» *aux fuyards.*

» Et si jamais les armes nous étaient contraires, laissant là
» ce qu'on appelle le droit des gens, nous aurions recours
» aux grands moyens révolutionnaires : d'abord, la bombe
» à main qui peut se transporter facilement et qui fait sauter
» tout un régiment dans les airs ; puis la *fusée-Satan,* ca-
» pable de détruire dix mille Prussiens par heure ; enfin,
» le terrible feu grégeois, que l'on vient de retrouver ; *et*
» *comme ce feu a moins d'action sur les matières sèches, les*
» *Parisiens auront des pompes à incendie d'un fort calibre,*
» *qu'ils commenceront par diriger contre l'ennemi, pour le*
» *mouiller, de manière à le rendre plus combustible.* Pendant
» ce temps, des légions de femmes républicaines s'appro-
» cheront sans bruit des Prussiens et *les piqueront avec*
» *une aiguille trempée dans l'acide prussique...* » .

Et, comme les animaux féroces du Jardin des Plantes

auront été lâchés dans les bois de Boulogne et de Vincennes, et que les fossés seront remplis de pétrole, vous
comprenez bien, messieurs, dit Goulard, que les Prussiens,
pris tout à coup entre la fusée Satan et le feu grégeois,
harcelés par les légions du silence, piqués par les femmes
à aiguille et mordus par les bêtes, seront absolument
exterminés. Et, ainsi que le dit si bien le journal, « toutes
» ces idées ne sont point le fruit des conseils de guerre
» tenus par des prétoriens ; c'est l'initiative du peuple,
» c'est son élan ; *c'est lui qui, seul, a trouvé tout cela dans*
» *ses clubs !* »

— Que voulez-vous, dit Sainte-Croix, riant aux larmes,
il n'y a pas de colère qui puisse y tenir, et le sérieux vous
abandonne à la fin !

— Au fond, messieurs, dit de Verneuil, les républicains de Paris ne sont pas si sots, et je vois bien qu'ils
feront comme ceux de Lyon ; ils enverront à l'ennemi
toutes les bêtes qu'on voudra, avec quantité d'eau et
de feu, mais ils ne se battront pas eux-mêmes.

— En vérité, vous êtes bien joyeux, messieurs, dit
l'adjudant-major survenant tout à coup ; qu'avez-vous
donc appris ?

— Comment ! vous ne savez pas la nouvelle ? le feu des
républicains ne prend pas sur les matières sèches ! Ils se
battaient bien, mais l'ennemi n'ayant pas été suffisam-
ment mouillé, les coups ne portaient point. Maintenant,
on va avoir de meilleures pompes, et leur patriotisme
jaillira dans tout son éclat.

Mais, quoi que fasse Goulard pour détourner les colères, Roger ne se déride pas. Nous ne savons ce que ses lettres lui ont appris ; on ne retrouve plus son franc et bon visage. — Tenez, messieurs, dit Verneuil à voix basse, je vous parie que je vais le faire sourire!... Regardez bien ça :-Roger! le vaguemestre vient de me dire que les nominations étaient arrivées, et qu'il avait remis les états au colonel... Hein? quand je vous le disais!

Roger lève les épaules, tire son manteau, enfonce son képi jusqu'aux yeux, et s'en va à travers le camp, où on le voit errer avec Hirscher, cherchant à tous les points de l'horizon...

— Pauvre Roger, dit Verneuil, le voilà donc enfin décoré!... Et vraiment, que c'est bien au colonel d'avoir proposé notre vieil Hirscher! C'est la juste récompense de vingt années de courage, de discipline et de travail!...

La soirée se passe à attendre et à causer des événements du jour. De petites lumières brillent à travers la toile : ce sont les nouveaux promus qui déjà préparent les lettres pour leur famille. Comme les souffrances sont vite oubliées! Comme tout s'efface devant une croix ou une médaille!

Chose étrange! au lieu de nous appeler près de lui, le colonel vient de jeter son courrier à Goulard et de sauter à cheval pour se rendre à l'état-major.

— Les nominations ! les nominations ! crie-t-on à travers le camp ...

On accourt en grande hâte et on se met en rond, à re-

garder et à attendre : Goulard range lentement ses
liasses de papiers. distribue les états de solde, les rapports des escadrons... et commence d'interminables dissertations avec les fourriers et les maréchaux des logis
chefs.

Roger a une certaine manière de mordre sa moustache
et de faire claquer ses doigts, que je lui connais dans les
grandes émotions. Quant à Hirscher, je le vois là-bas,
son képi dressé, les yeux droits devant lui, et regardant
dans le vide !...

Et ce vieux Goulard n'en finit toujours pas de déplier
ses papiers et de les distribuer autour de lui. De minute
en minute notre anxiété augmente et le cercle s'agrandit·
On ne voit pas seulement venir ceux qui ont la promesse
du colonel et qui sont portés sur les états ; mais, là-bas,
en arrière des sous-officiers et des brigadiers, on aperçoit
toutes sortes de bonnes figures.

Pauvres gens ! ils ont simplement entendu dire qu'il
était venu des croix et des médailles, et, comme ils se sont
bien battus, ils arrivent avec cette confiance que rien ne
décourage ! Il y a là des anciens qui, depuis quinze ans,
reviennent ainsi au lendemain de tous les combats d'Afrique
ou d'Italie, et qui, toujours trompés, reviendront jusqu'à
la dernière heure ; car, en campagne, quel est le soldat
qui n'a pas un peu d'espérance ?

Enfin, Goulard prend le décret, le déplie lentement et
commence la lecture : Il y a une croix d'officier pour un
colonel auxiliaire qui a été envoyé en mission à Bordeaux ;

une croix de chevalier pour un sous-préfet qui a apporté la nouvelle de la victoire de Coulmiers ; une autre pour le jeune ingénieur qui est venu nous donner l'ordre de charger à la bataille de Serly... puis, cet avocat de Béziers qui a proposé un plan de bataille à Gambetta ; puis les deux journalistes qui commandent des troupes irrégulières ; puis des officiers d'éclaireurs, des officiers d'ordonnance, des aides de camp... un protégé de M. Glais-Bizoin, un parent de M. Crémieux, et puis... c'est fini !...

Roger ne prononce pas une parole. — Mon pauvre ami, dis-je, c'est sans doute pour cela que le colonel vient de courir à l'état-major !

Hirscher reste immobile à attendre... il regarde les états et semble écouter encore... Je vais à lui, mais il me répond comme quelqu'un qui ne comprend pas ; une larme coule sur ses vieilles moustaches. — Voyez-vous, lieutenant, répète-t-il toujours, ce n'est pas pour moi ; c'est pour le vieux à qui j'avais déjà écrit la chose.

— Messieurs, dit Montcalm, survenant tout à coup, comme le colonel tient à avoir l'estime de son régiment, je veux que vous sachiez ce qui s'est passé. C'est moi-même qui ai remis les propositions au général. Le colonel a résisté jusqu'au bout, et il n'a inscrit aucun des noms qu'on a voulu lui imposer ; mais c'est tout ce qu'il a pu faire. Les chefs de corps sont impuissants à aller au delà. Vous savez que nos états sont transformés de telle sorte dans les bureaux que, lorsqu'ils ont passé par la filière de la brigade, de la division,

du corps d'armée et du ministère, souvent il ne reste plus
rien de ce que les colonels y ont mis.

» Que voulez-vous que je vous dise, mon pauvre Roger ?
faites-vous attacher comme éclaireur, comme officier d'ordonnance! et vous, Hirscher, allez comme planton! Enfin,
tâchez d'avoir une entrée dans ces bureaux, car, tant que
vous resterez dans le rang et dans la neige, nous vous
porterons toujours, mais vous ne passerez jamais!

— Non, mon commandant, répond Roger; dites au
colonel que je ne quitterai pas le régiment. J'aurai plus
tard ma croix à l'ancienneté, comme les soldats ont leurs
chevrons, mais je resterai derrière vous à commander mes
hommes.

— Et Hirscher aussi ne quittera pas son peloton, dit le
vieux, essuyant ses larmes et renfonçant son képi!

Montcalm leur serre la main, et, se tournant vers nous:
— Messieurs, oublions ces choses; je crois que nous allons
bientôt repartir pour une grande expédition. Je n'ai rien
voulu vous dire ce matin, mais je vous supplie de contenir
de trop justes colères, jusqu'à ce que la campagne soit
finie. Je vous l'ai demandé à Lyon, je vous le demande encore. Je ne puis plus vous l'ordonner au nom de la discipline, car je reconnais, hélas! qu'il n'y plus ni discipline,
ni ministre, ni gouvernement, ni lois, ni rien; mais il y a
la patrie! Je vous le demande au nom du colonel, je vous
le demande au nom de la France!

» Continuez de vous battre sous les ordres de ceux qui
vous outragent, de ceux que vous méprisez, au profit
d'autres hommes qui vous enlèvent vos récompenses!...

Je sais que je demande beaucoup; mais c'est quelque
chose, allez, que le sentiment du devoir accompli!... »

CHARLES.

XXIV.

DÉPART POUR L'EST.

Près Bourges, 22 décembre.

Cher frère, Gambetta vient de tomber au milieu de nous
et, en quelques jours, tout s'est transfiguré! Colères, mé-
contentements, défiances se sont évanouis au souffle de
la grande nouvelle qui agite les esprits : cette expédition
hardie, que personne ne connaît, dont tout le monde parle,
et qui déjà nous remplit d'une immense espérance! Chacun
a fait taire ses rancunes et ses haines; car, lorsque
l'étranger est sur le sol, et qu'au lieu de se laisser abattre,
on vient dire aux soldats : Voici une nouvelle campagne!...
les ressentiments politiques sont bien vite oubliés!

Tu vas me répéter encore que mes lettres sont incohé-
rentes? Eh! que veux-tu? chaque jour je te dis simplement ce que je sens, ce que je vois, ce que j'entends, et
ce n'est pas ma faute si les événements ne tiennent pas
ensemble! Plus ou moins, nous sommes tous ainsi : Roger,
Crusolles, Sainte-Croix ont laissé là leurs griefs, et, les
yeux fixés à l'horizon, où apparaît cette expédition nouvelle,
ils ne se retournent plus pour regarder nos désastres et

récriminer contre les coupables. Encore une fois, tout es
pardonné, tout est oublié; et, malgré ses fautes ou se
crimes, l'homme qui représentera la lutte à outrance ser
notre chef, et nous le suivrons jusqu'au bout du monde

Je ne répondrai même pas à ce que tu me racontes d
tes grands politiques de Bordeaux. Il est bien facile, e
vérité, de juger les choses après les événements accompli
et de dire, sous l'impression de nos derniers désastres
qu'il fallait traiter au lendemain de Sedan!...

Traiter à Sedan!... et qui donc y aurait consenti? Si u
ministre avait osé le proposer, nous aurions lapidé sa de
meure, car c'était l'opprobre et la honte! Qu'aurions-nou
répondu à l'Alsace, à cette pauvre Alsace, quand ell
nous aurait dit: « Vous m'avez cédée, sans même tente
un effort! Après vingt jours de guerre, vous êtes tombé
aux pieds du vainqueur, et c'est moi qui ai été le prix d
cet effroyable marché!... » Tandis que, maintenant, nou
pouvons lui dire: « C'est pour vous, pour vous seule qu
nous avons tant lutté, c'est pour vous que nous avons tan
souffert! »

Nous nous battons sans espérance, me dis-tu. D'abord
qui peut prévoir les retours de la fortune? La Russie auss
luttait sans espérance quand nos armées étaient à Mos
cou!... Et, puis, il y a des jours où un peuple, sans espé
rance, se bat simplement pour l'honneur!

Maintenant, il faut que je te l'avoue, cher frère, si t
me vois aussi vibrant, c'est qu'il m'a été donné d'entendr

cette parole qui galvanise le pays tout entier. Oui, j'ai vu le dictateur lui-même!... C'était à la préfecture de Bourges, où on m'avait envoyé porter des états ; je me tenais dans la salle d'attente avec d'autres officiers, écoutant par la porte entr'ouverte les paroles qui arrivaient jusqu'à nous :

— Général, disait une voix, je vous donnerai des fusils, des canons, des mitrailleuses, des équipements... Avant que cette semaine soit finie, vos armées ne manqueront de rien...

— Et des soldats, monsieur le ministre ?...

— Des soldats, général ? D'abord, il en reste soixante mille ; il n'y a pas eu de bataille perdue, on doit les retrouver !

— Non, monsieur le ministre, ils n'y sont plus !

— Mais enfin, qu'est devenue cette armée ?

— Elle a fondu !... elle a fondu comme un bloc de neige qui reposerait dans l'eau ; et permettez-moi de vous le répéter encore, voilà ce que vos ingénieurs ne savent pas ! M. Freycinet se dit : Il y avait soixante mille hommes près d'Orléans ; je les ai ramenés à Bourges ; je vais les envoyer vers l'Est : cela fera toujours soixante mille. Cet ingénieur ne sait pas qu'une armée de conscrits, de mobiles, qui ne sont ni organisés, ni équipés, ni dressés, ni commandés, peut marcher pendant quelque temps, à condition d'aller sur l'ennemi et de sentir la victoire ; mais qu'au premier vent de retraite, tout s'écroule en un jour....

— Je vous donnerai le temps de les reformer, général ; et puis vous en aurez quatre-vingt mille autres ! Que ne peut-on tenter avec une armée de cent quarante mille hommes ! Tenez, examinez le plan de campagne que nous avons dressé à Bordeaux, et dites-moi quelle objection vous pouvez faire ?

— Ah ! je vois, je vois... monsieur le ministre !... toutes ces petites flèches, dessinées là, ce sont nos troupes victorieuses qui s'avancent vers l'Est. Je comprends très-bien : en deux jours nous sommes en Franche-Comté ; les chemins de fer ne sont pas encombrés ; les Prussiens ne reçoivent point d'armées de secours ; et tout va le mieux du monde comme sur un échiquier où on dispose ses pièces sans être troublé par l'adversaire.

» Et que me donnez-vous pour une pareille aventure ? Qu'appelez-vous une armée de cent quarante mille hommes ? Cette chose misérable qui est répandue dans les plaines du Berry et qui a le vertige de tous nos désastres ? de pauvres êtres qui n'ont ni ordre, ni discipline, ni confiance dans leurs chefs, ni confiance en eux-mêmes ? qui, à la première fatigue, s'arrêtent sur les routes ; qui, au premier coup de feu, se sauvent en jetant partout l'épouvante ?... Donnez-moi trente mille vieux soldats, et j'aimerai mieux cela que ce que vous appelez cent quarante mille hommes !

— Mais enfin, général, il ne s'agit pas de livrer une bataille en rase campagne : il s'agit simplement de tomber à l'improviste, surprendre l'ennemi, couper les communications et délivrer la place !

— Ah ! oui, monsieur le ministre, couper les communications... ça se coupe comme cela sur la carte... J'ai déjà assisté à ce genre d'opérations. M. Freycinet est là, avec ses petits drapeaux : un coup de crayon, le fleuve est franchi ; un autre, on a tourné un bois ; il plante une épingle, la citadelle est prise ; et enfin, une grande barre, toutes les communications sont coupées !... Après chaque défaite il nous répète invariablement que son plan était admirable... Eh ! certainement, les plans sont toujours admirables, parce qu'en théorie on conduit les choses à sa guise, et qu'il n'y a ni difficultés, ni obstacles ! .. Sur les cartes de ces ingénieurs et de ces journalistes, il n'y a ni pluie, ni boue, ni neige ; les armées ne manquent point de vivres ; les soldats ne sont jamais fatigués ; les routes ne sont point encombrées ; les ordres sont toujours bien donnés ; l'ennemi ne vient pas déranger les calculs ; et, en réalité, ce que M. Freycinet appelle la fatalité, ce sont les difficultés inévitables que rencontrent toujours les armées en campagne !

» Pardonnez-ma franchise, monsieur le ministre, mais le malheur c'est que ces gens-là s'occupent de ce qu'ils ne connaissent point ; et, en vérité, M. Freycinet s'entend à conduire des troupes comme je m'entendrais à construire un pont. Et ce qui m'épouvante, c'est qu'après trois mois de désastres, voilà encore toutes les folies qui vont recommencer... »

La discussion s'anime, et le général sort précipitamment, tandis que le dictateur continue d'arpenter la pièce à grands pas... — Toujours le doute, crie-t-il, toujours les vieux préjugés ! Ah ! un homme !... un homme qui ait

la foi, qui ait l'ardeur, qui ait le patriotisme !... Éternellement trompé, je continuerai à chercher sans relâche : car
jamais de pareils événements n'ont ébranlé un pays sans
faire jaillir des hommes ! Dieu merci ! en politique, les
génies ne manquent point ; mais, jusqu'ici, il ne s'est pas
révélé de capitaine.... Et dire que cet homme existe,
qu'il est là, dans mes armées, que sans doute je l'ai déjà
rencontré et que peut-être il s'ignore lui-même !...

En ce moment, quelqu'un se lève. — Tout le monde n'a
pas le malheur de douter, monsieur le ministre.

— Vous avez donc la foi, vous ?

— Oui, monsieur le ministre.

— Vous croyez donc qu'on peut remporter la victoire
avec d'autres troupes que les armées prétoriennes !

— Oui, monsieur le ministre.

— Vous croyez donc, dit-il en frappant sur la carte,
qu'on peut surprendre l'ennemi, couper ici les communications, enlever ce corps d'armée ?

— Oui ! oui ! oui !...

Et, tous les deux, face à face, la voix vibrante, avec
une exaltation qui va croissant, parlent coup sur coup.
Nous ne les voyons pas, mais il nous semble que c'est le
génie de la patrie qui les enlève au-dessus de cette terre
comme les prophètes des anciens temps !

Aussitôt la porte s'ouvre avec fracas, et, les cheveux au
vent, l'œil étincelant, les vêtements en désordre, le dictateur lui-même passe devant nous... A tous ceux qui attendent depuis le commencement du jour, il répond préci-

pitamment avec ce je ne sais quoi de vague, de violent et
d'inspiré qui enflamme tout sur sa route!

— ... Mais, le règlement est formel !

— Eh ! monsieur l'intendant, je n'ai que faire de vos règlements et de vos paperasses ! Exécutez mes ordres.

— ... Laissez-nous le temps de reformer nos régiments !...

— Eh ! général, donnerez-vous le temps aux Parisiens
de lutter contre l'ennemi ? leur donnerez-vous des vivres ?... Partez de suite, vous vous reformerez en campagne !

— ... Ce que vous ordonnez là est impossible ; c'est une
violation de la loi!...

— Il n'y a plus de loi, monsieur le préfet. Lorsque l'é-
tranger est là, la loi, c'est de lutter, c'est de se défendre...
Et quant à vous, messieurs les délégués, dites bien dans
vos provinces que je ne me laisserai arrêter par rien !
Ma mission est de chasser les Prussiens et de les chasser
au nom de la République ! Je broierai tous les obstacles !
J'ai déjà brisé les conseils généraux ; je mettrai tous les
bonapartistes hors la loi ; je jetterai les prêtres en prison...
Rien ne m'arrêtera ...

Et alors, oubliant mes papiers et ma consigne, je sors
dans un état d'exaltation trop facile à comprendre....
Arrivé au bivouac, je trouve les maîtres ouvriers installés
paisiblement à la garde du camp ; le vaguemestre qu
cause avec eux ; les maréchaux de logis plaisantant avec
la mère Bachut ; les fourriers étendus près des charrettes

12.

de vivres... Il y avait un tel contraste entre ce souffle patriotique qui venait de passer sur moi et cette tranquillité du camp, qu'il était véritablement difficile de se contenir !

— Messieurs, dis-je aux maîtres-ouvriers, nous partons pour une nouvelle campagne. Je veux, ce soir même, mes harnachements, mes brides et tous les objets d'équipement.

— Mais, lieutenant, vous savez bien qu'il faut que le chef nous remette les bons !

— Il s'agit bien de vos paperasses quand, cette nuit, peut-être, l'armée va se mettre en mouvement !

—Mais, tous les effets ne sont pas arrivés, lieutenant ; on ne peut pas les répartir encore !

— Et Paris, attendra-t-il votre distribution ? lui donnerez-vous des vivres ?

— Enfin, lieutenant, vous nous permettrez au moins de prendre les ordres du fonctionnaire major...

— C'est bien, messieurs, arrangez-vous avec vos comptables ; mais soyez sûrs que nous autres, chefs de troupes, nous broierons tous les obstacles !

... Et je continue à parcourir le camp, d'autant plus enflammé que ce qui m'entoure semble ne pas comprendre·

— Mais, qu'as-tu donc ? s'écrie Sainte-Croix.

— Ce que j'ai ? Viens, mon ami, viens, viens, que je te le dise !...

Bientôt la nouvelle se répand dans le camp qu'une grande expédition est projetée, et que, pour cette expédi-

tion, Gambetta cherche un homme... un homme qui
révélera son génie en proposant le plus beau plan de
campagne. Officiers, soldats et marins, journalistes et
avocats, Italiens et Polonais, chacun se met à l'œuvre.

Depuis deux jours, ce travail absorbe tous les esprits.
Notre nouveau capitaine ne paraît plus : blotti dans la
ferme du Perron, il médite un plan que personne ne
connaît. Roger et Crusolles combinent leurs opérations
dans le moulin à côté; moi je ne quitte plus ma tente,
et quand je soulève la toile, je ne vois que sous-officiers
et brigadiers traçant partout des lignes.

Ah! mon cher ami, avoir une audience du dictateur!...
Dire qu'on a quelque chose là! une idée qui peut sauver
le pays!... que cette idée mourra avec vous!... et que le
jour où j'aurai le commandement, je n'aurai plus la flamme,
je n'aurai plus la foi!... Tiens! je t'en supplie, prends
un instant ta carte, et juge toi-même : je tombe à l'improviste avec un corps d'armée que les chemins de fer
jettent comme une trombe entre Epinal et Nancy; Faidherbe
arrive; les deux armées se rejoignent; les Prussiens
apprennent que leurs communications sont coupées... la
France se redresse!...

— Mais qu'est-ce que c'est que cela? crie une voix que
je ne reconnais que trop... Comment! pas un cavalier
derrière les chevaux, pas un garde d'écurie, personne
à la distribution!...

Je me lève précipitamment...

— Qu'est-ce qui se passe donc? crie le colonel, continuant à parcourir le camp et n'apercevant partout qu'officiers et maréchaux de logis avec des cartes, traçant des lignes et piquant des drapeaux.

— Mon colonel, ce sont les opérations demandées par le ministre de la guerre!

— Laissez là vos chiffons, et faites votre métier! Occupez-vous de vos hommes!

— Mon colonel, je vous supplie en grâce, laissez-moi un seul instant vous expliquer mon plan!...

— Votre plan, monsieur Bernard?... En fait de plan, tâchez de finir votre calepin de peloton que je n'ai jamais pu obtenir jusqu'ici; en fait de corps d'armée, tâchez de bien commander votre troupe; et quand vous viendrez me dire que vos trente chevaux sont ferrés et que vos trente cavaliers sont équipés, harnachés et raccommodés, ce sera le meilleur plan que vous puissiez imaginer.

» Je crois vraiment, dit-il en s'éloignant, que la démence est chose contagieuse! Voilà Bernard qui perd la tête et tout mon régiment devient fou!... »

CHARLES.

24 décembre,

P. S. — Lettre interrompue... brusque départ en chemin de fer... expédition mystérieuse... toutes les gares cernées par la gendarmerie...

Ah! cher frère, je n'étais pas si fou d'espérer! Gambetta vient de donner le commandement à un substitut dont le plan ne valait certes pas le mien!

... Mais voilà Chagny... voilà Châlons... Nous allons délivrer Belfort... puis nous jeter dans le duché de Bade !...
Adieu ! adieu !

CH.

XXV.

LES ÉCLAIREURS.

Près Auxonne, 29 décembre 1870.

Cher frère, l'ennemi recule devant nous. Parti de Dijon,
il se replie sur Gray, s'enfuit du côté de Vesoul... Et
moi je le harcèle, car j'ai une chose à t'apprendre : me
voilà sorti du rang et chef d'une troupe d'éclaireurs !

J'ai dit adieu à mes camarades ; mais, aussi, j'ai dit
adieu à la boue et à la neige, aux nuits glacées du bivouac,
à l'obéissance passive, aux journées d'attente sans fin !...
J'ai le commandement, j'ai la responsabilité. Au lieu d'être
immobilisé dans un corps d'armée qui vous enchaîne et
vous protége ; au lieu d'être exposé de grand'garde à
certaines heures, après lesquelles on rentre dans le rang,
protégé soi-même par ceux qui vous remplacent, là on est
sans cesse exposé, mais on ne l'est que de la manière et
aux heures qu'il vous convient.

Intendant, colonel et général, on est à la fois son avant-
garde, son arrière-garde et son corps d'armée. Plus d'inconnu ni de mystère : je sais où je suis, je sais où je vais, et

je vais où je veux... J'ai mes petits conseils de guerre... je
prépare mes opérations au milieu des notables de l'endroit :
le maire, le curé, l'instituteur, le garde-champêtre... sans
pouvoir me reconnaître à travers ces réponses indécises et
ces renseignements vagues des habitants de la campagne,
pendant qu'Hirscher, d'un air terrible, leur répète invariablement : « La cour martiale ! la cour martiale ! » Car,
pour lui, cette cour a remplacé l'*ours* du quartier.

Cette existence a une saveur que tu ne peux imaginer :
vivre avec ses soldats, partager à toute heure leur dangers
et leurs joies ! et quels soldats ! des cavaliers de toutes armes,
choisis parmi les meilleurs !... Je dors au milieu d'eux ;
je mange avec eux les vivres de campagne, tandis
que la moitié des chevaux restent bridés, toujours prêts
pour le combat, et que mes sentinelles veillent sur toutes
les routes. C'est comme une tribu arabe que je dirige à
ma guise, selon les inspirations du moment. A chaque
instant : « les uhlans ! les uhlans !...» Et on saute à cheval,
et on galope hors du village... mais c'était une fausse
alerte, l'ennemi a disparu... On se remet à table, et de
nouveau les chansons et les rires, et les hauts-faits de
la campagne... et la vision de la prochaine entrée à
Bade !...

Toutes les deux heures j'envoie des plantons porter
mes rapports au général. Les routes sont coupées, les
bois sont remplis de Prussiens ; il faut passer à
travers champs, se jeter dans la neige et la glace, et
jamais encore mes rapports n'ont manqué !... Et, chose
nouïe, après avoir trouvé le quartier général, que je ne

puis leur indiquer, ils me retrouvent moi-même, qui ne saurais dire où je vais, et ils me cherchent parce que le danger est là, et qu'ils en veulent leur part.

Et puis, je le répète, ce qui nous enivre, c'est cet ennemi qui fuit devant nous. Quand les populations, qui ont été si longtemps écrasées par les Prussiens, voient enfin apparaître le pantalon rouge ; quand on entre dans un village dont ils viennent de se sauver, voilà le suprême bonheur, voilà ce qui illumine cette vie d'aventures !... Mais ce ne sont que des éclairs ; car, à peine arrivés dans ces villages, l'armée nous suit ; et en réalité, notre existence se passe sur ce terrain neutre, cette bande indéterminée; où les deux cavaleries ennemies vont, viennent, retournent, se choquent, se heurtent, au grand désespoir des habitants.

Qu'est-ce que ce clocher ?... J'examine ma carte... mes hommes sont là, tout autour, regardant les tracés que je fais... — Allons ! deux cavaliers en éclaireurs ! un brigadier et quatre hommes là-bas à la lisière du bois, et le trompette en haut de la colline pour nous avertir !

Tous s'élancent bride abattue...

— Lieutenant, les Prussiens viennent de partir ! ils ont été chercher du renfort !

Nous accourons au galop de charge : « Vivent les Français ! vivent les Français !...» crient les paysans. Instituteur, adjoints, curé, tous nous escortent.— Ah ! lieutenant, si vous saviez ce que les brigands nous ont pris !

Je galope jusqu'à la place. Les Prussiens peuvent revenir, il n'y a pas une seconde à perdre!...

— Monsieur le maire, je ferai des bons, mais je veux à l'instant de l'avoine, de l'orge, du pain, de la viande, du riz, du café, une voiture de réquisition, deux messagers et un espion...

—Seigneur Dieu! nous n'avons plus rien, dit le maire, pendant que tous les paysans lèvent les bras, prenant le ciel à témoin.

Je tire mon revolver, et, poussant mon cheval : — Vous savez les décrets? Il s'agit de la cour martiale! Maréchal des logis, faites fouiller partout, il nous faut huit sacs d'avoine. Et vous, brigadier, courez chez les boulangers et prenez tout ce qui se trouve!... Mais, d'abord, des sentinelles à toutes les routes pour signaler l'ennemi!

— Lieutenant, s'écrie Berton, j'ai découvert du petit-salé !

— Enlevez ! je ferai des bons...

Et je me précipite à la mairie, pendant qu'Hirscher poursuit les paysans affolés, en criant : «La cour martiale! la cour martiale!...» et que les bonnes femmes répètent en chœur : «Seigneur Jésus ! valait encore mieux garder les Prussiens, puisque nous leur avions donné de quoi manger ! »

Mais déjà on signale l'ennemi... je n'ai que le temps de descendre de cheval, de monter quatre à quatre les marches de la maison commune; et là, malgré les lamentations du maire et des adjoints, je bondis sur la table, je renverse la bibliothèque, et fouillant dans ces livres pêle-mêle, je crie à mes cavaliers : Des cartes ! des cartes ! trouvez-moi des cartes !... Alors, on saisit ce grand atlas, cet atlas qui est l'orgueil du canton, et, le déchirant sans pitié, j'en emporte les lambeaux dont j'ai besoin... puis, je dégringole les escaliers, je saute en selle, et pliant ces lambeaux comme on plie un mouchoir, je crie : **En route !**

Mes cavaliers accourent de tous les coins du village.

—Lieutenant, lieutenant, nous avons trouvé de l'avoine !

— Voilà de quoi bouffer, dit le maréchal, serrant un mouton dans ses bras !...

— Et puis du sucre, du café, de l'eau-de-vie...

— Et du vin ! fait le trompette qui, d'un bond, saute comme un singe sur sa bête,

Mais, déjà on aperçoit un escadron de uhlans. Les paysans accourent désespérés. — Les voilà ! les voilà !... Il va falloir encore donner à ceux-là !...

— Et mes bons ? crie le maire.

— Vos bons ?... je vous les signerai demain !...

Et nous partons au galop, tandis que mes soldats achèvent de fourrer pêle-mêle dans leurs bissacs, musettes d'avoine, blocs de sucre, tranches de viande saignante coagulée avec l'orge, le riz et le café.

Dans ces moments-là, je suis radieux ! hommes et bêtes ont à manger ; j'ai pour quarante-huit heures de vivres ! car, sache bien ceci : en campagne, l'éternelle préoccupation d'un chef, c'est de savoir comment il nourrira sa

troupe. L'ennemi est bien moins redoutable que la faim !
Le soldat qui n'a pas mangé est un mauvais soldat ; et,
pour être sûr de ses hommes à l'heure du combat, il faut
que les hommes soient sûrs de leur chef à l'heure du
repas.

Ne me dis point que tout cela est affreux, qu'il y a là
un abus de la force !... Ah ! cher frère, la guerre est une
chose barbare ; on n'a le loisir de songer ni à la propriété,
ni au droit, en campagne !... Non, vois-tu, c'est la lutte
pour la vie !... la lutte pour ne pas mourir de faim, et
surtout pour ne pas laisser souffrir les hommes qui vous
sont confiés ! Sans doute que plus tard cela m'apparaîtra
sous un autre jour, mais dans ce moment, je ne vois que
l'ivresse de cette vie d'aventures, ivresse si grande qu'elle
m'a fait tout oublier... et nos désastres, et les horreurs de
la retraite d'Orléans !...et que, malgré ce froid terrible, je
me demande s'il y a sur cette terre quelque chose de plus
beau que l'existence que je mène !

Et puis, comment te dire la saveur de ces journées si
remplies, et qui se ressemblent si peu ?... Un jour c'est
une ferme : nous sommes tous attablés autour d'une immense soupe au lard ; garçons et bergers, fourches en
main, montent la garde avec mes sentinelles ; après quoi
tout le monde couche dans l'étable, et je m'endors chau-
dement auprès d'une belle vache noire.

Nuit délicieuse! je disparais dans la paille; et, à travers
mon sommeil, quand j'entr'ouvre les paupières, je vois
cette grande tête avec ses cornes, qui s'approche de moi

en soufflant; il me semble que la vache, avec son œil paisible, semble me dire: Tu as de la chance de reposer près de moi; va, dors en paix, mon pauvre ami !

Le lendemain, je suis chez une comtesse... la comtesse de Nerville. Nous arrivons à minuit auprès d'un village inconnu ; aucun renseignement. Le ciel est sombre, toutes les maisons sont muettes. De l'autre côté de la haie, il me semble apercevoir comme un lac, de grands arbres, et un château avec quelques lumières. Nous tournons autour de cette eau, cherchant toujours l'entrée sans avancer jamais : c'est un palais enchanté...

Enfin, le trompette découvre une grille et sonne la cloche. Un vieux serviteur paraît ; mais, quand il aperçoit des casques et des lances : « Les Prussiens! les Prussiens! » crie-t-il épouvanté. Je le rassure; et je demande à faire bivouaquer ma troupe. Il me jure qu'en l'absence de son maître, il est impossible de recevoir ainsi cinquante cavaliers. Pendant qu'il me donne toutes ses raisons, mes hommes commencent par pénétrer dans le parc, et attachant leurs chevaux aux arbres qui bordent les étangs, s'en vont chercher du bois, allument les feux, et enlèvent tout ce qui leur est nécessaire pour leur soupe et leur bivouac.

Réveillée en sursaut par des bruits étranges, la comtesse de Nerville se lève, va à sa fenêtre, aperçoit cette suite de feux qui éclairent son parc, et tout autour, des manteaux rouges et blancs, des armes, des chevaux et des lances... Elle appelle, s'habille à la hâte et descend dans le parc. Je lui fais toutes mes excuses; je parle des nécessités de la guerre... Il y a quelque chose de vaillant dans sa jeune et charmante physionomie. Elle me répond avec une grâce souveraine. Je lui offre mon bras qu'elle accepte en souriant, et nous faisons le tour du bivouac.

Ces grands sapins éclairés de feux rougeâtres, ces casques, ces cuirasses, ces vêtements pourpres des carabiniers se détachant sur la neige et se reflétant sur l'eau dormante des étangs... tout cela est d'un aspect fantastique...

Mes hommes répondent aux questions de la comtesse avec la bonne humeur et l'esprit du soldat français. — Etes-vous heureux de pouvoir faire la guerre, me dit-elle; de poursuivre ainsi cet ennemi au lieu de l'attendre cloués dans un château!...

Le comte revient, et grande est sa surprise de retrouver sa femme avec cinquante cavaliers. Nous rentrons au salon, où la comtesse m'offre une tasse de thé, avec un nuage de lait... Une tasse de thé, cher frère! moi qui, ce soir-là, aurais mangé un bœuf tout entier!... N'offre jamais de thé à des soldats en campagne! Sois sûr qu'ils regarderont toujours cela comme une injure personnelle!

Nous causons : le comte me demande ce que je pense de ses paysans. — Eh! cher monsieur, j'ai le regret de vous le dire, ils ne traitent pas mieux les Français que les Prussiens!

— Je sais! je sais! On se plaint beaucoup d'eux! mais vous ne voyez pas tout ce qui se passe! Moi, je suis là, chaque jour, sur la place du village; je vois arriver ces officiers qui, à grands cris, et le revolver au poing, récla-

ment l'avoine, le pain, la viande, les chevaux, les espions... Le matin, un escadron de dragons a demandé la
même chose; la veille, une compagnie de mobiles!...
Pendant deux mois, l'ennemi a tout pris... Aussi, je vous
l'avoue, cette cour martiale dont on les menace à toute
heure, ces choses impossibles qu'on leur demande sous
peine de mort, tous ces bouts de papier que vous appelez
des bons de réquisition, remis par des officiers qui n'ont
pas les galons de leur grade, au nom d'un gouvernement
qu'ils ne connaissent point, sans parler de cette République arrivée en même temps que l'ennemi... tout cela
leur semble si extraordinaire, qu'ils ne croient plus à
rien. Ils ne croient qu'à une chose : c'est que vous autres,
Français, vous ne faites que passer, tandis que le Prussien
revient et que le Prussien reste!... C'est donc pour lui
qu'ils réservent leurs vivres.

— Eh bien! dis-je, me levant avec une certaine viva-
cité, voilà ce que je leur reproche, monsieur le comte; et
il semblerait vraiment que le ressort du patriotisme soit à
jamais brisé! Il y a eu des nations chez qui nous avons
porté la guerre, et qui nous résistaient autrement que
cela!

— Pardon, pardon, mon cher lieutenant; vous êtes
peut-être de Paris, et ce n'est pas à vous à vous plaindre;
nos paysans sont devenus ce qu'on les a faits. Du temps
de mon père, je les voyais à la veillée lisant ces petits
livres qui vous font tant sourire aujourd'hui! C'était l'histoire du *Petit Caporal*, c'était la *Légende de Sainte-Hélène*,
c'était *la Colonne*, que tous nos poëtes chantaient alors!

Ma famille n'a jamais aimé l'empire, mais cette légende c'était la gloire de la France, c'était l'amour de la patrie !...

» Depuis, ils lisent autre chose : des romans que vous appelez populaires, dans lesquels on prouve le mieux du monde qu'il est fort ridicule de se faire tuer pour son pays !... Tenez, en voilà, ajouta-t-il, me montrant *le Conscrit de 1813!* Je les entends le soir quand ils lisent ces choses ; j'entends leurs bons rires devant les peurs du soldat !... car, c'est très-spirituellement écrit ; et MM. Erckmann-Chatrian ont une manière fort drôle de tourner en ridicule le courage et le sacrifice, et de montrer aux simples d'esprit que, quand on a perdu ses bras et ses jambes, c'est pour la vie, et que le meilleur encore est de se conserver...

» Mais je vous cherche là une mauvaise querelle, mon cher lieutenant... Je m'en vais voir un peu si vos braves soldats n'ont besoin de rien. »

Je reste près de la comtesse ; elle me parle avec animation de cette vie d'aventures ; les yeux brillants, elle me dit que son rêve serait de chevaucher comme nous, et que les femmes sont en vérité bien à plaindre ! Elle me parle de Marie Stuart, de la comtesse Isabelle, voyageant avec Quentin Durward...

Moi qui, depuis deux mois, vis au milieu de mes soldats, il me faut un certain temps pour me dégeler l'esprit, réveiller mes idées engourdies, et, par-dessus tout, retrouver le ton qui convient. Mais la comtesse a une exquise distinction et un merveilleux esprit qui rayonne bien vite autour d'elle. Les proverbes de Musset sont sur la table ; la conversation prend un tour de plus en plus parisien. Je cache mes grosses bottes fangeuses sous mon manteau déchiré ; je dissimule ma tunique en morceaux, et au moment où, en réponse à une objection de la comtesse, je lui dis : Ah! madame, cette vie toujours errante a parfois ses amertumes... et, ainsi que le dit le poëte :

> ... Ce monde est un grand rêve,
> Et le peu de bonheur qui nous vient en chemin,
> Nous n'avons pas plutôt ce roseau dans la main,
> Que le vent nous l'enlève !

... J'entends une voix !... la voix d'Hirscher... et, bondissant par-dessus les fauteuils, je renverse le guéridon avec son maudit thé, je m'élance par la fenêtre...

— Les uhlans ! les uhlans !... crie-t-on sur la route.

Berton est là avec mon cheval ; et saluant du sabre la comtesse de Nerville, je pars au galop... poitrail traînant, gourmette défaite, nous courons ventre à terre, pendant que la charmante châtelaine, appuyée au balcon, agite son mouchoir.

C'est une reconnaissance prussienne qui fuit devant nous, et que nous allons enlever !....

CHARLES.

XXVI

LES PRUSSIENS.

4 janvier 1871.

A tout prix, m'a dit le général, il faut savoir ce que fait l'ennemi, quelles sont ses forces et ce qui se passe sur notre gauche. Or, tant qu'on reste avec sa troupe, on peut apercevoir un rideau d'éclaireurs, mais pour pénétrer dans une armée et découvrir ses secrets il faut jeter là l'uniforme et l'épée. Hier j'ai envoyé le maréchal des logis, aujourd'hui je vais y aller moi-même.

Ah! cher frère, se déguiser en espion!... ruser, mentir, tromper!... On dit les Prussiens merveilleux dans ce rôle, et qu'ils se disputent l'honneur de le remplir. On dit même que depuis quatre ans ils se faisaient inviter dans nos châteaux de France, pour tâter la place où ils frapperaient un jour, et que les serviteurs de ces châteaux revoient avec stupeur l'ancien ami de leurs maîtres revenir en pillard, réclamant les objets qu'il a marqués d'avance...Mais, décidément, ce n'est pas dans le caractère français; et pendant qu'on est là à procéder à mon déguisement, j'ai beau me dire que c'est pour l'armée, que c'est pour la France, j'éprouve comme une invincible répulsion.

Déjà on m'a passé la blouse; j'ai des souliers ferrés;

le trompette m'a couvert les épaules de poussière et de plâtras, et me voilà en route marchant avec mon complice, le roulier d'Esprées, qui me répète longuement ma leçon : « Je suis son parent ; je travaille dans les chantiers d'Anney, et comme l'ouvrage est interrompu par le froid je l'accompagne et je l'aide maintenant dans ses voyages... »

La leçon n'est pas complétement finie que j'aperçois au loin une lueur rougeâtre, et un casque apparaît à fleur de terre : c'est la sentinelle avancée qui, à la manière prussienne, a creusé son trou comme une taupe et regarde ce qui se passe sur la route. Je m'arrête, le cœur me bat...

— Allons! fait le roulier qui depuis deux mois vit avec eux et ne peut comprendre l'horreur que j'éprouve.

Nous approchons ; le casque s'agite, une ombre sort de terre, la sentinelle se dresse ; un instant après en voilà deux autres, puis quatre, puis un officier avec une escouade... Tout cela apparaît, se meut, avance comme quelque chose de mécanique... Le roulier répond d'un air indifférent, en homme habitué à ces sortes de choses. Je me tiens contre la roue sans rien dire. Les voir, paraître ainsi déguisé, la tête basse, rougir devant ces hommes, leur faire l'honneur de me cacher d'eux!...

A mesure que nous pénétrons dans le faubourg, le fourmillement augmente : les uns sont assis sur le pas des portes ; les autres vont et viennent, nous regardant passer. Je cherche à prendre une contenance, mais je dois être très-pâle... Il me semble que tout le monde me reconnaît, que tout le monde lit sur mon visage que

13.

je suis officier, et que bientôt des milliers de voix vont s'écrier : C'est un espion, un misérable espion!

Il devient assez difficile de se frayer un passage à travers les ruines qui encombrent la route : à droite et à gauche les clôtures sont brisées, les maisonnettes éventrées. Au tournant de la place surtout l'aspect est effroyable ; c'est là qu'un franc-tireur aurait été trouvé ; sa demeure a été livrée aux flammes, et, pendant la nuit, l'incendie a gagné la maison voisine où des paysans s'étaient réfugiés avec leurs femmes et leurs enfants. On n'a pu parvenir à fouiller les caves, et il y a des gens qui disent que tout à l'heure encore, on y entendait des voix. Chacun travaille à éteindre le feu ; la voûte ardente fléchit peu à peu et couvre toute la place de débris brûlants. Une femme accourt, folle, éperdue : — On appelle ! on appelle là-bas par le soupirail ! J'ai bien entendu !

Mais la voûte cède, et tout s'écroule, ensevelissant les vivants et les morts !

Au même instant, quelques uhlans s'avancent sur la route. L'officier tient une carte ; il s'arrête pensif, promène son regard distrait sur ces ruines, sur ces débris fumants, sur ces misérables répandus de tous côtés, puis se remet lentement en marche.

Devant les maisons incendiées, le sol est jonché d'ustensiles de fer, de meubles, de vêtements, de linge, de berceaux d'enfants calcinés ou broyés. De pauvres êtres viennent en rampant fouiller dans ces débris, et cherchent à sauver quelque chose, qu'ils vont ensuite cacher dans le fossé·

Là, entassés pêle-mêle, il y a des femmes, des enfants, des vieillards, avec quelques matelas et de la vaisselle brisée. Etendus sur cette neige, ils regardent dans le vide, comme ne pouvant comprendre.

Au bas du talus, une femme est accroupie : les vêtements en lambeaux, les cheveux en désordre, avec un geste de bête sauvage, elle tient serrés contre sa poitrine ses deux enfants, qu'elle enveloppe d'un haillon de laine. En face d'elle, un jeune homme, tête superbe, avec un éclair de courage dans les yeux, les mains et les pieds attachés à un arbre : c'est son mari, le franc-tireur qu'on a cloué là devant sa maison incendiée. Il regarde sa femme, puis regarde ses enfants et parfois leur adresse un sourire qu'aucune langue humaine ne peut exprimer. Un peu plus loin, gît le père, vieillard à barbe blanche, qui, en voulant défendre son fils, a reçu un coup de sabre au visage. Un tout petit enfant pendu après lui l'appelle d'une voix désespérée. Le vieillard soulève encore sa tête, regarde l'enfant, puis jette les yeux sur nous.

A côté, sous le hangar d'une auberge, les Prussiens achèvent leur repas. Je vois ces cheveux blonds, ces figures rouges et luisantes, tout enduites de graisse ; ces physionomies avec je ne sais quoi de placide et de naïf ; j'entends ce rire large et sonore qui accompagne une longue histoire que leur fait le caporal.

Auprès d'eux, des cavaliers commandés de service dévorent à la hâte de petits morceaux de pain noir, avec d'énormes tranches de cochon cru qu'ils arrachent des

deux mains et déchirent à belles dents. Aucun ne semble
voir ce qui se passe sur la place. A la fin, cependant, les
cris sont si déchirants, que l'un d'eux se dirige vers le
fossé, appelle l'enfant qui sanglote et lui tend un morceau de pain. L'enfant se précipite; mais alors d'autres
bras se lèvent; des êtres que nous n'avions pas distingués
sortent de ce fossé; le Prussien s'arrête, comme hésitant,
puis, faisant un geste découragé, revient écouter l'histoire
que le caporal reprend en riant... et notre charrette continue.

— Voyez-vous, me dit le roulier, ils ne sont pas toujours
si méchants que ça... Mais, ils ont eu une panique : ils se
sont sauvés en désordre; et quand ils reviennent en
maîtres après ces peurs-là, ils sont terribles. Hier, on entendait les vitres voler en éclats, les portes tomber sous
les coups de hache, et ils ne parlaient à nos femmes que
le pistolet au poing.

Nous arrivons à l'auberge désignée. Nous traversons
une grande salle où une femme se démène au milieu de
soldats qui lui demandent à boire. — Et que voulez-vous
que je vous donne, puisque vous avez tout pris?... Eh oui!
mon mari est à l'armée, et je voudrais y être avec lui
pour vous tirer dessus, monstres que vous êtes! voleurs!
coquins! brigands!...

Chose étrange! tous les Prussiens rangés autour du
comptoir, rient de ce rire tranquille que j'entendais tout
à l'heure, et continuent à boire paisiblement, regardant

d'un air inoffensif et béat cette femme en furie qui, égarée par sa douleur, les couvre des plus épouvantables malédictions.

Le roulier va chercher un cruchon de bière et me fait asseoir près de lui. La fumée est si épaisse, qu'il faut un certain temps pour pouvoir distinguer : au milieu de la salle, des soldats attablés finissent leur repas; l'un d'eux s'amuse avec l'enfant de la maison qui fait mine de le coucher en joue, criant d'une petite voix argentine : Feu! feu! au grand divertissement des soldats.

— Fritz, dit le caporal, il reste là un peu de notre choucroûte; donnez-le donc à l'enfant!... Mais d'abord, qu'il aille chercher son petit frère!

L'enfant reste hésitant; puis, part comme une flèche, s'en va tout au fond de la pièce dénicher un petit être tapi sous un banc, et tous deux reviennent se tenant par la main, caressés par les soldats qui les arrêtent au passage. Le caporal prend le petit, l'assied doucement sur ses genoux et le fait manger pendant que la mère, souriant à l'enfant, continue d'arpenter la salle et rapporte de la bière sur la table tout en répétant : Soyez tranquilles, soyez tranquilles, ces petits-là me vengeront!

Au fond de l'arrière-cuisine, le père de l'aubergiste est assis dans l'âtre. Près de lui un bombardier tient une petite fille sur ses genoux et l'endort en lui chantant la chanson des Kobold, tandis que son camarade, tirant un couteau de sa poche, taille des morceaux de bois dont il fait des joujoux. De temps à autre, quand la marmite bout trop fort, il se baisse, soulève le couvercle, va chercher de l'eau et revient près de l'enfant qui l'appelle. Puis, au moment du repas, il goûte une dernière fois, et faisant la grimace, sort de sa poche une espèce de rondelle marron légèrement marbrée de filets noirs, dont il coupe un morceau.

— Fais voir! dit l'enfant, se dressant sur ses petits pieds; c'est-il ça de la saucisse de pois?... Mais qu'est-ce qu'il y a donc dans le milieu?

— Oh! ça, répond le bombardier, dont la figure devient pensive; ça c'est du bon hachis de viande qui est donné par notre reine. Oui, en vérité, dit-il, c'est notre reine bien-aimée qui fait ce cadeau aux soldats sur sa cassette.

Puis, il semble réfléchir, secoue la tête, et jetant la rondelle dans la marmite, se lève pour aider les femmes à mettre le couvert.

Parfois, un sous-officier paraît sur le pas de la porte : on entend un commandement âpre, bref, ou un coup de sifflet strident. A l'instant même, les soldats désignés se lèvent comme mus par un ressort, et, déposant le verre qu'ils portaient à leurs lèvres, ajustent casque et manteau, et, sans hésitation, sans paroles, prennent leurs armes et se rendent sur la route.

Beaucoup d'entre eux restent debout près du comptoir; ils boivent en silence; on n'entend pas une plaisanterie, pas une dispute, pas un mot. Ils sont là, face à face, avalant d'immenses chopes de bière qui disparaissent comme dans un entonnoir; puis, ils se regardent, sourient d'un air béat, redemandent d'autres chopes, et toujours ainsi, jusqu'à ce qu'ils tombent comme des masses; après quoi, la femme les repousse du pied.

— Venez-vous? me dit le roulier.

Je me lève; il me prend par la main, me fait gravir une échelle, et me conduit à une petite pièce basse et sombre où le maire, le baron de Moranges, prévenu de mon arrivée, ne tarde pas à me rejoindre.

— Bonne nuit, dit le roulier, je viendrai demain sur le coup de dix heures. Après leur temple, j'emballe des caisses pour les officiers et nous partirons ensemble.

Je reste seul avec le baron. Il écarte un meuble, et par une fente de la cloison, me montre à travers la fumée tout l'état-major prussien buvant et fumant. Au lieu de ces physionomies féroces, que l'on rêve dans l'animosité de la guerre, je retrouve là ces figures pleines, avec cet air à la fois inoffensif et rude qui me frappe depuis mon arrivée au village.

Dans l'espoir de saisir les secrets de leurs opérations, je reste l'oreille collée à la cloison, cherchant à écouter tout ce qui se dit dans la salle. De temps à autre, je crois qu'il s'agit d'un général qui vient d'arriver et d'une nouvelle direction à donner aux troupes, et je prends des notes à la hâte. Mais le baron se penchant sur mon épaule : — Ne vous donnez pas tant de peine, mon cher lieutenant, me dit-il en souriant; je vois bien que vous ne connaissez qu'imparfaitement la langue allemande et le caractère prussien. Il y a plus de quatre heures qu'ils sont attablés ainsi, disputant sur tout autre sujet que les opérations de la guerre. Pour eux, chaque chose a son temps : le service est fini, ils ont exécuté les ordres et maintenant ils n'ont plus qu'à boire et à fumer.

» Ce nouveau général que vous écrivez là, c'est Wagner, dont ils comparent la musique à celle de Schumann ; tandis que là-bas, à droite, un autre groupe discute sur la grande question qui agite tous les esprits en Allemagne : les uns soutiennent que nous recevons les idées du dehors, et les autres que les idées sont nées dans l'homme.

» Le colonel que vous voyez là est un *fichten* : il dit que la substance unique, infinie, absolue, émane de l'homme pour plonger en lui, et que Dieu pénètre le tout de sa divinité ; tandis que les officiers qui sont à droite sont *fürtzen*, c'est-à-dire qu'ils méprisent la matière et se mettent en communication avec les pouvoirs originels de la terre ; maintenant, le major qui tient là cette bouteille de bière est aussi un *fichten*, mais il rappelle que, dans la parole du Christ, il est dit à l'homme : « Je suis en eux, et tu es en moi, afin que tous soient perfectionnés dans l'unité. »

» Et savez-vous le plus merveilleux, c'est que tout à l'heure vous allez voir les fichten, les fürtzen et ceux qui parlent du Christ, et ceux qui méprisent la matière et ceux qui communiquent avec les esprits, descendre dans la cave pour tout piller et s'enivrer jusqu'à l'aube.

» Vous avez vu bien des horreurs dans le village? Eh bien ! le croiriez-vous? ils n'ont point la cruauté de leurs actes ! ils n'ont ni les emportements ni les ivresses de la guerre. Livrés à eux-mêmes, ils ne sont pas méchants ; ils

sont cruels par discipline, par obéissance à leurs chefs.
J'en ai vus qui, pendant des jours et des jours étaient intimes... trop intimes, hélas! dans une famille; mangeant
avec elle, jouant avec les enfants, aidant la femme dans
son ménage... Un matin, l'officier entrait, donnait l'ordre
de brûler la maison et de fusiller les habitants... Et, à
l'instant même, on voyait les Prussiens se lever de table,
et, déposant les enfants qu'ils venaient de caresser, chercher leurs torches et leurs armes, et, sans colère comme
sans pitié, faire un office de bourreaux qui nous causait
encore plus d'étonnement que d'horreur!

» Le vol se fait chez eux avec autant de discipline que
le meurtre. Ceux qu'on redoute le plus ce sont encore les
braves pères de famille, qui, chaque jour, nous parlent de
leurs petits et invoquent la divine Providence! Ainsi, ce
major que vous voyez là, est un des plus terribles : il est
piétiste, très-puritain; mais, comme il a beaucoup d'enfants, il est forcé de voler davantage ; il vole avec mé-
thode, ne veut pas de pillage ; c'est lui qui a déjà emballé
tout le beau mobilier du comte de Tailly. Il est très-aimé
des enfants du village qu'il a toujours sur ses genoux ; et
quand il parle de sa chère petite Catherine, il ne peut retenir ses larmes!

» Voyez-vous, lieutenant, ce qu'ils ont d'effrayant, c'est
qu'ils ne sont pas comme les autres hommes : au lieu de
les désarmer, la victoire les rend plus féroces. Vous autres,
à peine les maîtres, vous devenez généreux. Eux, s'ils se
croient cernés, ils tombent à genoux ; mais plus ils sont
vainqueurs, plus ils sont impitoyables ; car, par-dessus

tout, ils ont le culte de la force. La discipline du soldat, c'est la terreur de la schlague. Et, en ce moment même, l'obéissance des Badois et des Saxons, c'est l'admiration de la force qui les a vaincus à Sadowa... »

Pendant que le baron me parle, la fumée est devenue si épaisse que je distingue à peine. On entend encore quelques mots de fichten, de fürtzen, de Christ, de matière première, de substance infinie... Puis, le commandant roule endormi sous la table, le major se jette sur un grabat, et bientôt je n'entends plus que le roulement des batteries et des chariots qui traversent la ville; et, par les fenêtres glacées, je vois passer les canons d'acier recouverts de leur chemise noire, les ombres qui marchent au pas et en silence, et, au loin, les signaux rougeâtres allumés sur les collines.

Puis, le baron me dit adieu, et je reste seul à songer...

. . . .

Je me réveille aux pâles rayons d'un soleil d'hiver; je vois les Prussiens qui vont et viennent, causant avec les habitants, se faisant aider par eux. J'assiste à cette vie commune qu'on ne peut s'imaginer lorsqu'on est soldat, et je me dis : Quel est le plus difficile? aller à la bataille pour lutter contre l'ennemi ou rester dans sa demeure, attendre entre sa femme, sa mère, ses enfants?... Puis, un matin, on voit un casque apparaître, on entend sa porte ébranlée par des coups de crosse. Il faut livrer sa maison, son pain; il faut les servir, guider leurs convois, et, pendant des jours et des jours, vivre au milieu d'eux, à leur merci!... horreur!...

Le roulier vient me prendre et nous parcourons la ville. C'est l'heure où les Prussiens se dirigent vers la place pour se rendre à l'office divin. Je les vois défiler à travers les rues : les artilleurs, vêtus de la tunique bleu de ciel ; les fantassins enveloppés de leurs capotes sombres avec la cocarde blanche et noire ; tous s'avançant avec cette régularité silencieuse et fatale, sans un roulement de tambour, sans une sonnerie de trompette, sans une parole... A mesure qu'ils débouchent sur la place, ils s'encadrent dans le rang, s'alignent, et, l'appel commence.

— Approchons-nous un peu, fait le roulier...

— Herr capitaine, dit le colonel, je suis étonné de l'absence de beaucoup de vos soldats au service divin. J'ai véritablement lieu d'être très-étonné. Je croyais avoir donné des ordres pour que pareille chose ne puisse arriver !

— Herr colonel, permettez-moi de vous expliquer : il y a une escouade qui est de service pour cette exécution de francs-tireurs qui devait avoir lieu au lever du soleil ; un sursis a été demandé ; voilà pourquoi cette escouade n'est pas encore de retour. Mais l'affaire doit être terminée, et je crois pouvoir dire que les hommes seront revenus pour l'office divin.

— Eh ! voyez maintenant, dit le colonel, voyez quels sont encore ces soldats qui arrivent en désordre, dans des tenues irrégulières ! oui, véritab'ement très-irrégulières ! Je veux de l'ordre, de l'exactitude, et que mon régiment soit là pour écouter la parole de Dieu !

— Herr colonel, dit le sous-lieutenant s'avançant avec

respect, mes hommes ne sont point coupables; c'est nous
qui revenons du château de Nerville où vous savez que
des armes avaient été cachées et des vivres refusés aux
soldats. Il a fallu brûler le château et la ferme. Le pétrole a
manqué, le bois était vert ; ç'a été long, colonel, très-long
et très-fatigant pour les hommes. Quant aux objets que le
général avait désignés, il a été tout à fait impossible
de les retrouver.

— C'est que vos recherches ont été mal faites, monsieur. L'année dernière encore, j'ai passé un mois dans
ce château à l'époque des chasses, et il n'est pas croyable
que le comte ait eu le temps de faire tout disparaître. Du
reste, laissons ce sujet : je ne vois pas encore tous vos
hommes.

— Mon colonel, le sergent Tipffel est resté avec une
escouade pour découvrir la retraite du comte de Nerville
et le faire fusiller. Jusque-là, nous gardons la comtesse
et le vieillard en otage, et je crois pouvoir vous dire
qu'après les instructions données, le comte sortira de sa
cachette.

— C'est bien, dit le colonel; mais, une autre fois,
messieurs, à moins d'une bataille ou d'une surprise de
l'ennemi, je veux que toutes ces choses soient terminées
avant l'heure de la prière. Oui, en vérité, herrs officiers,
je veux que vos soldats soient tous là, pour remercier
la divine Providence de la protection manifeste qu'elle
accorde à nos armes et de toutes ses bénédictions pour
notre roi bien-aimé.

La colonne se met en marche : les soldats deux par deux avec cet ordre, et dans cette admirable tenue qu'on ne voit jamais à une armée en campagne. Les bataillons arrivent les uns après les autres, et entrent dans le saint lieu... Et tandis qu'appuyé contre un pilier, je pense à l'infortunée comtesse de Nerville, tandis que cette nuit passée dans son parc m'apparait comme une vision, le pasteur monte en chaire, et, ouvrant sa bible, commence d'une voix lente et accentuée :

« Mes frères,

» Le méchant avait dit en son cœur : je ne serai jamais ébranlé, le mal n'arrivera pas jusqu'à moi !...

» Il avait dit dans son orgueil : je monterai au-dessus des nations et ma gloire n'aura pas d'égale !...

» Mais l'Eternel s'est levé! l'Eternel, Dieu fort, et il a dit : Pourquoi le méchant tromperait-il son Dieu et triompherait-il dans son iniquité? Et il a rompu le bras du méchant! et aujourd'hui le méchant est à terre !

» Voilà donc ce peuple qui n'avait point pris Dieu pour sa force, qui s'assurait sur ses grandes richesses, et qui se fortifiait dans son impiété!

» Il péchait par la bouche et par les lèvres; il tenait des discours d'imprécations et de mensonges...

» Bénissons le Tout-Puissant parce qu'il a choisi son serviteur pour frapper le méchant! Bénissons-le parce qu'il a remis le glaive à notre roi bien-aimé! Mais aussi, mes frères, prions le Seigneur d'éclairer la conscience du peuple coupable! Prions-le de lui montrer combien sa résistance est sacrilége et vaine ; car en résistant à notre roi, c'est à son Dieu même qu'il résiste...... »

Il a continué ainsi pendant une heure, et quand, ensuite, il est venu à parler des femmes et des enfants qui attendent là-bas, dans la verte Allemagne, toutes les figures étaient pensives ; le major versait des larmes, et il était impossible de ne pas être ému de cette touchante péroraison sur la charité, la justice et la miséricorde du Seigneur.

Le service fini, la colonne repart dans le même ordre. Les officiers s'en vont par groupes, le major devisant avec le colonel et le pasteur. Je les suis sur le côté de la route, espérant toujours apprendre des nouvelles de la guerre...

A quelques pas de l'église nous apercevons des familles qui se sont organisées sous une manière de hangar. Comme le froid est terrible, ils se serrent les uns contre les autres, et au-dessus des couvertures on voit paraître et disparaître de petites têtes d'enfants comme des oiseaux dans un nid. Une femme jetée à l'extrémité de cet étrange bivouac cherche à tirer quelques brins de paille pour que son enfant ne repose pas sur la neige.

— Mais, voyez, dit le pasteur, en se retournant, voyez quelle est l'infortune de ces pauvres gens!.. Quelles souffrances faut-il donc que Dieu envoie encore à ce peuple si cela ne suffit pas à éclairer sa conscience!...

Au même instant le maire arrive, et, d'une voix entre-coupée : — Colonel, dit-il, je vous supplie de m'écouter encore...

— Cela est inutile, monsieur le baron ; en vérité, cela est tout à fait inutile. J'exécute les ordres de Sa Majesté. Quand une ville a commis la faute, et que nous sommes forcés pour l'exemple de livrer plusieurs maisons au pillage, la municipalité doit payer ce travail à nos hommes : et, comme cette fois, il y a eu cinquante soldats occupés pendant trois jours à la besogne, vous payerez cinq cents thalers : c'est-à-dire quinze cents francs.

— Alors, dit le maire, pâle d'émotion, je m'adresserai au ministre de l'Évangile, et je lui demanderai, au nom du Dieu de miséricorde, d'intercéder pour des malheureux qui, je le jure, vont mourir de froid et de faim !

— En effet, monsieur le maire, en effet, dit le pasteur, tout cela est véritablement bien épouvantable !

— Parlez pour eux ! par pitié, venez voir ce qui se passe !... Nous avons tout donné, nous n'avons plus rien ! Les malheureux enfants ne sont nourris que des restes de vos soldats. Venez, venez !...

— Monsieur le baron, dit le ministre, tout à l'heure encore je priais Dieu pour ces infortunés ; je lui demandais d'éclairer votre peuple ! Ce n'est pas le pain du corps qui leur manque le plus, c'est le pain de l'âme !... « Une seule chose est nécessaire, » monsieur le baron, et cette chose-là, hélas ! nous ne pouvons la leur donner !... Qu'ils cèdent, et ils connaîtront la miséricorde et la pitié de notre roi.

— Et, savez-vous comment ils cèdent? s'écrie le colonel; tout à l'heure j'apprends que le général Bourbaki arrive sur nous avec une nouvelle armée!...

La discussion devient plus vive; ils passent de l'autre côté de la rue, il me devient assez difficile de distinguer les paroles.

Devant moi, deux soldats s'en vont lentement se tenant par la main. Ils chantent une romance d'une mélancolie si douce et si touchante qu'on voudrait l'entendre toujours!...

> ... Nous reviendrons, nous reviendrons!...
> Attendez-nous dans la verte Allemagne,
> Parlez de nous à nos jeunes fiancées,
> Dites-leur de ne pas nous oublier.....
> Car, nous reviendrons, nous reviendrons!....

... Puis, ils s'arrêtent, et regardent quelque chose qui se passe dans un terrain vague : c'est un de leurs camarades qu'on a attaché à un arbre, et auquel on donne la schlague en cadence. L'exécuteur frappe d'un air impassible; le condamné subit sa peine sans jeter un cri ; les deux soldats regardent cette scène d'un visage indifférent et tranquille, et bientôt se remettent en route en continuant le refrain : « Nous reviendrons, nous reviendrons !... »

Mais, tout à coup, le colonel presse le pas et s'avance vers le carrefour où notre charrette était arrêtée hier. — Qu'est-ce que cela? s'écrie-t-il, apercevant des soldats qui jettent pêle-mêle quantité de meubles et de vaisselle. Comment permettez-vous ces choses, messieurs? Cela est

très-coupable, et, véritablement, vos hommes se conduisent comme des brutes.

A la voix du colonel, les soldats s'arrêtent interdits, et
déposent doucement ce qu'ils tiennent à la main, tandis
que les officiers commencent à examiner tout ce qui est
répandu sur la neige.

— Cher lieutenant, dit le major, ma petite Catherine me
demande toujours de ces belles porcelaines de Sèvres, et
moi je ne me connais pas en ces choses. On dit que le
propriétaire de cette maison était un grand amateur;
comme vous seriez donc aimable de regarder un peu avec
moi !

— Certainement, mon cher major, certainement! dit le
lieutenant.

Et alors, tous deux, à genoux, se mettent à chercher
dans ces débris. De temps en temps, le lieutenant secoue
la tête avec admiration : — Quel dommage! dit-il. Il y
avait dans cette maison de véritables objets d'art qu'il
fallait enlever avec précaution avant de mettre le feu... Si
vous ne tenez pas à ces statuettes, herr major, je vous les
demanderai pour ma petite Hélène à qui j'ai promis quelque chose.

— Avec grand plaisir, herr lieutenant, avec grand
plaisir.

Pendant ce temps le roulier avance sa charrette, et le
colonel fait apporter des caisses et des bâches où les
soldats commencent à disposer tous les objets : — De
l'ordre, de l'ordre, répète-t-il, je ne veux pas de pillage !

14

Voyez, messieurs, dans quel état sont déjà ces choses... Et vraiment à quoi pensez-vous donc, sergent ? je vous ai fait apporter trois caisses : une pour les robes et les dentelles, une autre pour les bronzes et la troisième pour les porcelaines. Cela n'est pas difficile à comprendre !

De temps à autre, on entend des voix lamentables sortir du fossé... Cette femme que j'ai vue hier, toujours accroupie sur la neige et tenant ses deux enfants serrés contre son sein, nous regarde d'un œil fixe et sauvage. Son mari vient d'être fusillé. Elle est blessée à l'épaule, et, de temps à autre, sa tête ensanglantée retombe sur le talus. Il y a une telle angoisse dans son regard que je me cache derrière les roues de la charrette pour ne pas la voir !... Le vieillard est mort, lié à cet arbre où son fils était attaché. Il est mort en face de sa maison détruite ; et, près de ce cadavre, le petit enfant pousse de tels cris de douleur que je me sens glacé jusque dans la moelle des os...

Déjà le roulier a disposé les caisses dans sa charrette ; je regarde une dernière fois ces pauvres êtres enfouis dans le fossé ; plus loin, le château qui s'écroule aux lueurs de l'incendie, pendant que, près de moi, le colonel recommande toujours de l'ordre, que le major va et vient, ramassant les débris, et que le lieutenant répète invariablement : En vérité, herr major, j'ai beau chercher, il y a bien des fragments de Saxe et quelques morceaux de Japon, mais je puis vous assurer qu'il n'y a point là de porcelaine de Sèvres...

Une heure après, ayant parcouru la ville, et vu ce que je voulais voir, je remets au roulier les pièces d'or qu'il prend du même air dont il prend l'or prussien, et je pars retrouver mes hommes.

CHARLES.

XXVII.

LE COURAGE.

Près Villersexel, 8 janvier 1871.

On dit qu'une grande bataille se prépare et que Werder va tenter un dernier effort pour arrêter la marche de nos troupes. Fantassins, cavaliers, marins sont pleins d'ardeur et de courage; mais notre véritable armée est une armée de mobiles ; les mobiles tiendront-ils ?... Toute la question est là.

Ah ! quoi qu'il arrive ne les accuse pas ! je trouve même qu'on est bien sévère. On parle d'eux comme s'ils étaient d'une espèce particulière ; c'est leur organisation qui a été tout à fait particulière ! Ne sachant rien, mal équipés, mal armés, mal encadrés, au lieu de recevoir pour chefs d'anciens sergents et caporaux qui leur auraient fait connaître l'ordre et la discipline, ils ont vu venir, déguisés en officiers, des commis, des fabricants d'orgues et de lorgnettes, puis tous ces oisifs et ces élégants de nos grandes villes, qui, par amour du galon, ont réclamé la redoutable charge d'enseigner aux autres ce qu'ils ignoraient eux-mêmes.

Les vrais coupables, ce sont d'abord les hommes qui, pendant quatre ans, s'étaient opposés à leur organisation ; et puis ces autres hommes qui ont sacrifié des milliers d'existences aux ambitions d'une jeunesse vaniteuse et insensée. Mais n'accusons pas les pauvres mobiles : ce sont des Français comme nous, qui, encadrés dans de vieux régiments, auraient été des braves. On ne les a pas fondus dans un bataillon où chaque soldat a confiance en celui qui le précède et en celui qui le suit; ils ne connaissent pas le métier des armes ; ils ne comptent pas sur leurs chefs, ils ne comptent pas sur eux-mêmes. Il ne règne pas dans leurs rangs cette contagion de fierté et de courage, comme dans les armées organisées, où les plus timides sont entraînés par l'exemple des braves.

Incapables de résistance, dès les premiers revers ils quittent les rangs, fuient en désordre ; et alors, honteux de s'être sauvés, mécontents d'eux-mêmes et des autres, découragés, abattus, plus ils se voient outragés, plus ils s'abandonnent, et sentant cette malédiction les poursuivre partout sur leur passage, ils en arrivent à cet état misérable où nous les avons vus tomber dans nos retraites.

Non, cher frère, je n'accepte ni les anathèmes que tu leur jettes, ni les éloges que tu nous accordes. A mesure que j'avance, je vois que dans les choses de la guerre on fait souvent aux hommes la part qui revient aux événements.

Au fond, qu'est-ce qu'on entend par le courage, ce courage dont tu me parles tant aujourd'hui ? Tu penses donc qu'il y a des hommes qui sont toujours courageux et d'autres qui ne le sont jamais ? Je ne crois pas que l'espèce humaine soit ainsi partagée. Tout ce que je puis te dire, c'est que, s'il est des heures où on a une furieuse envie de se battre, il en est d'autres où on ne s'en soucie plus. On est très-brave à huit heures ; on l'est moins à midi ; on voudrait rentrer au bivouac à quatre heures ; on est près de fuir à minuit...

Et voilà ce qu'il y a de terrible quand on est enchaîné dans le rang : c'est qu'au milieu de ce mystère et de cet inconnu, on ne sait jamais l'instant où l'on va rencontrer l'ennemi ; et que souvent, après une journée d'attente où l'on aurait été un héros, le danger vient vous surprendre au moment même où on voudrait enfin rester à l'abri. Mais pour le comprendre, il faut suivre une armée en campagne :

Nous arrivons sur la route ; les sabres et les lances étincèlent au soleil ; il y a dans l'air ce je ne sais quoi qui annonce la bataille ; on galope à travers les canons et les mitrailleuses ; les hommes ont cet air superbe et radieux qu'on ne leur voit qu'au moment de la charge.

— En avant ! crie le colonel.

— Comme à Juranville !... dit Roger.

— Va-t-on encore prendre un canon ? disent les cavaliers.

— Hurrah !... hurrah !...

Et on marche toujours ; et la fièvre augmente ; et dans

ces moments-là tu peux dire que tout le monde a du courage !... Car, tous, nous avons la furie de nous précipiter sur l'ennemi ! car, le galop de nos chevaux, le bruit des trompettes et des clairons, la vue de cette armée, tout cela nous enivre ! Et je crois qu'alors rien ne nous serait impossible !

... Mais, au lieu de charger, la colonne s'arrête, et nous restons immobiles derrière un bois... Un obus vient tomber près de nous, puis un autre, puis un autre... Après chaque détonation, nous regardons ; et, parfois, sur cette neige éblouissante, il y a comme un grand cercle sanglant de cadavres et de membres arrachés...

Le temps se passe, et toujours nous restons immobiles, et toujours la mort frappe autour de nous. Bientôt un étrange silence règne dans l'escadron. Les hommes ont une certaine contraction de visage que je commence à bien connaître. Il y a comme un instinct de vie, une révolte de la chair. On se dit : Pourquoi rester cloués ici ?...

Je me promène devant eux répétant : Quel sacré vacarme ! En voilà un bombardement du diable !... Je parle pour m'exciter moi-même ; je souris, je plaisante... Mais les obus tombent toujours ; et alors, à travers mes paroles et mes sourires, moi qui tout à l'heure voulais me précipiter sur l'ennemi, il vient un moment où j'ai peur...

J'ai peur... parce que cela tue, parce qu'il y a l'épouvantement de la mort, et que je ne suis plus soutenu par l'ardeur du combat ! J'ai peur, parce que j'ai le temps de réfléchir, de penser qu'un de ces éclats d'obus peut me séparer de vous pour jamais ; parce que j'ai le temps de

songer à tous ceux que j'aime, et, par-dessus tout, parce
que je crois que j'ai une âme, qu'il y a une autre vie, que
je me demande dans quel monde je vais entrer, et devant
qui je vais bientôt comparaître !...

Et je crois que le véritable courage, c'est de rester ainsi
quand on a peur ; de rester avec ses hommes, de les en-
courager, de leur sourire, sans être étourdi et soutenu par
l'ivresse du combat !

Cependant ne le dis pas... car il est convenu dans les
armées que cela vous a toujours été absolument égal.

Si je te parle de ces choses, c'est parce que nous en
causions aujourd'hui avec Montcalm, que j'ai eu la grande
joie de rencontrer dans mes courses vagabondes : — Vous
voilà, bel éclaireur; m'a-t-il dit avec son bon sourire...
Roger, Sainte-Croix, venez donc voir Bernard ! il faut lui
faire notre cour maintenant, il est dans les honneurs !...

Et, après des serrements de mains, des questions coup
sur coup, car Dieu sait pour moi quel bonheur de les
retrouver !... — Eh bien ! me dit Montcalm, combien
avez-vous pris de uhlans? Combien de fois avez-vous
sauvé la France dans un chemin creux ? Quel mouvement
tournant avez-vous fait ce matin?... Il ne daigne plus nous
répondre, voyez-vous! Et, en vérité, le voilà capitaine !...
Roger, vous devriez demander aussi un escadron d'éclaireurs ; c'est une meilleure vie que la nôtre ! On éclaire la
route jusqu'à ce qu'on trouve un village dans lequel on
soit bien installé ; on ne couche plus dans la neige ; on ne
souffre plus ni du froid ni de la faim... Et puis, on envoie

des rapports mirifiques : Mon général, je me suis déguisé
hier en abbé ; ce matin en colporteur; à midi, en sœur de
charité... à trois heures, je surprenais tous les secrets des
Prussiens ; à six heures, je faisais un peloton de uhlans
prisonnier; mais... je les ai tous perdus en franchissant
une rivière à la nage ; voilà quarante-huit heures que
nous ne cessons de nous battre, et, par une chance inouïe,
aucun de mes hommes n'est encore blessé...

Roger, Sainte-Croix, de Verneuil riaient aux larmes ; et
moi je t'avoue que je n'étais rien moins que content de la
plaisanterie ; car, depuis quelques jours, je suis habitué à
ce qu'on me parle d'un autre ton.

— Allons, Bernard, ne vous fâchez pas, dit Montcalm,
je sais que vous êtes un brave garçon ; mais, vous vous
prenez un peu trop au sérieux. Voyez vous, ce qui m'im-
patiente, c'est la part faite à chacun ; cette poignée d'officiers qui s'agite autour des généraux : éclaireurs, ordonnances, aides de camp... fait un vacarme si terrible qu'on
oublie les milliers d'hommes qui souffrent tous les jours
et qui se battent quand on l'ordonne !...

Les troupes se remettent en marche ; le froid est épouvantable : la neige résonne comme du métal et prend un
éclat de poudre de diamant. — Tenez, Bernard, reprend
Montcalm, dont la figure est devenue pensive, voulez-vous
que je vous montre des héros ? Ce n'est ni vous, ni moi,
mon ami. Regardez bien ce qui s'avance là dans cette
neige... tous ces malheureux cloués par l'obéissance passive, attendant en silence que l'on vienne les chercher pour

mourir! Personne ne parle d'eux, et cependant, avouez qu'ils sont plus méritants que nous. Pauvres paysans, que l'on a pris à leurs champs, que le chemin de fer a jetés dans des pays inconnus, et qui marchent sans comprendre! Ils ignorent ce que c'est que la guerre, ils ne savent peut-être pas où est l'Alsace, mais ils savent ce que c'est que la patrie! On leur dit de marcher... et ils vont!...

» Après avoir été à travers la boue, ils vont à travers la neige, ne se plaignant jamais! quand les vivres viennent à manquer et qu'il n'y a pas de bivouac, s'enveloppant dans leur manteau et s'étendant sur le revers du fossé; ne demandant pas où on les mène, ne comprenant rien à ce qui se passe autour d'eux, si ce n'est qu'ils vont se faire tuer et qu'ils n'ont rien à attendre : ni croix, ni grades... Chaque jour les camarades disparaissent; ils en laissent sur le champ de bataille ; ils en laissent dans les hôpitaux, sur les routes... Et ils vont toujours... suivent ce drapeau, qui, pour eux, a remplacé le clocher du village !

» Voyez-les passer !... voyez-les tirant leurs chevaux par la figure !... Bonjour, enfants, bonjour, Kerven !... »

Et Kerven, tout empaqueté dans un misérable manteau, lève sur nous cet œil clair, qui semble avoir gardé comme un reflet des rivages de sa Bretagne : — Bonjour, mon lieutenant! vous voilà donc capitaine ?... Le froid est terrible!... Quel est donc ce clocher là-bas ?

— C'est Villersexel, mon ami.

— Villersexel ?... Et Kerven reste pensif, regardant à l'horizon.... Par où donc est-ce que nous avons passé

lieutenant, depuis Frœschviller ? Est-ce que nous allons
bien loin comme ça ?

— Nous allons délivrer Belfort !

— Belfort ?... C'est dans la Prusse, n'est-ce pas ?

— Pas tout à fait, mon ami ; mais nous y serons bientôt.

La nuit est venue ; Montcalm arrête la colonne, abrite
les cavaliers contre le mur et s'avance jusqu'à cette croupe
de neige derrière laquelle se cache l'ennemi :—Ne partez
pas encore, Bernard, me dit-il ; je pourrais avoir besoin
de vous et de vos hommes. Je ne sais ce qui se passe ; l'artillerie n'est pas arrivée, les mobiles ne sont point là... et
jusqu'à ce que les renforts nous viennent, je fais placer
des sentinelles pour tromper l'ennemi.

Mais, tout à coup, voici un bruit strident, et une ombre
s'évanouit dans la neige.

— C'est au numéro cinq à marcher ! dit le brigadier.

Le numéro cinq, c'est Kerven. Il se lève, prend un fusil
et va relever la sentinelle morte. Nous nous avançons en
arrière du talus, cherchant à distinguer ce qui se passe.
Le poste est terrible ; pas un abri ! Kerven se détache
comme un point de mire sur des plaines glacées ! Il va et
vient ; parfois s'arrête, s'appuie sur son fusil d'un air
pensif et regarde le cadavre de son camarade roulé dans
le fossé ; ensuite il relève la tête et se remet en marche.

Là-bas, il me semble que j'aperçois quelque chose...
tout à coup, une balle siffle... Kerven ne pousse pas un
cri, ne dit pas une parole, il soutient un instant son fusil,
s'adosse contre un arbre, puis fléchit, se pelotonne et

roule sur la neige! Le commandant et Roger marchent vers lui. Il est blessé à la poitrine; nous le soulevons et nous le portons en arrière du talus. Il nous regarde d'un air étonné et doux, ne répondant rien à nos paroles, et restant parfois l'œil fixe. — C'est à Pont-l'Abbé qu'il faut écrire... seulement, il ne faut pas dire la chose comme on l'a fait la dernière fois!

— Ah ça! te voilà encore blessé? dit le général; tu n'étais pas guéri de ton coup de sabre de Reischoffen et tu m'arrives avec une balle!... Allons! allons! major, en fait d'emplâtre, nous lui donnerons la croix à cet enfant-là!

A ces mots, Kerven se dresse, un éclair brille dans ses yeux : La croix! dit-il; puis, se tournant de mon côté : Il faudra leur mettre cela au bas de la lettre !

Le sang coule et rougit la neige; deux soldats brisent des branches de sapin, les placent en croix, et, étendant le blessé, le recouvrent d'un manteau et se mettent en route.

— C'est égal, dit-il se soulevant une dernière fois, si j'ai la croix, lieutenant, je ne regrette rien!

L'artillerie vient d'arriver ; le commandant fait remonter à cheval et nous repartons. — Pauvre Kerven, dis-je, quel fête quand il aura son ruban!

— Il n'aura rien du tout, dit Montcalm avec amertume; pas plus lui qu'Hirscher; d'où sortez-vous, Bernard, et pourquoi dites vous des choses que vous ne pensez pas? Où donc voyez-vous qu'on décore les soldats qui se battent? Vous savez bien que tout cela ce sont des paroles...

— Mais, la campagne finie, mon commandant?

— Eh bien! la campagne finie, une fois qu'on aura
satisfait tous les états-majors, il y aura vous, Bernard, il
y aura moi et nos amis, et tous ceux qui approchent du
ministère, et tous ceux qui ont un appui ; car, nous autres,
il nous faut tout.

» Nous qui avons choisi cette carrière, nous qui sommes
soutenus par l'opinion, par le sentiment d'honneur, il
nous faut les grades, il nous faut les croix, il nous faut le
bruit ; tandis que ces malheureux qu'on a enlevés de force
et qui ne savent pas pourquoi ils se battent, nous leur
disons, après des années d'héroïsme et de souffrance :
C'est bon, rentrez dans vos foyers !...

» Ah! en vérité, Bernard, cela n'est pas bien ! si j'étais
le maître, les choses se passeraient autrement. Je dirais
d'abord aux états-majors et aux bureaux : voilà pour
vous ; partagez-vous cela en famille... Et tout le reste
serait distribué à ceux qui souffrent, à ceux qui se battent,
en un mot à ceux qui sont dans le rang. Et ce serait distribué le lendemain même de la bataille, en proportion
des tués et blessés; ce serait distribué devant le général
en chef, *sur la demande des colonels*, qui feraient sortir du
rang officiers et soldats, et leur attacheraient eux-mêmes
la croix sur la poitrine en disant : Voilà les plus braves !...
Et vous imaginez-vous cette émulation quand les camarades verraient...

— Mon commandant, mon commandant, dit Sainte-
Croix, on donne l'ordre d'avancer ; il paraît que les Prussiens marchent sur nous!...

— Faites serrer les escadrons, crie Montcalm ; et vous

Bernard, adieu!... voilà le moment de se battre!... sauvez-vous, grand éclaireur!...

Et, réunissant ma troupe, je repars au galop...

CHARLES.

XXVIII.

LE CHASSE-NEIGE.

Près Héricourt, 16 janvier.

Cher frère, je te conterai un jour cette victoire de Villersexel, où nos soldats se sont si admirablement battus. Je te conterai nos marins montant à l'assaut comme à l'abordage, la hache à la main ; cette poignée de braves, cernés dans le château, se défendant avec la folie du désespoir... quand les munitions manquaient, jetant tout par les fenêtres pour écraser l'ennemi, tandis que l'incendie les gagnait peu à peu... Je te dirai ces chasseurs marchant sur les canons qu'ils enlèvent à la charge ; et, au moment où les jeunes troupes plient et reculent en désordre, Bourbaki se précipitant en avant : « A moi l'infanterie !... Est-ce que les Français ne savent plus charger ?... » Et alors tous s'élançant au feu !... le château repris, le village enlevé, et les Prussiens fuyant en déroute sur les hauteurs d'Héricourt !

Mais, aujourd'hui, je n'ai ni le temps ni le courage de

15

te parler de ces combats. Malgré notre victoire, la guerre vient de prendre un aspect sombre et sinistre que je ne lui avais pas encore connu. Le froid est devenu formidable ; c'est quelque chose d'âpre et de terrible ; cela vous mord les mains, cela vous étreint les pieds... quand un souffle passe, c'est comme une meute de bêtes féroces qui vous saisit à la gorge. Les souffrances de nos soldats sont atroces, et aucune langue humaine ne peut décrire les horreurs que j'ai sous les yeux !...

Traversant tout à l'heure ce village de Villersexel, je contemplais ces ruines de la guerre, ces dévastations des hommes qu'il semble que la nature se hâte de recouvrir d'un linceul de neige... ce château incendié, ces bâtiments éventrés avec leurs armatures de fer, déchirées et tordues... ces rues entières, aux murailles noircies, ouvertes par des brèches sinistres... puis, de tous côtés, ces fouillis d'armes brisées, ces vêtements en lambeaux, ces meubles broyés... et surtout ces cadavres calcinés que l'on sort des caves du château et qu'on jette sur la neige... cadavres de Prussiens et cadavres de Français, repliés sur eux-mêmes, et ainsi qu'à Pompéi, tordus encore dans les dernières convulsions de l'agonie !

Et puis, te le dirai-je, malgré notre victoire, nous éprouvons ce sentiment indéfinissable, que nous avons déjà ressenti après les combats d'Orléans : sentiment qu'un danger inconnu nous menace. Chacun se dit que les jours et les jours s'écoulent ; que notre expédition qui devait être une surprise est depuis longtemps connue, et qu'une armée de secours va être envoyée de Paris à Werder. Cette armée, personne ne l'a vue, et tout le monde l'attend...

A Lure, à Vesoul, aux Aynans, j'ai questionné, je n'ai rien saisi ; mais partout, habitants et soldats, ont ce vague instinct que quelque chose va tomber là, à gauche, pour nous prendre à revers. Et alors, tout le monde regarde à droite...

Et comme, cette fois, ce n'est pas un fleuve qui peut nous sauver, on regarde ces montagnes ; ces montagnes inconnues de la plupart des soldats, mais derrière lesquelles ils savent vaguement qu'il est un pays qu'on appelle la Suisse, et qui sera leur salut comme la Belgique l'a été le jour de Sedan. Instinct étrange et funeste que celui qui indique sûrement aux soldats de quel côté il faudra fuir à l'approche du danger !

Évidemment certaines inquiétudes règnent déjà à l'état-major. J'ai reçu l'ordre de chercher le général qui, ce soir même, veut s'entendre avec tous les officiers d'éclaireurs. Mais rien n'est plus difficile que de trouver une armée qui se bat ; et la nuit est déjà venue que je cherche encore... Nuit de ténèbres et de tumultes !... La neige nous aveugle, le canon nous assourdit, et c'est à peine si nos mains glacées peuvent tenir les rênes ! De loin en loin, il y a encore quelques feux rougeâtres. On entend le : Qui vive ? — France !... puis, bientôt, on ne distingue plus rien et il faut marcher à l'aventure. Je voudrais déplier ma carte et regarder ; le vent éteint tout ce que j'allume ;

et pas même une étoile pour se diriger! La neige couvre
tout de ses plis : elle recouvre les routes, elle recouvre
les plaines et les fossés ; on passe une rivière sans le savoir;
tout est uniforme, tout est nivelé!... Et, perdus dans ces
steppes, on se rencontre comme les marins se rencontrent
súr l'Océan !

...Mais il me semble que cela cède sous nos pas; près de
moi j'entends des craquements; un cheval vient de s'abattre;
l'homme s'accroche à mes rênes comme un noyé... puis,
des bruits de glace brisée et d'eau qui coule; nos chevaux
enfoncent; le brigadier pousse un cri et disparaît... Je
n'ai que le temps de me rejeter en arrière; et n'osant
plus bouger, perdu dans ces affreuses ténèbres, je reste
immobile, écoutant ces bruits d'eau, ces craquements,
ces chevaux qui se débattent.... et je me dis : Dois-je aller
plus loin? dois-je ainsi exposer mes hommes? n'y a-t-il
pas une limite à la consigne?... Il se livre en moi comme
un combat... l'instinct qui me dit : C'est insensé! mais
une voix plus forte me crie : Marche! marche !..

Pendant ce temps, des cavaliers ont cru trouver une
route ; je ne distingue rien, mais ce qui est devant moi
tournant à gauche, je tourne à gauche, et chacun suit l'ombre
qui est devant lui. Nous marchons longtemps, sans savoir,
pris dans une sorte de tempête... Nos chevaux avancent
avec terreur; leurs pieds déferrés glissent à chaque pas;
et si, aveuglés nous-mêmes par ces tourbillons, nous
voulons fermer les yeux, nous ne pouvons plus relever les
paupières! elles restent prises...

Ah! il n'y a pas à en douter, c'est le chasse-neige ! Nos chevaux ne s'y trompent point. Instinctivement, ils s'arrêtent et présentant tous leurs croupes à l'ennemi, ils se mettent en rond. Nous nous laissons glisser à terre, et, à l'abri de ces pauvres bêtes, nous serrant les uns contre les autres, nous attendons que l'ouragan soit passé.

Nous attendons, nous attendons longtemps...

Et, te le dirai-je, pendant que je suis là, enveloppé dans mon manteau, je ne sais comment une vision du passé flotte devant mes yeux !... Je revois ma première campagne, la campagne d'Italie ! comme dans un nimbe d'or, je vois le rocher de Sarzane avec ses lueurs violettes et pourpres ; je vois les plaines de la Lombardie où chevaux et cavaliers disparaissent dans les maïs, tandis que les pampres courent au-dessus de nos têtes !... Je vois les Apennins avec leurs pâles oliviers aux reflets d'argent ; je vois la Corniche avec sa mer phosphorescente, les bois d'orangers aux fruits d'or, les palmiers et leurs lucioles aux ailes de feu... par-dessus tout, je revois la victoire !.. et, regardant autour de moi, toute l'horreur de cette guerre s'en augmente encore...

Mais il faut lutter! il faut faire son devoir!... L'ouragan s'est un peu apaisé. Nous nous remettons en marche : voici une cahute . Je fais abriter hommes et chevaux ; je fais allumer du feu ; et, laissant là une troupe qu'il est inutile de traîner plus longtemps, je pars seul à pied avec Berton.

Le ciel est de plus en plus sombre. Il me semble que j'ai retrouvé une route ; rien ne l'indique ; seulement, à droite et à gauche, je crois voir des renflements comme des talus. Je crois voir aussi des choses étendues sous cette neige... j'ai déjà vu cela !... c'était à la retraite d'Orléans !... Mais je ne veux pas savoir, je ne veux pas regarder ; et, tirant mon cheval par la bride, je presse le pas.

— Lieutenant, me dit Berton, voyez donc là-bas ; il me semble que cela remue !

— Tais-toi, tais-toi !... Ne regarde pas !... Nous sommes en retard !... Nous devrions être chez le général... Marchons !

Pas une maison, pas un passant, pas un poteau, rien !... Rien que ces choses à moitié ensevelies qui sont partout répandues, et cette neige qui nous aveugle.

Enfin, je crois entendre le pas d'un cheval. Je m'arrête, j'écoute... Les pas se rapprochent. Bientôt je distingue une ombre, puis un cavalier apparaît... Je l'appelle, je l'interroge... Il avance lentement, arrive près de nous ; sa tête s'incline de mon côté comme pour répondre ; mais il ne dit rien. . Alors j'aperçois la pointe d'un casque, une lance, un manteau noir. Le corps reste un instant penché, retombe de l'autre côté, puis le cheval continue, s'éloigne au pas, et disparaît....

— Lieutenant, me dit Berton à voix basse, n'appelez pas !... c'est un mort !... les uhlans sont attachés comme cela à leur selle, et le cheval va continuer, cherchant toujours ses camarades.

— Marchons! marchons! dis-je fièvreusement; la consigne est là!

Mais le cheval de Berton butte sur la glace, et bientôt,
pliant sur ses jarrets, roule étendu dans le fossé.

— Adieu, Berton, adieu... Et, saisissant la bride
avec emportement, je me remets en route. J'ai peur que
le chasse-neige ne revienne, et j'ai peur aussi de tout ce
qui est étendu là! Je fuis, je fuis sans regarder; parlant
à ce cheval, puisque je n'ai plus que lui!... Viens, je veux
arriver! c'est l'ordre! Que pense déjà le général?... Et
je continue de parler tout haut; et la pauvre bête me regarde, tournant vers moi ses naseaux glacés, et nous
courons à travers ces steppes...

Quand tout à coup je me sens saisi et cloué sur place!...
un bras vient de sortir de la neige et de s'accrocher aux
pans de mon manteau. Je me rejette en arrière, mais c'est
comme une main de fer qui me retient là... Alors, je
reste quelque temps immobile, et une sueur froide inonde
mon front. — Mais lâchez, lâchez donc!... Je fais des
efforts désespérés pour me dégager... Je me baisse;
je ne vois que deux choses : un bras et une tête; tout le
reste est sous la neige... deux yeux, deux grands yeux
noirs qui suivent tous mes mouvements... S'il me parlait
encore! mais il ne dit rien!... Il me regarde et ne veut
pas lâcher. Je lui explique : je lui dis que le général m'attend, qu'un retard peut causer de grands malheurs; et il
ne répond toujours pas!...

A la fin ses yeux me remplissent d'une telle angoisse,
qu'oubliant mon devoir, ma consigne, oubliant tout, je

me mets à déblayer cette neige. Je veux prendre ce corps, lui trouver un abri... quand j'aperçois sur le talus quelque chose qui s'agite... les jambes sont prises dans la glace du fossé, la poitrine seule apparaît et les bras se dressent... — A moi, à moi!... crie une voix! Alors, il me semble qu'ils vont tous m'appeler!... qu'ils vont tous sortir de cette neige!.. et, saisi d'une sorte de fureur, je déchire le pan du manteau, et tirant mon cheval par la bride, je lui crie avec rage : Marche! marche donc!... Et je recommence à fuir...

Mais j'ai beau fuir, je vois toujours ces yeux, j'entends toujours cette voix, et je me dis : Il va appeler toute la nuit!... Puis, le froid va l'engourdir, le vent va rouler sur lui ses vagues de neige et l'ensevelir comme tous ceux que j'ai vus tout à l'heure!...

Ah! mourir ainsi! être là tout sanglant sur le revers d'un fossé; appeler, appeler dans ce désert et dans ces ténèbres; avoir une dernière fois la vision de la famille, des êtres qu'on a aimés; se dire : C'est fini!... Quelqu'un passe sur la route!... espoir suprême!... Et dire que ce quelqu'un c'est moi... qu'ils m'appelleront tous! et que je n'en sauverai pas un!...

Mais plus j'avance, plus le bruit est formidable. C'est le chasse-neige qui revient avec furie. Il y a comme des roulements sourds : on ne peut plus distinguer ce qui est de la tempête et ce qui est du canon! La neige de la terre et celle du ciel, réunies en tourbillons, se déchaînent autour de moi et semblent monter jusqu'aux nues.

L'obscurité est affreuse. De seconde en seconde, les ténèbres sont sillonnées d'éclairs qui illuminent toute cette masse blanche suspendue dans les airs.

A ces lueurs sinistres, je vois des flots glacés rouler à travers ces plaines et accourir sur moi comme pour m'ensevelir... Je les sens monter... déjà pris jusqu'aux genoux, je me rejette en arrière; de nouvelles vagues accourent, m'enveloppent... et toujours ainsi... Je tâche de fuir pour échapper à ce linceul vivant...

Et puis, est-ce une vision? mais il me semble que des corps sont soulevés et arrivent, portés là, comme sur les vagues de la mer! il me semble que ce sont tous ceux que je n'ai pas voulu sauver!... que, si je me retourne, je vais les voir tous après moi, appelant les autres pour me poursuivre!... Je cours comme un insensé... Un obus éclate, puis un autre, puis les bombes, la mitraille... Alors, voyant la nature et l'homme déchaînés à l'envi, je retombe sur mon cheval, je le saisis dans mes bras et, me réchauffant contre lui, je reste sans mouvement, et je dis : J'en ai assez!...

J'en ai assez de cette épouvantable guerre, de ces tortures, de ce froid, de toutes ces horreurs!... Dieu ne nous a pas créés pour cela! Depuis six mois que cela dure, c'est trop souffrir, c'est trop lutter!

Du feu!.. un abri!.. un pays où il n'y ait plus d'obus, plus de neige, où il n'y ait plus de cadavres! j'en ai assez!...

15.

Qu'on ne me parle plus ni de devoir, ni d'honneur, ni de patrie !... il n'y a plus chez moi que la bête !... la bête qui a bien voulu obéir jusqu'ici, mais qui se révolte à la fin !. . . . . '

... Quand je relève la tête, quelqu'un est derrière moi. Le chasse-neige s'est un peu apaisé. Je regarde... c'est Hirscher. Hirscher qui a remis mon rapport du matin et qui, passant à travers la forêt, fusillé par les francs-tireurs, fusillé par les Prussiens, me cherche partout pour me demander mes ordres !

— C'est vous, lieutenant? voilà une rude nuit !... N'allez pas par là, il y a le bombardement du diable ! venez avec moi : Hirscher est un enfant des montagnes, voyez-vous; et il s'y reconnaît dans ces neiges comme les loups dans les bois !

Il prend la bride de mon cheval, je marche près de lui, et, n'osant avouer à cet homme que j'avais perdu courage, je pense aux paroles de Montcalm et je me demande quelle récompense il y aura là-haut pour de tels dévouements, puisqu'ils ne sont pas récompensés ici-bas !...

Une heure après, j'étais à l'état-major. Dès les premiers mots, je comprends que la situation est grave : les éclaireurs reçoivent l'ordre de s'avancer le plus loin possible pour signaler l'ennemi.

Demain, je me dirige vers les Vosges; je monterai jusqu'à Luxeuil; je serai donc séparé de toute l'armée. Si tu ne reçois pas de mes nouvelles, tu comprendras trop ce qui se sera passé !...

CHARLES.

XXIX.

LA POURSUITE.

Mélisey, 19 janvier 1871.

Cher frère, je t'écris de Mélisey, près de Luxeuil. J'entends toujours le canon de Belfort; mais je ne sais quoi de sinistre règne dans l'air, et, pour la première fois, mes plantons ne reviennent pas. La journée s'est passée à attendre, à interroger les paysans qui traversent la route, à envoyer des courriers à Villargent, n'osant plus envoyer mes soldats, puisque tout soldat qui s'éloigne est désormais perdu pour moi.

Vers le soir, il s'est fait une certaine rumeur : un colporteur est passé, annonçant qu'à Ronchamps les Prussiens étaient arrivés tout à coup et que des flots d'armée française s'enfuyaient sur Besançon. Le maire m'en a apporté la nouvelle et nous sommes restés ensemble à raisonner des événements, courant à la fenêtre quand le pas d'un cheval se faisait entendre, questionnant les passants, regardant ces montagnes et ces plaines couvertes de neige, écoutant le roulement des camions qui semblaient écraser de la ferraille, et nous demandant ce que devenait notre malheureuse armée par cet épouvantable froid. A minuit, je regardais encore... et mes plantons ne revenaient toujours pas !...

Alors, je prends mon manteau et je vais sur la route : la nuit est noire, le silence profond ; on ne voit que cette pâle clarté que rayonne la neige, on n'entend que le bruit des glaçons que le torrent charrie. Il y a une ombre là, sur le talus : c'est Hirscher, qui, depuis le milieu du jour, reste obstinément à épier comme un chien de garde.

Un camionneur arrive ; je l'interroge ; il ne me répond pas d'abord : — Comment êtes-vous ici ?... Après ça c'est votre affaire ; c'est votre affaire ! dit-il en secouant la tête. Je ne m'occupe point des choses des autres.

Et il continue sa route, sans s'expliquer davantage. Un villageois passe dans une petite carriole. Je vais à lui ; il me regarde, et, clignant de l'œil du côté de Lure : — On dit que ça va mal ; vous savez, lieutenant, on dit que ça va très-mal !

Je rentre à la hâte. Je trouve tous mes hommes qui m'attendent : — Lieutenant, s'écrie le brigadier, il y en a qui racontent que l'armée bat en retraite, et que pendant la nuit nous serons cernés de tous côtés !...

— Mais, qui vous a dit cela ?

— Eh ! tout le monde, lieutenant.

J'envoie chercher tout le monde : le garde champêtre, l'adjoint, le facteur ; je fais rattraper le voiturier, le villageois, le colporteur, enfin, tous ceux qui ont parlé, tous ceux qui, depuis une heure, répandent l'épouvante dans le canton. Mais, une fois que je les tiens là, et que je veux saisir quelque chose, je n'obtiens plus que ces réponses vagues, indécises... ce je ne sais quoi du paysan qui craint de se compromettre. Aucun d'eux n'a rien vu, aucun n'a parlé le premier ; ils n'ont fait que répéter ce que le voisin venait de dire. Pendant ce temps, mes hommes attendent et le brigadier me répète : Quels sont les ordres, lieutenant ?

Les ordres ?... Que répondre ? que faire ?... partir ?..., partir sur une simple panique, quand je suis venu pour éclairer l'armée ? Et demain le général me dira : Vous avez eu peur, monsieur ?... Mais alors, rester ?... garder ici ces soldats qui demain seront tous prisonniers, emmenés en Allemagne sans combat ?...

Pour me donner une contenance et gagner du temps, je prends les lambeaux de cartes arrachés à la mairie ; je me penche et je regarde obstinément ces routes, qui ne me disent rien. Et, pendant que je suis là, torturé par l'indécision, mesurant et traçant des lignes, je sens les regards de tous ces hommes attachés sur moi ; ces hommes qui s'abandonnent à leur chef avec tant de confiance ; et j'entends le brigadier qui me répète une dernière fois : — Eh bien ! les ordres, lieutenant ?.

Alors, je relève la tête, et je dis, d'un air résolu : — Allez dans vos écuries ! nous passerons la nuit ici !

Puis, à peine cette parole prononcée, j'aurais voulu la ravoir... Mais, il y a un principe : c'est de ne pas revenir en arrière, et de toujours faire croire à ses soldats que l'on sait ce que l'on veut. Et le terrible, c'est que, dans l'inconnu de la guerre, la plupart du temps, il faut qu'un chef impose sa décision avant d'être décidé lui-même, et qu'il traîne ses hommes vers un but qu'il ne connaît point !

Je passe une partie de la nuit à errer sur la route. Puis, les rapports et les patrouilles ne m'apportant aucune nouvelle, je me dis : C'était encore une fausse alerte ! je m'applaudis de n'y avoir pas cru ; je rentre, je m'étends sur la litière, et je m'endors.

Les premières lueurs de l'aube passaient à peine à travers les vitres glacées quand je suis réveillé par d'étranges clameurs... La porte s'ouvre précipitamment : Lieutenant, lieutenant, nous sommes pris !...

Je m'élance sur la route. Elle est encombrée de voitures, de charrettes et de troupeaux fuyant pêle-mêle... Je n'ai pas à demander ce qui se passe, je retrouve là les visions de la fuite de Sedan, les visions de la retraite d'Orléans !... Seulement, si je fuis de ce côté, j'abandonne à jamais mon armée, et je n'ai plus qu'à me cacher dans les défilés des Vosges !...

Déjà mes cavaliers sont réunis sur la place. Ils me regardent de cet air à la fois étonné et confiant qui est particulier au vieux soldat français dans les moments de crise.

— Mes amis, crie le maire, il y a dix mille Prussiens entre vous et l'armée !

— Bah ! fait le trompette, ils ne nous tiennent pas encore ! le lieutenant saura bien trouver un chemin ! Ce n'est pas facile de prendre des vieux renards comme nous !

Je m'efforce de sourire. Je regarde ces chevaux déferrés, ces hommes avec leurs vêtements en lambeaux... je dispose ma colonne, et nous partons ! A mesure que nous avançons, la route est plus encombrée. Les fuyards répandent partout l'épouvante : Les voilà, les voilà !... Déjà nous approchons des faubourgs, quand l'avant-garde aperçoit deux escadrons de uhlans qui viennent nous prendre en écharpe. Je n'ai que le temps de crier : Demi-tour par cavalier ! et de me jeter dans le bois de Franchevelle pour dépister l'ennemi. Le chemin de Lure est absolument coupé.

Après une demi-heure de marche dans les fourrés, j'arrête mes hommes. — Soyez tranquille, lieutenant, nous ne nous rendrons pas ! disent-ils comme enivrés par cette chasse et par l'espoir d'échapper à l'ennemi.

Je déplie ma carte, et je cherche à m'orienter : pas un guide, pas un paysan, pas un renseignement, rien !... et, par une fatalité, cette carte toujours froissée dans ma main humide de neige, cette carte a des taches et des plis qui m'empêchent de bien distinguer la route entre Lure et Gray ; cette route qui est notre seul salut ! Et puis, si, par la pensée, je viens à bout de refaire ce qui est effacé, je me demande pourquoi un sentier plutôt qu'un autre.

Mes cavaliers, rangés autour de moi, sont là, lisant dans mes yeux et attendant fiévreusement mes ordres, comme ils les attendaient cette nuit... Vais-je me tromper encore une fois ?... à droite ? à gauche ? il faut parier !...

— Lieutenant, nous sommes prêts à tout ! Dites seulement ce qu'il faut faire.

Et je n'ose pas leur dire que je n'en sais rien... et le

temps se passe... et les Prussiens vont arriver... et je n'ai plus qu'une seconde !... une seconde pour me décider, et peut-être la vie entière pour la pleurer !... Ah! n'accusons pas trop les chefs d'armées... Se décider dans l'inconnu, et être ensuite jugé par des gens qui savent tout !

Enfin, fermant les yeux, je crie : « Par file à droite ! » et nous repartons ventre à terre, fuyant à travers la forêt dans des sentiers impossibles, accrochés par les branches, roulant dans la neige... Mais les hommes ne sentent pas la fatigue... — Nous échapperons, lieutenant, nous échapperons, crient-ils avec ardeur.

Ma seule espérance, c'est que l'ennemi n'a pu s'organiser au point d'occuper tous les chemins, et que cinquante cavaliers pourront passer.

A un kilomètre de la route de Lure à Gray, je place mes soldats sur huit de front ; et, après un instant de halte derrière une haie, nous nous avançons lentement dans un chemin creux ; puis, tout à coup, nous partons au galop de charge !... Les Prussiens, répandus à l'aventure comme l'on est toujours dans une armée en marche, les Prussiens, pris à l'improviste, ne pouvant s'attendre à voir des Français apparaître de ce côté, crient : Aux armes !... Mais, avant qu'ils aient pu se reconnaître, nous nous lançons sur la route. Notre arrière-garde, seule reçoit une décharge ; et, comme ils n'ont pas de cavalerie, nous ne sommes pas poursuivis.

Les premières lignes sont franchies !...

Mais il n'y a pas d'illusion possible, l'éveil a été donné, et bientôt on va savoir qu'un escadron français est égaré

au milieu de l'armée prussienne. Nous nous jetons dans
les gorges de Tailé, nous franchissons Gueswell, nous
touchons à Vy-les-Lure. — Les Prussiens! les Prussiens!...
crie-t-on dans les faubourgs. Et, continuant de fuir à
toutes brides, nous arrivons enfin aux Aynans!..

Là, il faut bien s'arrêter. Je n'ai perdu que quelques
hommes, mais, mes chevaux ont fait cinquante kilomètres,
et, si je ne leur donne pas un instant de repos, ils vont
rester sur les chemins. Je fais placer partout des sentinelles ; je fais débrider la moitié des chevaux : les hommes
décrochent un seul côté du mors, et attachent la musette,
où les pauvres bêtes exténuées dévorent l'orge et l'avoine.
Je reste moi-même en selle, mangeant à la hâte et regardant à l'extrémité de la route, tandis que la femme du
maire me tient une assiette, et que la servante m'apporte
un verre de vin. Les sentinelles ne font aucun signal, le
silence règne autour du village, et il semble vraiment qu'il
y a un peu de répit dans cette terrible chasse...

Quand, tout à coup, un garçon de ferme, monté en haut
du grenier, aperçoit comme une bande noire qui s'avance
sur la neige. Ce sont les Prussiens qui, au lieu de prendre
les routes, descendent des montagnes en demi-cercle pour
cerner le village et nous faire tous prisonniers. Je n'ai
que le temps de crier : En avant!... Et, les chevaux, à
moitié débridés, la croupière défaite, le poitrail traînant
à terre, nous partons droit devant nous! Nous nous précipitons dans cette rivière, ou plutôt ce torrent à moitié
glacé..... Une colline se dresse à pic, nous la gravissons ;

mais qu'y a-t-il de l'autre côté ?... Et je suis là, mon sabre d'une main, de l'autre mon revolver et ma carte pliée, cette carte que je regarde à chaque tour de galop !.. Ah ! un guide ! un renseignement ! quelque chose !... Je vois deux chemins pour descendre... Un paysan qui s'enfuit me crie avec épouvante : Les Prussiens ! les Prussiens !... Je l'arrête, je le supplie... Par où ? par quelle route ? Impossible de lui arracher un renseignement, un mot !...

Déjà, à ma gauche, j'entends des coups de feu; mon avant-garde se replie; une colonne de fantassins accourt derrière le bois, et, du haut de la colline, je vois le flot qui arrive, les casques et les lances qui se répandent dans la plaine; je regarde avec horreur cette sombre marée qui avance de tous côtés, et, examinant tout l'horizon, je crie : Villersexel ! la route de Villersexel ! c'est notre unique salut !

Nous repartons. Quand il s'agit de former l'avant-garde, tout le monde veut en être, parce que l'avant-garde c'est le danger. Nous contournons la ferme, nous dépassons Aillevans, je commence à apercevoir le haut du clocher de Villersexel, puis le château en ruines, puis les maisons; enfin je distingue le parapet du pont... nos chevaux ont des ailes ! — Sauvés ! sauvés ! crient les hommes. Et des chants, des hurrahs, des visages radieux ! Une joie indicible me remplit le cœur... Quand, tout à coup, en arrière de la chaussée, voici une terrible décharge... mon avant-garde tombe frappée ! la route de Villersexel est barrée !

Des hauteurs de Saint-Sulpice, l'ennemi nous fusille à bout portant. Je crie : Demi-tour ! et me précipitant au bas de la colline, je retrouve cette rivière et ses immenses glaçons, où, sous le feu de l'ennemi, nous nous jetons encore une fois, avec nos chevaux tout fumants.! Mais à peine l'ai-je franchie, que le garçon du moulin accourant vers nous : Lieutenant! n'avancez pas, cela grouille de Prussiens!...

... Alors, je regarde ma carte, j'examine toutes les routes, je vois que le cercle est absolument fermé et que tout espoir est perdu!... Autour de moi, mes hommes, l'œil étincelant, la voix ardente : Lieutenant! que faut-il faire? où faut-il aller?... Et moi fou, haletant, je réponds : Mais, vous voyez, mes amis, ils sont là derrière; notre droite est occupée; ils arrivent à gauche; puisque devant nous le bois est pris, c'est fini!...

— Ah! lieutenant, vous nous tirerez de là! vous ne nous laisserez pas prendre! Les voilà qui viennent, ils vont passer le pont!...

Et, toujours mon revolver à la main, je regarde cette carte, je la dévore, je la broie... et j'entends les Prussiens qui arrivent!... Moment terrible!... Commander de pareils soldats qui ont tous les courages, qui sont prêts pour tous les sacrifices, les entendre vous crier : « Que faut-il faire? » et les livrer à l'ennemi!... Et dire : C'est moi qui les ai conduits là!... J'aurais pu partir hier soir, je suis resté contre toute raison; j'aurais pu prendre à gauche tout à l'heure, je me suis encore trompé! et maintenant je vais les livrer comme un troupeau... C'est moi qui leur dirai : Déposez les armes!... donnez tout aux Prussiens!... en route pour Berlin!...

...Tout à coup, il me vient un espoir; le soleil est descendu derrière l'horizon; la nuit va venir... la nuit, qui seule peut nous sauver!... J'abrite d'abord ma troupe derrière les sapins de la forêt; puis, rappelant le paysan qui m'a averti tout à l'heure: — Écoutez-moi : vous connaissez le pays? Si vous sauvez mes hommes, tout ce que j'ai là est à vous; et je vous promets bien plus encore au nom du général.

Il hésite un instant; puis, d'un geste brusque : Venez d'abord que je vous cache, si vous restez ici, vous serez pris tout à l'heure.   .

Et, nous emmenant au fond d'un ravin, il nous place dans d'épais fourrés où nous restons longtemps immobiles. Puis, quand l'obscurité est complète, il revient nous prendre et nous nous mettons en marche, un à un, par des sentiers connus seulement des gens du pays. Je n'ai pas besoin de recommander le silence; personne ne parle. Nous tenons nos sabres pour qu'ils ne se choquent pas sur les étriers; on n'entend que le bruit des branches mortes que les chevaux brisent dans la neige; nous contournons le village de Marat; nous évitons la ferme des Pins. Parfois le conducteur nous abandonne, s'en va seul à la découverte pour voir si le passage n'est pas gardé.

Perdu dans cette obscurité et ce silence, nous restons là l'oreille au guet, écoutant et attendant... Il nous semble distinguer des bruits stridents, comme des coups de sifflet dans le lointain. Le temps s'écoule... Reviendra-t-il? a-t-il perdu notre trace?... — Lieutenant, nous sommes trahis, me dit le trompette à voix basse.

Puis, l'homme revient : il a aperçu un poste au croisé des chemins; il a rencontré une patrouille; il reste quelque temps à réfléchir; puis, reprenant mon cheval par la bride, il nous enfonce dans les bois et continue à nous conduire par des chemins où les chevaux n'ont jamais passé.

Le grand péril, c'est le carrefour d'Esprées que les Prussiens traversaient tout à l'heure!... Je fais attacher les manteaux blancs sur les fontes pour que la colonne ait le sombre aspect des troupes prussiennes, et je donne l'ordre à Hirscher de se mettre avec deux Alsaciens en tête de la troupe. Pendant que nous défilons, une bonne femme ouvre la fenêtre et nous demande où nous allons. Les Alsaciens lui répondent en allemand.

— Voilà encore des Prussiens qui passent! dit la bonne femme. Et la fenêtre se referme, et nous continuons à marcher en silence...

...Arrivés à Chassey, nous retrouvions notre armée! Il était minuit, la poursuite avait duré quinze heures; il manquait quelques hommes, mais la troupe était sauvée!..

J'installe mes soldats dans une ferme; je commande le repas; nous soupons tous ensemble; et tu ne sauras jamais, non, aucune langue humaine ne peut dire ce que c'est que de manger des vivres de campagne avec des hommes confiés à votre charge, que l'ennemi a poursuivis pendant quinze heures, et que vous lui avez arrachés!... ce que c'est que de s'étendre, après ce repas, sur la

luzerne des paysans, et, de se dire en s'endormant : Ils
sont là, près de moi! le Prussien ne me les a pas pris!
ils ne se diront pas, dans une ville d'Allemagne : Nous
nous étions confiés à notre chef... il nous a livrés à
l'ennemi!...

Et je rêvais encore à cette chasse, quand j'entends
des cris d'alarme : Les uhlans! les uhlans!... de tous
côtés l'armée fuit vers Besançon!...

CHARLES.

XXX.

LA RETRAITE DE L'EST.

Neufchâtel, 1er février 1871.

Cher frère, tout est fini! nous sommes arrivés au terme
de ce long calvaire que nous avons commencé à gravir il
y a six mois... Encore une fois, je n'ai plus de soldats, je
n'ai plus de régiment... Et je n'ai plus d'épée!... Ceux
qui avaient pu sauver leurs armes des désastres de Metz
et de Sedan, ont été forcés de les rendre. Une armée de
cent mille hommes a capitulé sans combat : aucune douleur ne nous reste plus à connaître!

Ne me demande pas de récits... Je vais simplement te
dire comment nous sommes entrés en Suisse, et puis nous
n'en parlerons plus jamais!

Si j'avais cessé de t'écrire, c'est que mes pensées me faisaient peur. Je ne voulais pas réfléchir. Je commençais à comprendre qu'il allait se passer d'épouvantables choses et que nous étions destinés à assister à ces cataclysmes qu'on lit dans l'histoire, mais que l'on ne se croit jamais destiné à contempler soi-même.

De jour en jour les souffrances devenaient plus atroces, et j'entendais dire autour de moi que dans les dernières nuits nous avions eu le froid de la Bérésina. Insensiblement notre armée prenait cet aspect indéfinissable que j'avais aperçu dans les tableaux de la retraite de Russie. Les uniformes disparaissaient sous ces choses sans nom : couvertures de laine, jupes de femme, lambeaux de toutes sortes que les soldats s'attachaient avec les cordes de leurs tentes brisées.

Et, à mesure que nous avancions, la neige devenait plus profonde, les précipices se creusaient, les montagnes se dressaient plus hautes; et il semblait, à nos imaginations frappées, que la nature avait préparé là une scène pour les horreurs qui allaient s'y passer.

On marchait en hâte et en silence; on ne savait rien de l'ennemi, si ce n'est qu'il nous enveloppait de toutes parts et qu'un cercle de fer et de feu allait nous précipiter sur ces remparts de neige. C'était la retraite d'Orléans, qui, au lieu de se répandre comme une inondation à travers les grandes plaines du Berry, se trouvait resserrée dans ces gorges et ces montagnes par un froid formidable, et au bord d'un torrent qui ne laissait d'autre salut que le pont de Besançon.

Pendant quelques jours, j'ai vu cette immense et misérable armée flotter éperdue autour de la ville. Pendant quelques jours, j'ai entendu ces conseils désespérés, ces cris héroïques : Faire une trouée! percer les lignes! culbuter l'ennemi!... Mais, le soldat n'écoutait plus, et continuait de marcher sans même tourner la tête. Il avait déjà entendu cela à Sedan, à Orléans, partout... Il ne croyait plus à rien ; il ne croyait qu'à une chose : le pont de Besançon! ce pont en ogive sous lequel toute cette armée allait bientôt s'engouffrer.

Et il avait raison de ne pas croire ; car bientôt ceux de la lutte à outrance, et les auxiliaires, et les généraux de la République, et les colonels du Désespoir, tous se pressaient sous cette voûte et se hâtaient vers les défilés de la Suisse.

C'est alors qu'un matin, nous avons appris que notre général en chef avait reçu une lettre du ministre de la guerre qui flétrissait sa conduite et lui donnait Garibaldi en exemple, et que, pour toute réponse, il avait pris son arme et l'avait dirigée contre lui... peut-être, disait-on, pour se punir d'avoir obéi à de tels hommes.

A cette nouvelle, la malheureuse armée s'est agitée plus éperdue que jamais... Avec le nouveau commandement on a entendu de nouveaux projets : gravir les montagnes, escalader les gradins du Jura, percer par Lons-le-Saulnier!... Mais, là encore, le soldat ne tournait pas la tête ; et le pont de Besançon franchi, il continuait de marcher vers la Suisse, tandis que, dans l'agonie du désespoir, on criait autour de lui : Une trouée! une trouée !...

Et moi, cher frère, entendant ces cris des hauteurs de Montfaucon, je me penchais pour regarder ; et voyant ce qui passait dans la vallée, je répétais : Une trouée!... et avec quoi?.. Avec ces mobiles en pantalons de toile, pieds nus dans la neige, sans vivres, sans force; sans courage!... Ils n'avaient jamais été des soldats, ce n'étaient plus des Français !... c'étaient de pauvres êtres, que d'effroyables souffrances avaient fait arriver au dernier degré où l'homme puisse tomber... Devenus la terreur des habitants, partout sur leur passage les demeures se fermaient; et du plus loin qu'on les apercevait, les paysans donnaient l'alarme en criant : Les moblots! les moblots !... Ils ne pillaient pas comme le zouave, car pour piller il faut encore de l'énergie; ils arrivaient comme des troupes de mendiants : J'ai froid ! j'ai faim! j'ai soif!... ceux qui avaient encore leurs armes se hâtant de les jeter dans le fossé, et alors se répandant dans les maisons, dévorant tout comme des sauterelles, se glissant sans bruit dans les chambres, prenant le dernier morceau de pain d'un vieillard, se couchant dans le lit des enfants, priant, pleurant, se lamentant... tandis qu'en tête des colonnes, les généraux de la République répétaient toujours : Une trouée! une trouée!

Mon dernier souvenir, c'est la roche de Gorgon : là, mes dernières heures de service, mes dernières dépêches au général. Assis sur cette roche, je cherche à reconnaître

16

à travers ces haillons et ces oripeaux les régiments qui
jadis composaient la splendide armée de l'Est. Pendant
quelque temps, je peux encore donner un nom à ce qui
défile devant moi. J'écris au général : « Voici, je crois,
l'infanterie de la première brigade, le train des équipages... il me semble que je vois un régiment de chasseurs...»

Mais déjà cela commence à se mêler... Voici des mobiles au milieu de voitures d'ambulance ; puis un enche-
vêtrement de mitrailleuses, de chariots, d'affûts, marchant
au milieu de cavaliers à pied, de fantassins sans armes...
Et, au bout de quelque temps, ne distinguant plus ni brigade, ni régiment, ne sachant comment appeler ce qui
passe devant moi, j'écris simplement au crayon : « Mon
général, cela coule toujours ! »

Parfois le torrent déborde, et je suis forcé de monter
sur la roche pour n'être pas emporté ; puis cela diminue
et tout s'arrête... A quelques kilomètres, le verglas, la
neige amoncelée, les charrettes renversées ont produit un
tel encombrement que la route, encaissée dans les roches,
ne permet plus aux fantassins eux-mêmes d'avancer. Tous
restent cloués sur place... puis on entend un bruit sourd
et profond, et le torrent trop longtemps retenu se précipite avec furie : les fantassins fuyant épouvantés, les
roues des caissons se prenant les unes dans les autres,
broyant les hommes, passant sur les cadavres des chevaux, au milieu des clameurs, des cris, des imprécations...
Et pendant une heure le torrent gronde ainsi à mes pieds
jusqu'à ce que cela se prenne de nouveau et que l'enche-
vêtrement recommence...

Seulement, chaque torrent laisse après lui une traînée de cadavres et de blessés. De la place où je suis assis, je regarde comme un somnambule ces funèbres sillons qui s'allongent, et, appelant mes derniers plantons, j'écris au général : Mon général « cela coule encore!... »

Journée lugubre! Le soleil avait déjà disparu à l'horizon, et le canon du fort de Joux tonnait plus furieusement que jamais! Je venais de voir passer ce qui restait de mon régiment : quelques cavaliers suivis d'une file interminable de chevaux malades et blessés ; Kerven mourant, traîné dans la carriole de la mère Bachut ; puis, le vieil Hirscher emmenant les débris de mon peloton, et répétant au milieu de cet effroyable chaos : De l'ordre! de l'ordre!

Les paysans fuyaient éperdus en annonçant l'arrivée des Prussiens. Mais ce qui s'avançait sur la route n'était plus capable de ressentir même la frayeur; et quand on leur criait : « Les uhlans! les uhlans ! » ils ne semblaient pas entendre, ou ils regardaient avec l'espérance de voir ces uhlans arriver! L'ennemi ne pouvait rien ajouter à de pareilles douleurs. C'était le reste de chaque troupe ; c'était ce qu'il y avait de plus misérable et de plus infortuné : mobiles, mobilisés, Vengeurs de la mort, Ours des Pyrénées, Dragons du Désespoir, Eclaireurs de la République... se traînant à travers cette route, se relevant parfois pour faire quelques pas, après quoi ils retombaient dans le fossé. Là, étendus sur la neige, ils me regardaient... ils attendaient du secours, ils attendaient l'ennemi, ils attendaient la mort, ils espéraient tout, plutôt que de continuer ainsi !...

Pauvres enfants, enrôlés dans ces troupes républicaines, il ne leur restait de leurs brillants costumes quelques lambeaux pourpre et or !... Mobiles des campagnes, qu'on avait enivrés des chants de la *Marseillaise*, à qui on avait prédit tant de triomphes, et qui, se voyant là, par vingt degrés de froid, perdus au milieu de ces montagnes, retournaient contre le ministre de la guerre ces cris de trahison qu'il leur avait appris contre leurs généraux, et mouraient en murmurant : « A bas Gambetta! à bas le traître ! .. »

Ç'a été le dernier flot ; mais, celui-là ne s'est pas écoulé ! la moitié est restée sur la route... Je me suis levé, et, regardant partout à l'horizon, j'ai envoyé pour dernière dépêche : « Mon général, cela ne coule plus !... Il y a encore des choses qui s'avancent, mais cela n'arrivera pas jusqu'à vous ! »

Alors, resté seul, ne voyant plus d'armée, n'ayant plus de service, je me mets en route, et, comme les autres, je me dirige vers les défilés de la Suisse. Le fort de Joux a cessé de tonner ; on n'entend plus rien : on ne distingue que ce sinistre rocher qui se dresse entre deux précipices, abritant des milliers de voitures, de caissons, d'hommes, et de chevaux, serrés contre ses flancs, blottis à l'ombre de ses canons. Là, sur la roche, on vient de déposer des blessés ; je crois reconnaître une voix, je m'approche... c'est Montcalm !

Roger, Sainte-Croix, Verneuil sont près de lui... Je les interroge... ils ne répondent pas, et je comprends que tout est fini, qu'il n'y a plus d'espérance... Il semble aussi calme que le jour où je l'ai vu prendre son canon. Mais déjà son regard a comme une fixité étrange : « Venez, Bernard, venez, Roger... tous!... j'ai à vous dire : merci!.. Vous avez combattu sous de pareils hommes... vous avez obéi jusqu'à la fin, supporté tous les dégoûts, merci!... Un jour on dira qu'avoir fait cela, c'est plus beau que Sebastopol et Solférino!...

» Non ! ne me dites rien, mes chers amis!... je sais que je vais mourir!... ne me plaignez pas!... je meurs en faisant mon devoir!... et je meurs avant d'avoir rendu cette épée... — dit-il, en la serrant contre sa poitrine — ...Mon pays, mon armée, tout ce que j'aimais a disparu !... C'est vous que je plains, vous qui survivez!... »

Sa tête retombe sur la roche et nous restons autour de lui à attendre son dernier soupir !...

Nous sommes encore là quand les premières lueurs de l'aube éclairent cette scène de désolation et d'horreur. Des milliers d'hommes affamés, exténués, glacés, sont répandus à travers ces gorges. Parfois on entend des cris d'épouvante répétés par les échos de la montagne, et sur ces hauteurs, à travers les sapins chargés de neige, on aperçoit des êtres à moitié ensevelis, battant l'air de leurs bras... puis, tout à coup, des bruits sourds : ce sont des avalanches humaines qui croulent... Tout le lon ; de cette route, les chevaux tordus dans l'agonie de la aim,

16.

rongent l'écorce des arbres, rongent les roues des caissons, puis se dévorent eux-mêmes avant de mourir, tandis
qu'au fond de la vallée des troupeaux de bœufs tombent
frappés du typhus, les mourants roulant inanimés sur
les morts !

Tout à coup, Montcalm soulève ses paupières, et s'ap-
puyant sur Roger, il se dresse, promène son regard autour
de lui :

— Où sont-ils, ces hommes, dit-il d'une voix éclatante,
où sont-ils ? qu'ils viennent contempler leur œuvre !...
Voyez ! voyez ! voyez !...

Et puis il retombe... C'est fini !...

Nous détachons sa croix ; et lui laissant cette épée qu'il
tient toujours serrée contre sa poitrine, nous le déposons
sur la neige au pied d'un sapin, et nous partons !...

Le soir de ce jour d'épouvante et de deuil, nous avons
aperçu un poteau : c'était la Suisse. Une nouvelle capitulation était signée. Cent dix mille hommes rendaient leurs
armes, comme à Metz et à Sedan.

Quand je dis qu'ils rendaient leurs armes, la plupart
n'avaient plus rien à rendre. Quarante mille fantassins
arrivaient sans ordre, sans chefs, sans fusils... et les
Suisses s'avançaient épouvantés, au-devant de ces bandes
misérables qui venaient se répandre chez eux. Mais, au
lieu de rendre nos armes à des ennemis implacables, nous
arrivions chez un peuple ami qui nous recevait les bras
ouverts.

Que Dieu bénisse cette nation qui a compati aux plus grandes infortunes que notre continent ait contemplées depuis la retraite de Russie ! Que Dieu conserve ce petit peuple, entre ses montagnes et ses vallées, à l'abri des horreurs et des cataclysmes qui font sombrer les grands empires !...

Mais, chose étrange, était-ce une leçon de la Providence ou un terrible hasard ?... sur les premiers poteaux des Verrières, nous apercevions des lambeaux de proclamations, à moitié effacées par la neige, et je retrouvais là ces lignes que j'avais lues dans la retraite d'Orléans, et qui se détachaient sur ces horreurs comme une épouvantable ironie :

« *Citoyens,*

» *Par une criminelle combinaison, l'auteur de tous nos* » *désastres a livré notre dernière armée... Une armée de* » *quatre-vingt mille hommes qui capitule sans tenter un* » *effort est une armée vendue à l'ennemi !...*

» GAMBETTA. »

« *L'armée de la France, devenue un instrument de règne* » *et de servitude, est engloutie par la trahison de ses chefs* » *dans les désastres de la patrie...*

» *Il est temps de nous ressaisir et de montrer que la Ré-* » *publique ne capitule ni au dedans ni au dehors...*

» GAMBETTA. »

« *Français,*

» *Vous avez déjà mesuré la distance qui sépare une armée*
» *prétorienne du soldat-citoyen combattant pour la liberté et*
» *pour la patrie...*

                                        » GAMBETTA. »

... Et les Suisses, rangés sur notre route, relisaient les
proclamations et regardaient passer cette chose misérable
qui s'appelait une armée de citoyens...

Hélas! cher frère, ce que les Suisses contemplaient
était si honteux et si lamentable, que je prie Dieu que,
respectant une si grande infortune, ils oublient à jamais
ce souvenir. Qu'ils oublient et ces chefs républicains,
abandonnant leurs troupes et ces troupes, de mendiants
cherchant partout leurs chefs, pour se rappeler la France
d'Austerlitz et d'Iéna, l'armée de Frœschviller et de Gra-
velotte!...

Quant à moi, je ne puis dire ce qui se passait dans
mon âme, lorsque, soutenu par un montagnard des
Verrières, j'ai quitté le sol de mon malheureux pays!

Je revoyais toute cette guerre depuis le départ de
Paris : ces chants de victoire jusqu'au coup de hache
de Reichshoffen; cette espérance qui toujours renaissait
après chaque désastre pour venir s'éteindre sous de plus
effroyables catastrophes... Et me rappelant tout ce qui
avait été dit, voyant tout ce qui était arrivé, je commençais à comprendre que ce n'était pas là une chose or-
dinaire; et je me demandais si de tels malheurs n'étaient

pas un châtiment d'en haut, et s'il ne fallait pas y voir une grande expiation infligée à une nation coupable.

Ce matin, je me suis réveillé au bord du lac de Neufchâtel. Recueilli au foyer de braves et simples gens, je regarde par la fenêtre la chaîne des Alpes qui étincelle au soleil. Nous sommes séparés de nos hommes et dans une heure nous partons pour Zurich.

Adieu.

CHARLES.

CONCLUSION.

Ici s'arrêtent les lettres de Charles Bernard. Et si l'on me demande ce que sont devenus les personnages de cette triste histoire, je répondrai qu'ils sont en ce moment dans nos camps. Ramenés à Paris pour combattre la Commune, ceux que les balles prussiennes avaient épargnés ont été frappés par des balles françaises. Puis, la guerre finie, il a fallu dégrader les uns ; on n'a pu récompenser les autres ; et, depuis lors, tous supportent en silence les ennuis et les souffrances de la vie des camps, pour protéger une ville qui chaque jour acclame les complices de leurs assassins.

Et si le lecteur me demande ensuite quelle est la con-
clusion de ces lettres, je répondrai qu'il n'y en a pas.
Quand on raconte les événements auxquels on a assisté,
c'est au lecteur à conclure : les faits doivent parler d'eux-
mêmes. Je n'ai voulu ni accuser, ni juger, ni conclure,
j'ai voulu simplement dire la vérité. Quelque inconsé-
quent, excessif, impossible, que cela vous semble, cela
s'est passé ainsi : espérances insensées, dictature, émeutes,
décrets scandaleux, folies du gouvernement de Tours et
de Bordeaux, trahison des révolutionnaires, soumission
héroïque, et abnégation sublime du parti de l'ordre...
tout cela est vrai ! Vous tous, qui étiez enfermés à Paris,
vous avez ignoré ces choses : vous avez cru que la Commune avait commencé le 18 mars. Dans toutes les grandes
villes de France, elle a commencé avec la République, et
elle n'a jamais cessé !

Le moment de faire une histoire n'est pas encore venu :
mais, chacun doit contribuer à cette œuvre future, en
disant simplement ce qu'il a vu, ce qu'il a entendu ; car
ces événements sont si formidables, si contraires à toute
raison que, déjà incompréhensibles aux contemporains,
ils échapperont à la postérité si chacun de nous ne se hâte
de porter la lumière dans ce chaos :

Ce gouvernement impérial s'écroulant pour avoir écouté
les démocrates qui avaient applaudi à l'agrandissement
de la Prusse et demandé l'amoindrissement des forces de
la France — ces démocrates eux-mêmes portés au pouvoir
par les désastres qu'ils ont amenés et en face de l'étranger
devenu leur complice — par-dessus tout, ce dictateur,

l'homme de la guerre à outrance, entraînant tous ses adversaires derrière lui, et ne pouvant entraîner les hommes de son propre parti, occupés qu'ils étaient à soulever les émeutes et à paralyser la défense — enfin, chose plus surprenante encore, les hommes de la Monarchie rejetant aujourd'hui, par haine du dictateur, tout ce passé d'héroïsme et d'abnégation, toute cette complicité sublime, tandis que les démocrates révolutionnaires, qui ne se sont jamais battus, s'empressent de ramasser cette gloire tombée, et de s'en draper vis-à-vis de l'Alsace... tout cela, je le répète, est si insensé, tout cela semble si impossible, qu'il faut se hâter de fixer nos souvenirs pour pouvoir nous y reconnaître nous-mêmes.

Et, qu'on ne s'y trompe point, si je n'ai pas voulu faire une histoire, je n'ai pas davantage voulu faire un pamphlet. Un pamphlet contre Gambetta et ses partisans nous est, hélas ! interdit ; car les vrais coupables ne sont pas ceux qui ont fait le mal, mais le peuple qui les avait mis là pour le faire !

Chose cruelle à dire, loin d'avoir le droit de les outrager, nous sommes condamnés vis-à-vis d'eux à la reconnaissance. Nous ne pouvions espérer qu'en sortant du café de Madrid, cet aventurier ne serait pas un plus mauvais ministre de la guerre. J'ai dit toutes ses démences, parce que beaucoup d'entre vous les ignoraient ; mais le mal qu'il a fait n'est rien au prix de celui qu'il aurait pu faire.

Il a eu ses heures de patriotisme vrai ; il a réveillé des

provinces engourdies, il a cru en son œuvre, et malgré
tout ce que je vous ai raconté, je le répète, nous avons
cette honte d'être condamnés, vis-à-vis de lui, à la reconnaissance.

Oui! à la reconnaissance!... Comment! aux jours de
nos plus grands désastres, un peuple va confier la direction
de ses armées à un avocat de trente-quatre ans, qui n'était
connu que par ses harangues à la foule! Ce peuple va
dire à cet homme : Puisque des maréchaux tels que
Canrobert et Mac-Mahon se trompent dans la direction
des armées, c'est à votre expérience que nous faisons
appel pour nous conduire à la victoire!... Et on
s'étonne ensuite des folies qu'a pu faire cet homme!
Etonnez-vous plutôt de tout ce qu'il n'a pas fait! L'ami
de Pipe-en-Bois et de Trouillefou pouvant nous rendre non
pas plus malheureux, hélas! mais beaucoup plus ridicules.

Lui, ministre de la guerre, pour s'instruire des choses de
l'armée qu'il ignorait complétement, il a choisi comme
chef d'état-major un ingénieur, lequel s'est entouré de
journalistes, qui ont pris pour conseil des avocats, qui se
sont inspirés de sous-préfets. . Tout cela est vrai !... Il a
dirigé par le télégraphe des armées de 80,000 hommes,
accusant de trahison les chefs qu'il avait paralysés... C'est
encore vrai!... Mais, remerciez le ciel! Dès le premier
jour, il pouvait appeler près de lui tous ses amis du café
de Madrid, et commencer avec les Bordone et les Cluseret
cette série d'orgies que la Commune nous a fait connaître...

et vous n'aviez rien à lui dire, car toujours il aurait eu le droit de répondre : Pourquoi êtes-vous venu me prendre ? Je n'étais ni soldat, ni administrateur, ni homme d'affaires, je n'étais qu'un révolutionnaire... Eh bien ! je révolutionne !

Tandis qu'il a arrêté la Révolution dans la mesure de ses forces, comme tous les gens de son parti, il a menti à son passé pour contenir les passions qu'il avait déchaînées !... Et, ce qui prouve que la faute n'est point à lui, c'est qu'après ce que je vous ai raconté, ce peuple est tout prêt à le reprendre, n'ayant d'autre reproche à lui faire que de n'avoir pas été assez révolutionnaire !

La leçon n'est donc pas pour lui ; elle est bien plus haute, elle porte bien plus loin, elle embrasse la Révolution tout entière. Il semblerait même que Dieu ait voulu frapper nos yeux d'un jet de lumière pour nous forcer enfin à voir ! Depuis près d'un siècle que ce peuple hanté par les grands souvenirs de 92 ne croit plus ni à l'ordre, ni à la discipline, ni à l'autorité, depuis près d'un siècle qu'il demande les armées citoyennes animées du souffle révolutionnaire, il semblerait vraiment que Dieu ait voulu lui laisser faire la terrible expérience !

Un jour est venu où il lui a dit : Allez ! vous aurez tout entre les mains : les hommes, le pouvoir, tout jusqu'à la soumission de vos adversaires politiques ; et pour que l'expérience soit plus frappante, je mettrai en face de vous la nation qui représente toutes les vertus que vous avez voulu détruire. Ce sera un superbe spectacle : d'un côté, la dicipline, l'ordre, la conscience, le respect de Dieu et du

Roi... de l'autre, l'élan, le souffle, l'initiative, la Révolution!... Allez! voici venir les phalanges de machines vivantes, déchaînez sur elles les bataillons de cœurs et de muscles...

Et, pendant six mois, on a contemplé cet envahissement lent et fatal devant lequel les géants de 92 s'agitaient et fuyaient comme des insensés!...

Et enfin, qu'on le sache bien, si je n'ai voulu faire ni une histoire, ni un pamphlet, j'ai encore moins voulu faire la critique des chefs qui ont dirigé nos malheureuses armées. Généraux, états-majors, intendances, je n'ai songé à personne. Quand tout le monde est si profondément malheureux, quel est donc celui de nous qui a le droit d'accuser l'autre? Je regretterais même d'avoir écrit ces pages si elles devaient réjouir ceux qui, depuis deux ans scrutent les défaillances des uns, les erreurs des autres, les incapacités de tous. Ma seule espérance a été qu'en les lisant, chacun se dirait : Quelle part ai-je dans nos malheurs? quelle part dois-je prendre comme homme, comme citoyen, comme soldat?

Je n'ai eu personne en vue... mais, j'ai eu tout le monde!.., car, selon moi, les plus grands forfaits et les plus grandes folies n'ont été que la conséquence d'une situation dont tous nous sommes plus ou moins responsables. Quand un peuple n'a plus de Dieu, quand il a perdu le respect de soi-même et des autres, quand il déchaîne des révolutions qui le jettent fatalement aux pieds d'un dictateur, lequel dictateur le laisse retomber dans d'autres révolutions ; quand, aux jours de crises, il se met aux mains d'aventuriers, tout ce qui vient de se passer est inévitable, et nous n'avons pas le droit de nous plaindre.

Dieu voulant réveiller notre conscience endormie, nous a envoyé Sedan et la Commune, c'est-à-dire le barbare et le bandit. Le barbare est à quelques étapes de nous, promenant son doigt sur la carte de France ; le bandit est au milieu de nous, et il a des provinces sous sa loi.

Le péril est formidable ! En sortirons-nous vivants ? je ne sais ; mais, quoi qu'il arrive, notre devoir est de lutter jusqu'à la dernière heure ; et, dans cette lutte, que je dise encore une fois quelle est ma suprême espérance. Au-dessus de nos malheurs, de nos crimes, il reste quelque chose debout : le soldat français ! au milieu d'une nation coupable, lui seul est innocent de tout. Il a été sacrifié à l'incurie des uns, à la folie des autres, mais jamais il n'a été plus grand ! Il avait déjà Austerlitz et Iéna, il avait Sébastopol et Solferino, il a maintenant le grand sacrifice de Frœschviller ; et si je perdais le sentiment de ce qui lui est dû, je n'aurais qu'à passer la frontière pour savoir de l'ennemi même l'estime qu'on en doit faire.

Oui, c'est un soldat incomparable, mais je répéterai en finissant, ce que je disais au début des Lettres d'un Conscrit : Ce soldat, il y a cependant une chose qui lui manque ; il a reçu de Dieu l'élan, le feu, l'inspiration, l'entrain... il se bat lui-même ! il a le sacrifice joyeux, la gaieté souveraine, lumineuse, qui éclaire les tristesses du bivouac... il aime ses chefs, il s'en fait aimer... Enfin il a tout, excepté la conscience et le sentiment du devoir.

Cela lui manque, parce que cela manque à la nation tout entière. Sorti d'un peuple en révolution, il ne peut avoir la discipline. Toutes ses qualités sont à lui, ses défauts viennent de nous. C'est à nous à nous changer. Il faut que le soldat, pour se reprendre à l'ordre, voie l'ordre autour de lui. Il faut qu'il voie l'ordre dans le gouvernement, dans la société, dans la famille, dans son régiment. Il faut que ses chefs, déjà si admirables sur le champ de bataille, apportent ce sentiment de conscience dans les ennuis de la vie de garnison, dans les souffrances de la vie des camps, et que, par-dessus tout, ils apportent l'esprit de justice dans la distribution des récompenses.

Alors, il sera vraiment le premier soldat du monde. Mais, quel que soit mon espoir en ce soldat, je ne puis oublier qu'il faut autre chose pour relever une nation. Ne nous laissons pas éblouir par des résurrections factices. Déjà, depuis le succès de l'emprunt, tout cet or nous enivre. Nous avons un climat et une contrée bénis de Dieu; des richesses inépuisables. Nous pourrons organiser une armée qui donnera ce grand exemple de soutenir un peuple sans principe et sans foi; mais, n'ayons point d'illusions : les plus grandes richesses du monde protégées par le sabre ne suffisent pas longtemps à faire vivre une nation. Le corps peut avoir le pain pour se nourrir et le fer pour se défendre; mais, à ce corps, il faut une âme.

Et pour que l'âme de la France se relève, il faut entrer dans une autre voie : au lieu de regarder autour de nous pour chercher des coupables, et à l'horizon pour chercher des alliés, il faut que chacun descende enfin en lui-même pour y trouver et le coupable et le sauveur. Lorsque toutes ces voix qui s'accusent feront silence, alors seulement, l'Europe rendra son estime à la nation frappée, et cette nation elle-même pourra se reprendre à l'espérance. Jusque-là, c'est le blessé qu'on soulève et qu'on adosse à la muraille, mais qui est incapable de marcher, car le fer est resté dans la plaie.

Quand un pays a été frappé par de pareils coups de foudre, averti par de tels châtiments, il doit se relever. Pour moi, aussi bien dans ces pages que dans mes lettres politiques, je n'ai voulu qu'une chose : non pas accuser telles ou telles victimes, mais bien au contraire porter le poids du passé et appeler les autres à le porter avec moi. Car, le jour où ce peuple si coupable et si infortuné aura enfin reconnu que tous ses malheurs ne sont que la conséquence fatale de ses fautes, ce jour-là seulement il sera sauvé.

FIN.

TABLE DES MATIÈRES.

Paris. — Imprimerie de E. Donnaud, rue Cassette, 9.

www.ingramcontent.com/pod-product-compliance
Lightning Source LLC
Chambersburg PA
CBHW050501270326
41927CB00009B/1854